Collection « L'esprit économique »

fondée par Sophie Boutillier et Dimitri Uzunidis en 1996
dirigée par Sophie Boutillier, Blandine Laperche, Dimitri Uzunidis

Si l'apparence des choses se confondait avec leur réalité, toute réflexion, toute Science, toute recherche serait superflue. La collection « L'esprit économique » soulève le débat, textes et images à l'appui, sur la face cachée économique des faits sociaux : rapports de pouvoir, de production et d'échange, innovations organisationnelles, technologiques et financières, espaces globaux et microéconomiques de valorisation et de profit, pensées critiques et novatrices sur le monde en mouvement...
Ces ouvrages s'adressent aux étudiants, aux enseignants, aux chercheurs en sciences économiques, politiques, sociales, juridiques et de gestion, ainsi qu'aux experts d'entreprise et d'administration des institutions.

La collection est divisée en six séries :

Dans la série *Economie et Innovation* sont publiés des ouvrages d'économie industrielle, financière et du travail et de sociologie économique qui mettent l'accent sur les transformations économiques et sociales suite à l'introduction de nouvelles techniques et méthodes de production. L'innovation se confond avec la nouveauté marchande et touche le cœur même des rapports sociaux et de leurs représentations institutionnelles.

La série *Economie formelle* a pour objectif de promouvoir l'analyse des faits économiques contemporains en s'appuyant sur les approches critiques de l'économie telle qu'elle est enseignée et normalisée mondialement. Elle comprend des livres qui s'interrogent sur les choix des acteurs économiques dans une perspective macroéconomique, historique et prospective.

Dans la série *Le Monde en Question* sont publiés des ouvrages d'économie politique traitant des problèmes internationaux. Les économies nationales, le développement, les espaces élargis, ainsi que l'étude des ressorts fondamentaux de l'économie mondiale sont les sujets de prédilection dans le choix des publications.

La série *Krisis* a été créée pour faciliter la lecture historique des problèmes économiques et sociaux d'aujourd'hui liés aux métamorphoses de l'organisation industrielle et du travail. Elle comprend la réédition d'ouvrages anciens, de compilations de textes autour des mêmes questions et des ouvrages d'histoire de la pensée et des faits économiques.

La série *Clichés* a été créée pour fixer les impressions du monde économique. Les ouvrages contiennent photos et texte pour faire ressortir les caractéristiques d'une situation donnée. Le premier thème directeur est : mémoire et actualité du travail et de l'industrie ; le second : histoire et impacts économiques et sociaux des innovations.

La série *Cours Principaux* comprend des ouvrages simples, fondamentaux et/ou spécialisés qui s'adressent aux étudiants en licence et en master en économie, sociologie, droit, et gestion. Son principe de base est l'application du vieil adage chinois : « le plus long voyage commence par le premier pas ».

FONDEMENTS DE LA FINANCE DE MARCHÉ

5-7, rue de l'École-Polytechnique ; 75005 Paris

http://www.editions-harmattan.fr/

ISBN : 978-2-14-029742-7
EAN : 9782140297427

Zakaria Firano

Fondements de la finance de marché

Théories et applications

L'Harmattan

À propos de l'auteur

Docteur Zakaria Firano est un enseignant-chercheur à la Faculté des Sciences Juridiques, Économiques et Sociales de Rabat Agdal, de l'Université Mohammed V de Rabat. Il est spécialiste des questions financières, économiques et macros financières. Ses travaux de recherche sont consacrés à la problématique de la stabilité financière, de risque systémique et aux dysfonctionnements du système financier. En plus de l'expérience académique de plus de 10 ans, l'auteur a accumulé une expérience auprès de la Banque Centrale du Maroc, où il a assuré la responsabilité de l'unité de la recherche financière au sein du département de la Recherche. Il est également expert et formateur auprès de plusieurs organisations nationales et internationales. En 2022, il est le seul économiste marocain à intégrer le classement mondial des meilleurs chercheurs en économie et gestion de l'AD Scientific Index.

http://www.au.af.mil/au/aupress/

Facebook: https://www.facebook.com/AirUnivPress

and

Twitter: https://twitter.com/aupress

Responsabilités

Les opinions, conclusions et recommandations exprimées ou implicites à l'intérieur sont uniquement celles de l'auteur et ne représentent pas nécessairement les points de vue de quelconque.

Dédicace

*Analpha**B**ète dans l'impossibilité de li**R**e et d'écrire sur terre, le retenir dans tes m**A**ins suffisait **H**autement pour accompl**I**r un rêve.*

*Peut-être là où tu es cela sera plus facile à co**M**prendre ; l'au-delà où la langue et l'instruction n'ont aucun sens.*

À Mon Père

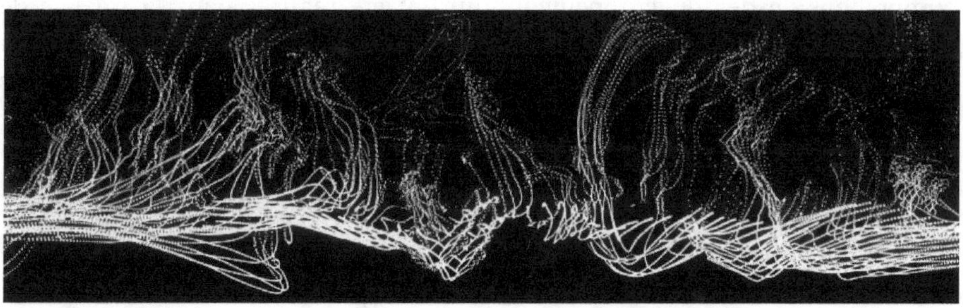

À propos de cet ouvrage

Cet ouvrage est une synthèse des approches de gestion de portefeuilles développées depuis les années cinquante. Il propose une analyse détaillée des fondements de l'allocation des ressources sur les marchés financiers (de capitaux et monétaires) et une présentation des principes microéconomiques de la prise de décision dans l'incertain.

Ce manuel est dédié aux étudiants qui s'initient à la finance de marché et aux questions de gestion de portefeuilles que ça soit au niveau des études de Licence ou de Master. Il est également destiné aux étudiants chercheurs qui souhaitent approfondir les questions de choix optimal des portefeuilles sur le marché des actions ou sur le marché obligataire. Ce précis est accessible et facile à décrypter par l'ensemble des étudiants en économie et en gestion.

De même, ce livre est une « boite de pandore » qui essaie de faciliter la compréhension des développements qui ont été réalisés dans la finance de marché. L'intellection des processus de création des différents modèles de gestion de portefeuilles permettra à tous les lecteurs de comprendre les soubassements et les hypothèses de base et par conséquent, cela aura à faciliter l'émergence de nouveaux paradigmes dans le futur.

Sommaire

Note de l'auteur

« S'efforcer de trouver une interprétation claire, c'est retarder l'accomplissement du but. »

De Mumon

Les développements de la finance moderne et la financiarisation accrue de l'économie imposent une connaissance approfondie et complète des notions fondamentales de la finance.

L'enjeu aujourd'hui n'est plus uniquement technique, mais relève de la capacité à comprendre les soubassements et les fondamentaux de la finance pour arriver à s'adapter aux évolutions et aux mutations futures.

La motivation principale à l'égard de cet ouvrage est de parvenir à démystifier l'identité de ce champ disciplinaire complexe pour pouvoir le percer et aboutir à des résultats propices.

Certes, le marché financier marocain demeure étroit, mais ceci constitue une occasion en or pour une compréhension plus intense des comportements et des contours des différents compartiments, afin d'assoir un développement futur sur de bonnes bases.

La réalisation de cet ouvrage s'inscrit dans le dessein de permettre aux générations actuelles et futures de comprendre les fondements de la finance de marché. L'objectif ultime est de se détacher de la technicité qui prédomine l'enseignement actuel et aller de l'avant dans la compréhension des profondeurs et des fondements de cette discipline.

Force est de constater que la finance de marché est un champ multidisciplinaire où interviennent plusieurs sciences môles et dures, il convient même de dire que « *la finance est la discipline en économie la plus mathématisée* ». Avancer ceci, permet de donner un avant-goût du degré de complexité de cette discipline et aussi faire prévaloir son caractère d'objectivité.

Cet ouvrage se veut une initiation aux anciens et aux nouveaux débats sur la finance de marché, il est dédié aux étudiants qui s'initient à la discipline, mais également aux étudiants chercheurs qui veulent comprendre la frontière de réflexion sur les vrais débats de la finance. Plusieurs outils seront mis en avance et aussi plusieurs exemples d'applications seront proposés à l'aide de l'outil MATLAB. L'idée ici est de faciliter l'exploitation des données et de s'initier aux programmes d'optimisation.

Bon voyage

Zakaria Firano

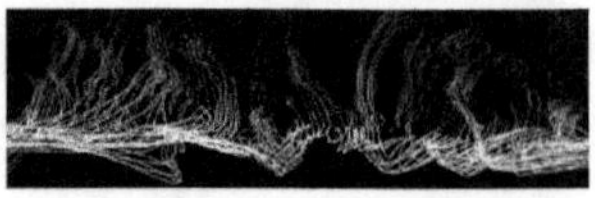

INTRODUCTION GÉNÉRALE

Par définition, la finance est l'application des principes économiques à la prise de décision, qui affecte la monnaie ou « l'argent » dans des conditions d'incertitude. Au sens large, la finance est toute décision qui permet d'utiliser l'argent dans le présent pour recevoir un gain ou un profit dans le futur. Autrement dit, c'est la renonciation à une consommation actuelle pour une utilité future.

En d'autres termes, dans le domaine de la finance nous nous intéressons à la monnaie et aux opérations futures ou à terme. Les investisseurs allouent leurs fonds parmi les actifs financiers dans un portefeuille pour atteindre leurs objectifs, et les entreprises et les gouvernements empruntent des fonds en établissant des opérations de financement de court et de longs termes afin d'employer ces fonds dans des opérations d'investissement.

La finance fournit donc le cadre pour prendre des décisions quant à la façon d'obtenir les fonds et leur utilisation dans le temps. C'est le système financier qui fournit la plate-forme par laquelle des fonds sont transférés à partir des entités qui ont des excès monétaires et celles qui en ont besoin.

La finance a pour base le champ disciplinaire des sciences économiques et, pour cette raison, la finance est souvent désignée sous le nom d'économie financière. La finance est par conséquent analytique, car elle utilise la statistique, la probabilité, et les mathématiques pour résoudre des problèmes complexes. Elle est également basée sur des principes économiques et emploie des informations comptables comme intrant à la prise de décision.

Les outils utilisés dans la prise de décision financière sont issus des disciplines autres que les sciences économiques, notamment : les mathématiques, la théorie des probabilités, la théorie statistique, et parfois la psychologie.

Sur le plan disciplinaire, la finance est composée de trois grandes branches, à savoir :

- Les marchés financiers et la théorie du marché financier ;
- Le management (gestion) financier ;
- Et la gestion de portefeuilles et des risques.

La composante des marchés financiers et de la théorie du marché financier se concentre sur l'étude du système financier, la structure des taux d'intérêt (la courbe des taux), et l'évaluation des actifs risqués.

Le système financier d'une économie est généralement composé de trois éléments : (i) marchés financiers ; (ii) intermédiaires financiers ; et (iii) régulateurs financiers. Plusieurs domaines importants sont compris dans cette discipline de la finance à savoir : l'efficience des marchés financiers, le rôle et le comportement des investisseurs, la meilleure manière de concevoir et de réglementer les marchés financiers, la mesure du risque, et la théorie d'évaluation d'actifs.

L'efficience des marchés financiers considère que les prix sont fortement efficaces, donc il est extrêmement difficile que les investisseurs réalisent des rentabilités plus grandes que celles prévues par un investissement à risque neutre. À cet effet, un investisseur qui poursuit une stratégie de placement pour battre le marché doit considérer que le marché financier auquel la stratégie est appliquée n'est pas efficient. Une telle stratégie cherchant à battre le marché s'appelle une stratégie active. La théorie financière nous indique que si un marché financier est efficace, la stratégie optimale n'est pas une stratégie active, mais plutôt, une stratégie passive qui cherche à assortir la performance du marché.

En finance, battre le marché signifie le surpasser en produisant un retour sur investissement au-delà de ce qui est prévu après ajustement aux coûts de transaction. Pour pouvoir déterminer quantitativement ce qui « est prévu » d'un investissement après ajustement au risque, il est nécessaire de formuler et examiner empiriquement des théories au sujet de la façon de déterminer sa juste valeur.

Le principe fondamental de l'évaluation est que la valeur de n'importe quel actif financier est la valeur actuelle des flux de liquidités prévus. Ainsi, l'évaluation d'un actif financier implique (1) l'estimation des flux de liquidités prévus ; (2) la détermination du taux d'intérêt ou les taux d'intérêt appropriés qui devraient être employés pour actualiser les flux de liquidités ; et (3) le calcul de la valeur actuelle des flux de liquidités de financement prévu. Nous employons dans cette approche les mathématiques financières pour calculer la valeur actuelle des flux de liquidités de financement. En cours de ce calcul de la valeur actuelle, nous devons employer un taux d'intérêt approprié. La théorie du marché financier fournit des théories qui guident les investisseurs dans le choix du taux d'intérêt.

Le management financier, parfois appelé finance d'entreprise, est le domaine de spécialité en finance s'intéressant à la prise de décision financière dans une entité. Bien que le management financier soit désigné souvent sous le nom de la finance d'entreprise, les principes du management financier s'appliquent également à d'autres formes d'entités à but non lucratif.

Les directeurs financiers sont principalement concernés par des décisions d'investissement et de financement. Concernant les décisions d'investissement, elles concernent la décision de placement et d'investissement, il s'agit notamment de répondre aux questions suivantes : une entreprise devrait-elle acheter une nouvelle machine ? Devrait-elle présenter une ligne de produits ? Vendre de vieilles installations productives ? Acquérir d'autres investissements ? Construire une usine ? etc.

Les décisions de financement, quant à elles, s'intéressent à l'obtention des fonds qui peuvent être employés pour le financement des investissements de long terme et pour la gestion de la trésorerie. Puisque chaque modalité de financement impacte la valeur de l'entreprise dans différentes manières et les décisions de financement sont donc extrêmement importantes. La décision de financement comporte également la décision de répartition des bénéfices (politique de dividende), qui implique quelle quantité de bénéfice devrait être établie et combien distribuer aux propriétaires[1].

L'objectif de maximisation de la richesse des actionnaires est dans la vision du plan financier stratégique. La mise en œuvre de ce plan stratégique exige la planification financière à long et à court termes. Cette planification rassemble des prévisions des ventes avec la prise de décision de financement et d'investissement. Des budgets sont utilisés pour gérer l'information utilisée dans cette planification, des mesures de performance sont également utilisées comme moyen d'évaluer le progrès vers les objectifs stratégiques.

Les capitaux permanents d'une compagnie sont le mélange de la dette et des capitaux propres que le management choisit de soulever pour financer les actifs. Il y a plusieurs théories économiques au sujet de la façon dont l'entreprise devrait être financée via une structure optimale (c'est-à-dire, qui maximise la valeur d'une entreprise). À ce titre, le choix de cette structure

[1] La politique de dividendes demeure jusqu'à nos jours une problématique non résolue en finance en raison de l'existence du paradigme du « Dividend Puzzle » où le choix de la politique de dividende et son effet sur la valeur de l'entreprise restent ambigus.

financière optimale constitue aussi un bloc d'analyse dans le management financier.

La gestion des risques est inhérente à la finance en raison de l'incertitude accrue liée à ce champ disciplinaire. L'engagement dans des activités futures implique l'utilisation de nouvelles techniques de gestion des risques afin de se prémunir contre les aléas futurs.

Le processus de la gestion des risques implique de déterminer quels risques sont à accepter, à neutraliser, et ceux qui peuvent être transférés. Les quatre processus principaux dans la gestion des risques sont :

1. Identification ;
2. Évaluation ;
3. Réduction ;
4. Transfert ou migration.

Le procédé classique de la gestion des risques du portefeuille s'intéresse aux actifs et néglige l'impact de cette gestion sur la valeur des entreprises. Aujourd'hui, une certaine forme de gestion des risques d'entreprise est adoptée par de grandes sociétés, soit une gestion des risques appliquée à l'entreprise dans son ensemble.

La gestion des risques d'entreprise permet au management d'aligner l'appétit et les stratégies de risque à travers l'entreprise, d'améliorer la qualité des décisions en réponse au risque, d'identifier les risques et de gérer les risques à travers l'entité.

Cet ouvrage dans sa première édition s'attarde sur la question de la gestion des portefeuilles dans le marché financier. Ce choix est bien évidemment difficile à justifier, puisque les trois grandes dimensions de la finance sont importantes mutuellement. Cependant, l'analyse de l'histoire fait prévaloir l'importance de la gestion de portefeuilles comme première problématique de la finance.

Il est bien évident que les champs disciplinaires de la gestion financière sont largement issus de la problématique de la structure financière débattue depuis les années 50, mais la finance de marché ou la gestion de portefeuilles en est plus ancienne, car les premiers jalons reviennent au début de l'année 1900 avec les travaux de Louis Bachelier (1900). Une seconde raison à fait prévaloir ce choix est l'abondance des travaux et des prix Nobel dans le champ de la finance de marché comparativement à la finance d'entreprise et également la dominance des marchés dans les structures d'intermédiation dans le monde[2].

Ceci dit, cet ouvrage essaiera d'apporter quelques éclaircissements sur les fondements de la finance de marché, à travers ses huit chapitres. Le premier est un « avant-goût » théorique sur la notion de l'utilité. En effet, se projeter dans le futur suppose un changement de la fonction d'utilité et du comportement de l'agent économique et nécessite donc davantage d'explications en faveur de l'utilité dans l'incertain.

Le deuxième chapitre est une adaptation de l'utilité sous forme d'un taux de rentabilité. La richesse n'est guère monétaire elle est plutôt relative. Dans ce chapitre, nous allons comprendre les tournures de la notion de rentabilité et aussi les mécanismes de calcul y afférents. L'introduction du modèle de base de Markowitz se fera dans le troisième chapitre et il sera question d'examiner la notion d'espérance-variance et la nécessité d'un comportement quadratique.

Le chapitre quatre propose un développement du modèle de Markowitz en restant dans le même paradigme risque-rentabilité. De nouvelles approches sont proposées soit en remaniant la notion de risque ou en proposant d'autres moments pour comprendre mieux le comportement des investisseurs.

Le chapitre cinq présente le modèle d'évaluation des actifs financiers à savoir le MEDAF. Ce modèle décrit le point d'interaction entre la gestion des portefeuilles et la théorie des marchés financiers. Pour la première fois, un modèle d'équilibre sur les marchés financiers est proposé en finance. Au-delà de son utilité dans la finance de marché et dans la « corporate finance », ce modèle est d'une utilité grandissante dans la prise de décision.

La construction d'un portefeuille et sa pertinence n'ont de sens que s'il est performant. À ce titre, le chapitre six présente une panoplie d'approches permettant d'assurer le suivi et l'évaluation de la performance des

---

[2] La dichotomie classique entre la finance de marché et la finance d'entreprise n'est plus d'actualité. À notre sens, depuis la naissance du MEDAF, la frontière athéorique entre les deux champs disciplinaires s'est abolie. Nous allons revenir à ce débat dans la partie consacrée au MEDAF. Il est aussi à noter que la séparation entre le pouvoir et le contrôle dans les entreprises et la sortie de l'actionnariat vers les marchés financiers ont permis plus d'interdépendance entre la finance de marché et la finance d'entreprise.

portefeuilles, mais pas uniquement, ce chapitre présente également des éléments introductifs à la gestion active et passive des portefeuilles.

Le chapitre sept est l'occasion de traiter les actifs obligataires, puisque l'investissement en portefeuille peut se faire dans toutes les typologies de marchés existants. À ce titre la gestion obligataire propose une analyse et une évaluation des actifs à revenu fixe. En plus des définitions et des généralités proposées, des méthodes d'optimisation de portefeuilles sont examinées[3].

Le dernier chapitre (huit) présente le système financier et une analyse de l'environnement de gestion des actifs dans le contexte marocain. L'implémentation de ce dernier chapitre est à même de donner un aperçu quant aux spécificités du système financier marocain. L'idée est simple, nous ne pouvons pas utiliser des modèles sans une connaissance suffisante de la réalité juridique, institutionnelle et aussi légale du pays d'application.

---

[3] Actuellement et en raison des crises régulières, l'endettement des États auprès du marché des Bons du Trésor est de plus en plus important, attestant à un accroissement des titres de créances dans les actifs des agents économiques et surtout des investisseurs institutionnels. Cette réalité financière moderne impose une connaissance approfondie des techniques de gestion obligataire.

CHAPITRE I. DE L'UTILITÉ : LA MICROÉCONOMIE FINANCIÈRE

"Une vision monotone... une déperdition entropique...vers la création d'un prédateur rationnel."

Plusieurs vont se demander dans un premier temps pourquoi dans un ouvrage de finance nous commençons par la théorie de l'utilité, une question à laquelle il faut bien formuler une réponse pour comprendre tout le chemin que nous avons à parcourir dans ce voyage au cœur de la finance de marché.

Certes, la science économique considère que le comportement rationnel gouverne les aptitudes des agents économiques dans leur ensemble, mais cette rationalité n'a de sens que pour la modélisation des comportements des agents économiques. Peut-être qu'aujourd'hui plusieurs problématiques sont à soulever quant à la véracité de cette idée tant acceptée dans les couloirs des économistes. En effet, la finance ne pourra guère échapper à cette logique de réflexion en essayant de comprendre le comportement des agents sur les marchés financiers et également lors du montage des projets d'investissement.

Le raisonnement en finance (ou en incertitude) suivra la même destinée que l'économie : nous avons besoin d'un comportement monotone pour modéliser le futur. Bien évidemment, l'objectif est de comprendre le raisonnement que nous voulons faire prévaloir, ici, en évoquant la notion du temps en lien avec la finance.

Dans les faits, la finance est le temps, nous ne pouvons pas évoquer la finance sans introduire l'étendue temporelle qui impose son incertitude[4].

---

[4] Dans la théorie du risque, il est opportun de distinguer le risque et l'incertitude. Frank Knight stipule, en 1921 dans « Risk, Uncertainty and Profit », que le risque désigne une situation où les possibilités de l'avenir sont connues et probabilisables. Par opposition, l'incertitude désigne une situation où nous ignorons tout cela. Cette définition est-elle toujours d'actualité avec les mouvements actuels qui donnent plus de poids à l'incertitude pure au détriment du risque ? Cette question mérite encore

Toutes les décisions financières sont prises en tenant compte du futur et par conséquent elles sont sujettes à l'incertitude. En mathématique financière, nous avons l'habitude de rapprocher cet aller-retour entre le présent et le futur via le principe de l'actualisation. L'actualisation suppose de traduire[5] le futur dans le présent. En réalité, nous sommes en train de réduire l'entropie dans le temps. La dilatation du temps dans l'espace est un jeu bien maîtrisé par les financiers, malgré leur incompréhension de la déperdition informationnelle dans cette entropie financière. Néanmoins et jusqu'à présent, c'est la seule façon de voir le futur dans l'économie et dans la finance.

Ainsi et en se référant à ce principe, la décision est prise dans une logique d'incertitude. Mais, la perception du futur est différente d'un individu à un autre et cela dépend dans la plupart des cas des conditions initiales. Cette connaissance de l'incertitude induit des comportements hétérogènes concernant le futur, que les économistes essaient de modéliser pour permettre toujours cette allocation optimale des ressources. Cependant, devant cette optique, les agents se convertissent d'un comportement simple de survie à un comportement prédateur[6].

L'attitude envers l'argent et la volonté de prendre des risques trouvent leurs origines dans la richesse initiale d'une personne, son état émotionnel et le plaisir évoqué, d'une certaine manière, par un tel risque, celles-ci sont les raisons pouvant justifier une dérogation au critère d'actualisation. Bien évidemment, ici une réflexion philosophique s'impose, la finance est le jeu dans l'incertitude et à ce titre l'opportunisme s'intensifie, sinon aucun jeu de hasard ne peut exister ni même le cadre fonctionnel du marché financier. Autrement, la finance se nourrit de l'hétérogénéité des agents économiques : on s'attend toujours à un perdant et un gagnant pour boucler le cercle. La finance sur le plan épistémologique ne peut être une science « win-win » pour arriver à ce bien être tant désiré. La théorie de l'utilité cherche à représenter la manière dont cette évaluation subjective de la richesse et de l'attitude face

---

plus de détails.

[5] La traduction pour nous est un concept utilisé dans sa conception épistémologique dans le sens où cette traduction est une manière de voir le futur, mais rien n'induit son exactitude.

[6] Avoir la possibilité de formuler une décision sur la base d'anticipation future réalisée par les agents économiques impose une vision tendancielle des phénomènes économiques et par conséquent le comportement opportuniste sera la meilleure solution afin de maximiser les gains futurs.

au risque peut être quantifiée afin de fournir une base rationnelle pour la prise de décision dans l'incertitude. Certainement, l'objectif est de rationaliser le subjectif afin de maîtriser le monde et non le comprendre. Ceci dit, débuter cet ouvrage par ce chapitre sur l'utilité vise deux objectifs : le premier est de cadrer la compréhension des lecteurs par rapport aux hypothèses de base de leur modèle et ensuite leur permettre de comprendre que la finance n'échappe guère à l'économie dans ses soubassements théoriques.

La finance : un jeu d'opportunisme

Dans la plupart des ouvrages et des articles sur la finance, nous nous sommes retrouvés avec des jeux de probabilités, dont la formation de décision est altérée à un calcul approximatif du risque. La finance est toujours assimilée à un jeu de loterie dans le gain reste incertain.

Commençons par un exemple simple : un investisseur achète une action en espérant faire un profit ou perdre dans le futur. Les investisseurs devant ces incertitudes sont hétérogènes, possédant divers choix et ayant des préférences variées.

Mais, malheureusement, cette divergence crée le marché. Ainsi, l'échange n'est qu'une opération qui matérialise la divergence et donne naissance au marché financier qui, une fois compris, peut fournir une compréhension et une évaluation des prix des actifs[7]. Pour simplifier la compréhension, nous pouvons calculer la valeur future d'un achat d'une action, comme suit :

$$Valeur\ future = p(R - \pi) - (1 - p)\pi \qquad Eq.1$$

$$Valeur\ future = \pi p - p\pi - \pi + Rp$$

$$Valeur\ future = pR - \pi < 0 \qquad Éq.\ 2$$

Dans « l'équation 1 » nous avons le gain dans le futur selon deux états de la nature : nous avons une probabilité « p » de gagner (la valeur de l'actif augmente) et une probabilité (1-p) de perdre. Dans une situation de gain, nous

[7]Dans tous les marchés en économie, l'échange se matérialise par une consommation immédiate permettant d'avoir une relation win-win, sauf en finance chaque acheteur table sur la perte d'autrui et chaque vendeur attend la défaite de son homologue dans l'opération. Cette particularité de la finance va conduire dans tous les états de la nature à des crises de confiance et à des crises dans le capitalisme. Les germes de la destruction sont endogènes dans la finance.

allons avoir un profit « R » sinon nous gardons la valeur initiale de l'investissement « π».

Ainsi, par un simple développement nous nous rendons compte que la finance induit une perte d'argent de façon espérée (eq.2). En d'autres termes, si nous avions "une quantité infinie d'argent" et que nous devions investir pour toujours, nous perdrions à long terme (π-pR). Cette évaluation inégale de l'argent signifie que nous ne pouvons pas comparer facilement deux sommes d'argent en situation d'incertitude.

Pour approcher cette idée, nous faisons appel à Daniel Bernoulli (1700), lors d'un exercice de loterie, similaire au raisonnement dans les marchés financiers, ce scientifique a découvert un paradoxe qui sera ensuite connu sous le nom du « paradoxe de Saint-Pétersbourg »[8].

Considérons le jeu suivant, entre un joueur et une maison de jeu (ici la banque de jeu), une pièce de monnaie est lancée en l'air :

- Si face est obtenue, la banque paie « 2 » MAD au joueur, et le jeu s'arrête ;
- Si pile est obtenue, la pièce est relancée pour une deuxième fois et si face apparaît, la banque propose de lui payer « 4 » MAD, et le jeu s'arrête.
- Si le joueur perd, la pièce est relancée jusqu'au $N^{\text{ième}}$ lancé où la banque paiera « 2^n » MAD au joueur.

Dans cette perspective, une question fondamentale pour les acteurs est quelle devrait être la mise initiale pour que le jeu soit équitable, c'est-à-dire pour que ni la banque ni le joueur ne soient avantagés dans ce jeu ?

La solution du paradoxe est la suivante[9]:

$$\text{Probabilité} = \frac{1}{2}$$

[8] Nous pouvons avancer que le début de la finance réside dans ce paradoxe. Le cœur de la finance a été emprunté de ce résultat. En somme, le principe de Bernoulli était que les actions des individus devraient être dirigées à maximiser l'utilité espérée.

[9] La similitude entre le jeu du pile ou face et l'investissement sur les marchés financiers est bien évidente surtout que l'incertitude est identique.

$$1\text{er lancé face est obtenue alors : } X = \frac{1}{2} \times 2 = 1 \text{ MAD}$$

$$2\text{ème lancé face est obtenue alors : } X = \frac{1}{2} \times \frac{1}{2} \times 4 = 1 \text{ MAD}$$

.

.

.

$$N^{\text{ième}} \text{ lancé face est obtenue alors : } X = (1/(2^k)) \times 2^{k-1} = 1\text{MAD}$$

Le calcul de l'espérance du jeu nous permettra d'aboutir au résultat suivant :

$$E(X) = 1 + 1 + \ldots .1 = +\infty \qquad \text{Éq. 3}$$

Le résultat obtenu pour ce jeu probabiliste est paradoxal, impliquant bien évidemment que l'espérance de gain est l'infini (∞), il en découle une impossibilité à satisfaire l'individu et par conséquent nous sommes en présence d'un paradoxe.

Nicolaus Bernoulli (1713), reprend le même paradoxe en essayant de le résoudre autrement, en creusant dans le raisonnement en matière de richesse monétaire, qui est assurément à perception hétérogène chez les investisseurs, qu'il faut bien abolir pour arriver à un jeu à espérance finie.

Ainsi, supposons que l'investisseur ou le joueur ne s'intéresse pas à la richesse, mais à une déformation de la richesse, soit une transformation de cette dernière sous forme par exemple d'une fonction logarithmique.

À ce titre, nous pouvons noter que :

$$E(\ln(X)) = E(\ln((1/(2^k)) * 2^{k-1})) = \ln(2) \qquad \text{Éq. 4}$$

L'utilisation de la fonction de comportement de la richesse sous forme logarithmique a permis de résoudre le jeu probabiliste qui devient à espérance finie (eq.4).

L'espérance à l'égard du futur est quantifiable, si et seulement si, les agents économiques s'intéressent à la transformation de la richesse, autrement dit à l'utilité de cette richesse.

L'idée de Bernoulli nous amène vers une conclusion fondamentale qui aura à conditionner toute la finance : *les gens sont différents à bien des égards, notamment dans leurs préférences pour des résultats incertains. Cette complexité du futur et aussi du raisonnement humain dans le futur implique de trouver une solution pour que le marché financier perdure*[10].

La modélisation des motivations humaines et de la prise de décision est donc nécessaire pour concilier les comportements observés dans un cadre prévisible et théorique. C'est essentiellement ce que la théorie de l'utilité espérée tente de faire en empruntant les grands principes de la théorie d'utilité en microéconomie.

L'analyse des comportements dans le futur impose de bien comprendre le comportement des agents et ceci en ayant recours à la fonction d'utilité qui définit une échelle qui évalue l'argent « U(.) », dont la simple espérance fournit l'échelle de comparaison des perspectives financières incertaines. Plus l'utilité espérée est grande, plus elle est "meilleure".

La fonction U(.) est une transformation de la valeur de l'argent qui rend comparables les sommes d'argent dans le futur en introduisant la fonction d'utilité U(.).

$$\text{E(Valeur future)} = \text{p}U(R - \pi) - (1 - p)U(\pi) \quad \text{Éq. 5}$$

L'introduction de l'utilité fait ressortir trois situations dépendamment de la forme de la fonction de l'utilité :

- Si l'U(.) = 0, nous sommes indifférents quant à la participation ou non au jeu probabiliste.
- Si l'U(.) > 0, il est préférable de participer au jeu probabiliste.

---

[10] La finance est uniquement là pour faciliter le raisonnement dans le futur. Mais, la vraie question demeure : avons-nous besoin d'investir dans le futur en adoptant les démarches de la finance prédatrice ?

- Si l'U(.) < 0, nous sommes hésitants pour participer au jeu probabiliste.

Ainsi, la participation à un jeu probabiliste est mesurée par son utilité attendue. En outre, le prix « π » que nous serons prêts à payer - la mise initiale dans une perspective de gagner « R » avec une probabilité « p » - est le prix qui rend nulle l'utilité attendue, ou E(U)= 0. Qui peut être résolu pour π lorsque la fonction d'utilité est spécifiée[11].

Eu égard, ces différents éléments, il ressort que la définition de la fonction d'utilité et l'identification de sa forme est une nécessité afin de fournir le cadre d'analyse opportun en finance.

De la nécessité de la fonction d'utilité

L'approche de l'utilité espérée pour la prise de décision dans l'incertitude est donc extrêmement utile, car elle permet d'adopter une approche rationnelle qui "élimine l'incertitude pure de la prise de décision" et la ramène à un environnement de certitude (ou incertitude impure), que nous pouvons résoudre explicitement et numériquement.

Nous avons l'habitude dans la microéconomie d'utiliser des fonctions d'utilité qui décrivent le comportement des consommateurs ou des producteurs (Cobb Douglass, Leontief, etc.), mais qu'en est-il pour la finance ? Une des questions fondamentales à se poser : est la nécessité de la fonction d'utilité pour décrire un comportement aussi complexe d'un agent économique.

Dans un contexte d'incertitude, il s'agira également de recourir à la même logique, mais cette fois-ci pour une raison d'homogénéité des comportements afin de sortir d'un paradoxe de la valeur monétaire. La question suivante demeurant encore plus complexe et difficile : quel comportement pouvons-nous adosser à un investisseur en finance ?

Peut-être que les réponses formulées par John von Neumann et Oskar Morgenstern (1940) à la fin des années quarante sont suffisantes pour justifier

---

[11] De même, l'utilité espérée est utilisée par un investisseur pour comparer divers investissements, divers flux de trésorerie, en notant que la valeur de chacun a une utilité attendue, connue avec certitude et utilisée pour évaluer les perspectives incertaines.

l'utilité attendue en tant que fonction d'échelle pour des perspectives incertaines. Ainsi, selon les deux auteurs il faut tenir compte de ce qui suit[12] :

- Plus l'utilité est grande, plus le résultat est souhaitable ;
- L'axiome de la transitivité où la préférence entre les situations est transitive : si A est meilleur que B et B est meilleur que C alors par transitivité A est meilleur que C ;
- Si nous sommes indifférents entre deux résultats ou actes potentiels, alors nécessairement les résultats attendus ou les utilités seront les mêmes.

Les mêmes résultats peuvent être obtenus en revenant aux travaux de Bernoulli qui a trouvé la solution via la fonction logarithmique. Peut-être que le choix de cette fonction spécifiquement paraît arbitraire, mais en approfondissant l'analyse nous approcherons les conclusions de von Neumann et Morgenstern (1953).

Pour comprendre le comportement de cette fonction d'utilité logarithmique, nous allons recourir au développement limité de Taylor.

Supposons que :

$$u(x) = \ln(x) \qquad \text{Éq. 6}$$

Si nous notons le développement de Taylor au voisinage de x_0, alors la fonction d'utilité serait :

$$f(x) = f(x_0) + f'(x_0)(x - x_0) + \frac{f''(x_0)(x - x_0)^2}{2!} + \cdots + f^n(x_0)\frac{(x - x_0)^n}{n!} + x^n\varepsilon(x) \qquad \text{Éq. 7}$$

---

[12] Ces trois hypothèses sous-tendent le cadre rationnel de prise de décision dans l'incertitude que fournit la théorie de l'utilité espérée. Ici je me permets de discuter que le cadre de raisonnement demeure ici prédateur dans le sens où seul l'opportunisme est considéré comme solution meilleure et rationnelle.

Alors, si nous appliquons cette formulation sur la fonction $ln(x)$ en limitant ce développement à l'ordre 2 au voisinage de la valeur « m » qui est considérée comme l'espérance de la richesse « x », nous obtenons :

$$\ln(x) = \ln(m) - \frac{1}{m}(m - x) - \frac{1}{2m^2}(m - x)^2 + O(-(m - x)^3) \qquad \text{Éq. 8}$$

L'opérateur Espérance s'écrit comme suit :

$$E(U(x)) = E(\ln(x))$$

$$E(U(x) = E(\ln(m)) + \frac{1}{m}E(x - m) - \frac{1}{2m^2}E(x - m)^2 \qquad \text{Éq. 9}$$

De ce résultat plusieurs déductions sont à formuler :

- Dans un premier temps, l'espérance d'utilité dépend de deux paramètres à savoir l'espérance $E(x - m)$ et la variance $E(x - m)^2$;
- La nature de la fonction est une condition sine qua non pour un gain ou une perte attendu(e) dans le futur.

Ainsi, le recours à la fonction logarithmique est loin d'être uniquement une solution du paradoxe de Bernoulli, mais encore plus, elle donne une formulation exacte du problème de décision d'investissement dans un univers incertain. À ce titre, nous pouvons donc généraliser le résultat appliqué à la fonction logarithmique pour découvrir les principes des fonctions de comportement des investisseurs dans un univers incertain.

Le développement de Taylor pour la fonction d'utilité U(x)[13] se présente comme suit :

[13] Ici nous envisageons que la richesse oscille autour de sa moyenne alors $x \approx E(x) \approx m$.

$$u(x) = m + u(m)'(x - m) + \frac{u(m)''(x-m)^2}{2} \qquad \text{Eq.10}$$

$$E(u(x)) = m + \frac{1}{2}u(m)''E((x - m)^2) \qquad \text{Éq. 11}$$

Ce résultat séminal indique la nature de la fonction d'utilité à utiliser en finance pour arriver à un jeu à espérance finie envisageable par les investisseurs dans toutes les décisions de nature incertaines.

L'espérance de l'utilité est donc décomposée en deux termes à savoir : la moyenne de la richesse « m » et également la variance de cette richesse $E((x - m)^2)$. Par ailleurs, la composante de la dérivée seconde de la fonction d'utilité affecte, également, la décomposition et le comportement de la fonction d'utilité.

D'ici nous pouvons facilement approcher la logique de réflexion en finance qui implore l'utilisation de l'espérance et de la variance comme deux indicateurs de la prise de décision et qui posera, par la suite, bien évidemment plusieurs interrogations (voir les chapitres suivants).

Pour arriver à maximiser les gains espérés dans un jeu probabiliste il est nécessaire d'étudier la dérivée seconde de la fonction d'utilité $u(x)''$. La moyenne et la variance sont déjà connues et leurs comportements sont facilement modélisables, toutefois, une analyse particulière est à réaliser quant à la dérivée seconde. Ainsi, nous pouvons dénombrer trois situations :

a. $u(x)'' = 0$: à ce titre l'espérance serait égale à la moyenne ;

b. $u(x)'' > 0$: donc ceci permettra d'amplifier la variance ou la dispersion du jeu ;

c. $u(x)'' < 0$: nous sommes en situation d'atténuation du risque ou de réduction de la dispersion.

Pour illustrer cette différence, il est impératif de confronter deux fonctions d'utilités à comportement hétérogène, à savoir : une fonction logarithmique et une fonction de puissance.

Fonction logarithmique :

La fonction logarithmique est caractérisée par les deux moments suivants :

$$\mathrm{U}(\ln(\mathrm{x}))' = \frac{(\partial \ln \mathrm{x})}{(\partial \mathrm{x})} = \frac{1}{\mathrm{x}}$$

$$U(\ln(x))'' = \frac{(\partial \ln x)}{(\partial x^2)} = -\frac{1}{x^2}$$

Nous pouvons visualiser ces éléments :

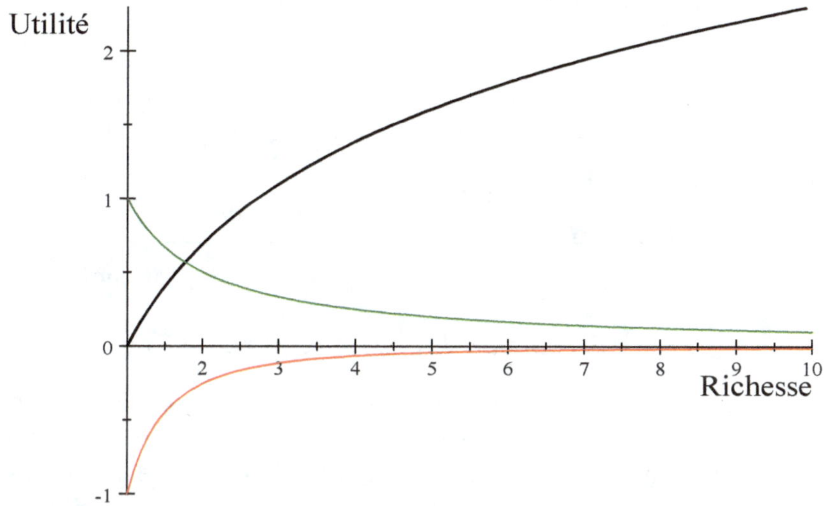

Figure 1. Fonction d'utilité logarithmique (ln :noir, ln' :vert, ln" :rouge)

Graphiquement, la variation de la richesse conduit à une baisse de son utilité ce qui permet d'estomper l'utilisation de la richesse à un certain niveau donné. La dérivée seconde qui retrace le degré d'accélération de la descente de la pente est négative dans la forme logarithmique de l'utilité. Ce qui implique une saturation de l'utilité dans le temps.

Fonction de puissance :

Dans le cas de la fonction de puissance, nous avons opté pour la forme simple de $f(x)=x^2$. Alors les moments seront :

$$U(x^2)' = \left(\frac{(\partial x^2)}{(\partial x)}\right) = 2x$$

$$U(x^2)'' = \left(\frac{(\partial x^2)}{(\partial x^2)}\right) = 2$$

Graphiquement ceci peut s'illustrer comme suit :

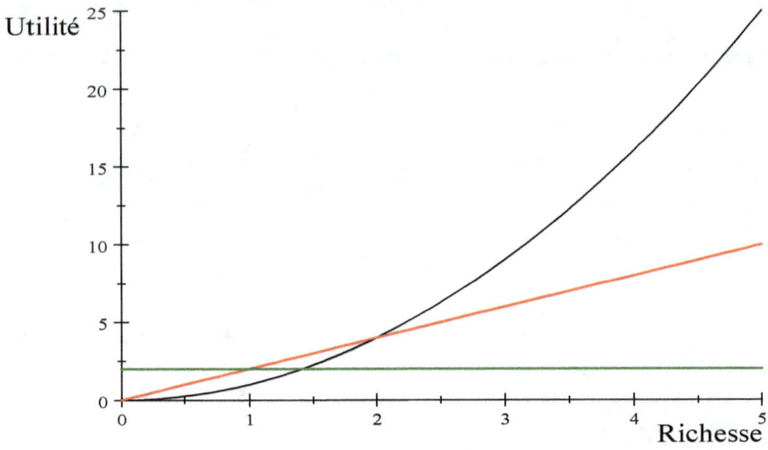

Figure 2. Fonction de puissance (f(x), f'(x), f''(x))

L'analyse des trois types de fonctions (en niveau, première et seconde dérivées) permettent d'affirmer les éléments suivants : d'abord la fonction est croissante sans limites et la première dérivée indique une pente positive reflétant que toute variation de la richesse induit une hausse de l'utilité et ceci avec une vitesse d'accroissement stable d'un niveau de 2 « dérivée seconde »[14].

---

[14] Une fonction d'utilité est choisie, en premier lieu, parce qu'elle représente l'objectif d'un investisseur confronté à des gains incertains. Elle peut également être sélectionnée pour sa commodité d'analyse et la simplicité d'appréhension. En général, une telle sélection est difficile et a donc été l'une des raisons essentielles, dans la pratique, pour rechercher des approches alternatives à la prise de décision dans l'incertitude. Certes, le choix de la fonction d'utilité est important, mais demeure une grande limite dans le sens où imposer une seule fonction décrivant le raisonnement des investisseurs en situations d'incertitude est décisif. Il y a lieu de noter également l'utilisation de la famille des fonctions exponentielles en plus de la famille logarithmique, ci-dessous un exemple :

La fonction exponentielle s'écrit, par commodité, sous la forme :

$$f(x) = 1 - exp(-ax); (a > 0)$$

Le développement limité de la fonction à l'ordre 2 :

$$DL = 1 - exp(-ax) = (1 - e^{-am}) - ae^{-am}(m - x) + O((m - x)^2)$$

La dérivée première est :

$$\frac{\partial f(x)}{\partial x} = ae^{-ax}$$

En comparant les deux formes de fonctions, une conclusion importante peut être formulée, à savoir : l'investisseur dont le comportement suit une fonction de puissance (l'exemple plus haut) a tendance à s'attendre à un accroissement de l'utilité pour tout engagement de sa richesse dans le futur. Par ailleurs, l'investisseur dont le comportement suit une fonction logarithmique est différent, dans le sens où chaque engagement dans un jeu probabiliste futur aura un effet modéré sur l'utilité et s'estompe directement après satisfaction.

La question qui devra donc être soulevée à ce niveau, est de savoir quelle fonction à adopter pour modéliser le comportement des investisseurs ? L'investisseur en adoptant une fonction dont la dérivée seconde est positive aura une amplification de la variance alors un accroissement du niveau de dispersion et une incertitude plus élevée. Par ailleurs, avec une fonction dont la dérivée seconde est négative cela aura à réduire le degré de dispersion et par conséquent une meilleure maîtrise de l'incertitude.

Devant ces résultats, trois cas de figure s'imposent :

1. La dérivée de la fonction d'utilité est nulle alors le comportement de l'investisseur serait indifférent ou le jeu probabiliste serait neutre ;
2. La dérivée seconde est positive, alors une prise de risque élevée et une incertitude accrue prise par l'investisseur qui sera qualifiée de risquophile (exemple fonction de puissance) ;
3. La dérivée seconde est négative et donc une prise de risque faible et une incertitude modérée, induisant un comportement risquophobe (exemple logarithmique).

La fonction d'utilité seconde détermine donc le degré d'aversion au risque de l'investisseur et décrit comment il perçoit l'avenir. L'aversion au risque exprime une préférence pour éviter le risque et donc une préférence pour les jeux futuristes plus conservateurs. Par exemple, un investisseur qui a une aversion pour le risque peut être prêt à payer une prime pour réduire le risque.

La dérivée première est positive décrivant une fonction concave.
La dérivée seconde est :

$$\frac{\partial f(x)}{\partial x^2} = -a^2 e^{-ax}$$

Cette dérivée seconde indique un comportement risquophobe issue d'une accélération de la pente assez faible.

Un investisseur qui aime le risque préférera profiter de l'incertitude qu'offre un investissement futur. Enfin, être en neutralité par rapport au risque implique que les récompenses sont évaluées à leur valeur objective, selon le critère de la valeur future. En d'autres termes, l'investisseur serait inconscient du risque.

Courbes d'indifférence

Bien évidemment, nous ne pouvons pas évoquer la fonction d'utilité sans faire prévaloir la notion de courbe d'indifférence qui décrit le choix à effectuer par l'investisseur sur les marchés financiers. La courbe d'indifférence décrit l'utilité de l'investisseur et dépendamment des conditions du marché elle aura à décliner les stratégies à mener par ce dernier.

Supposons la situation suivante où nous avons deux investissements concurrentiels :

Tableau 1. Investissement et courbe d'indifférence

Incertitude	*Résultat espéré*	*Risque*
Investissement A	10%	5%
Investissement B	20%	10%

La question à poser ici est la suivante : le rendement supplémentaire de 10% (différence de gain entre A et B) compense-t-il le risque supplémentaire entre A et B ? Il n'y a pas de bonne réponse, car la décision dépendrait de l'attitude de l'investisseur face au risque (risquophobe ou autre). L'indifférence d'un investisseur particulier peut être déterminée en traçant les gains espérés que l'investisseur exigerait pour chaque niveau de risque.

Par exemple, il peut y avoir un investisseur qui peut obtenir un rendement de 50 MAD avec un risque nul et un rendement de 55 MAD avec un risque de 5 MAD qui sera indifférent entre les deux investissements. Si d'autres investissements étaient envisagés, chacun avec un degré de risque plus élevé, l'investisseur exigerait des rendements encore plus élevés pour rendre tous les investissements également attrayants. L'investisseur en question pourrait présenter ce qui suit comme la courbe d'indifférence.

Tableau 2. Rendement et risque et situation d'indifférence

Rendement 1	*Risque 1*	*Rendement 2*	*Risque 2*	*Rendement 3*	*Risque 3*
0,5	0	0,7	0	0,2	0
0,55	0,05	0,75	0,05	0,25	0,05
0,7	0,1	0,9	0,1	0,4	0,1
1	0,15	1,2	0,15	0,7	0,15
1,2	0,18	1,4	0,18	0,9	0,18
2,3	0,25	2,5	0,25	2	0,25

Il se pourrait que cet investisseur ait des courbes d'indifférence différentes, compte tenu d'un niveau de rendement de départ différent (soit le niveau du risque neutre) pour un risque zéro. L'exercice devrait être répété pour différents niveaux de points de départ de risque-rendement. Il serait possible de construire toute une série de courbes d'indifférence qui représenteraient l'attitude d'un investisseur particulier vis-à-vis du risque (voir le tableau ci-dessus).

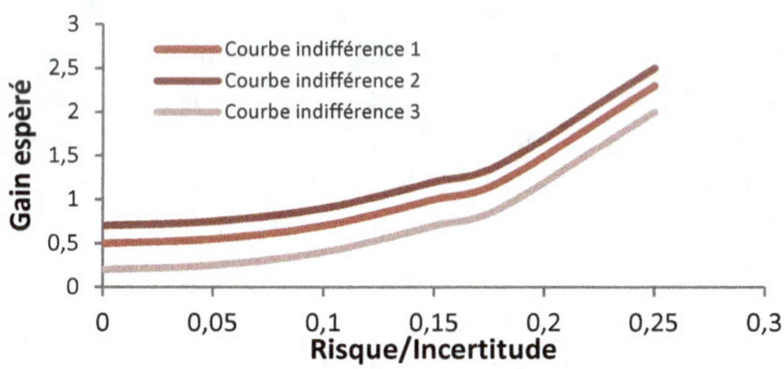

Figure 3. Présentation des courbes d'indifférence

Les courbes d'indifférence indiquent le niveau d'arbitrage à faire entre le niveau de risque et de rendement à obtenir dans le futur. Bien évidemment, plus la courbe d'indifférence est élevée, plus le gain espéré augmente et la préférence ira à la plus grande courbe en termes de gain espéré.

Bien que nous ne puissions pas être convaincus par l'utilisation de la fonction d'utilité comme solution en situation d'incertitude, toutefois, elle demeure d'usage en finance moderne. Comme, nous allons le voir dans le chapitre suivant, le raisonnement de l'investisseur se concentrera sur l'espérance et la variance (logique de la courbe d'indifférence) et le choix des investissements sera basé sur cette trinité (espérance, variance et utilité). La seule solution est d'avoir à résoudre cette trilogie pour obtenir le meilleur investissement dans l'incertain.

La notion de risque

Le développement de la fonction d'utilité vise à gérer l'incertitude du futur, cette solution n'est pas unique (nous détaillerons dans ce qui suit), mais demeure la plus utilisée dans la finance moderne.

Nous avons démontré que le choix de la fonction d'utilité permet de mettre en évidence la nature des comportements à adopter par les investisseurs et par conséquent nous avons conclu que les investisseurs peuvent être en :

(1) Aversion au risque (risquophobe) ;

(2) Préférence au risque (risquophile) ;

(3) Neutralité par rapport au risque.

L'aversion au risque exprime un évitement des incertitudes relatives aux investissements futurs. Par exemple, un investisseur peu enclin au risque peut être prêt à payer une prime pour réduire les risques. Un amateur de risque préfère profiter du pari qu'un risque d'investissement fournit. Enfin, la neutralité des risques implique que les récompenses sont évaluées à leur juste valeur. En d'autres termes, l'investisseur serait inconscient par rapport à l'incertitude.

Les investisseurs risquophobes auront tendance à avoir un comportement peureux par rapport au risque ce qui implique que leur évaluation du désir de gain aura à diminuer avec le temps (en mathématique la dérivée seconde est négative). Ceci permet aussi d'introduire la notion « concave » où la fonction d'utilité répondant à cet esprit devra avoir cette propriété. Et, vice versa, pour un décideur épris de risque, la dérivée seconde de la fonction d'utilité sera positive. Pour caractériser quantitativement une attitude de risque, deux approches sont utilisées :

1. L'aversion au risque est directement liée à la prime de risque, exprimée par la différence entre la valeur attendue d'une décision et son équivalent de certitude (sans risque) de la récompense ;

2. L'aversion au risque se traduit par une préférence décroissante pour un risque accru, tout en maintenant un écart moyen.

Équivalence certaine : certitude versus incertitude

Nous proposons d'introduire la notion d'équivalence certaine (EC) qui permettra de faciliter la compréhension et la quantification du risque. Supposons que nous avons un gain incertain (futur) « R » dont la fonction d'utilité est U(.). Nous définissons l'équivalence comme une somme d'argent équivalente qui égalise l'espérance de l'utilité du gain futur avec l'utilité de cette équivalence, qui s'écrit :

$$U(EC) = E(U(R)) \quad Et \quad EC = u^{-1}(E(U(R))) \qquad \text{Éq. 12}$$

Il est à noter que EC est différente de la valeur espérée par l'investisseur que nous notons « R^* » et donc la différence entre les deux permet de définir la notion de prime de risque :

$$Prime\ de\ risque\ (\rho) = Rendement\ attendu\ (R^*) - EC. \qquad \text{Éq. 13}$$

Il existe une autre façon d'introduire la notion d'EC en utilisant le développement de Taylor de la fonction d'utilité. Si le rendement espéré futur peut dévier dépendamment du risque encouru, alors la question suivante s'impose : comment se comporte le rendement ou le gain futur aux alentours de cette prime supplémentaire ?

Puisque nous sommes en situation prédictive, le rendement à espérer peut s'écrire sous cette forme :

$$R = r^{15} + \varepsilon \qquad \text{Éq. 14}$$

$$\mathrm{E}(\mathrm{U(R)}) = \mathrm{E}(\mathrm{f(r+\varepsilon)}) = \mathrm{E}\left[\mathrm{f(r)} + \varepsilon \mathrm{f}'(\mathrm{r}) + \frac{1}{2}\varepsilon^2 \mathrm{f}''(\mathrm{r})\right];$$

$$\text{avec } \mathrm{E}(\varepsilon) = 0, \mathrm{E}(\varepsilon^2) = \sigma^2$$

De même, une expansion en série de Taylor du premier ordre de l'EC autour du rendement moyen (puisqu'il n'y a pas d'éléments incertains qui lui sont associés) donne :

$$\mathrm{E(U(R))} = \mathrm{E(f(r-p))} = \mathrm{E}\left[\mathrm{f(r)} - \mathrm{pf}'(\mathrm{r}) + \tfrac{1}{2}\mathrm{p}^2\mathrm{f}''(\mathrm{r})\right] \qquad \text{Éq. 15}$$

---

[15] Ici nous considérons que la moyenne est la meilleure prédiction en plus d'un aléa.

Par équivalence, la prime de risque peut être déduite en se basant sur la formulation suivante :

$$f(r) + \frac{\sigma^2}{2} f''(r) = f(r) - pf'(r)$$

$$\left\{p = \left\{-\frac{1}{2}\frac{f''(r)}{f'(r)}\sigma^2\right\} \quad \text{Si} \quad f'(r) \neq 0 \qquad \text{Éq. 16}\right.$$

Le petit « p » décrit la prime de risque à déduire de la notion de l'équivalence certaine. Bien évidemment, la notion d'équivalence reste abstraite. Dans cette perspective, nous proposons de présenter un exemple plus simpliste.

Un investisseur, dont la richesse initiale est de 1000, investit pour une période en bourse et envisage que son investissement apporte deux résultats possibles : gagner 200 avec la probabilité de 1/2, ou perdre 200 avec la probabilité de 1/2. La fonction d'utilité de cet investisseur est logarithme : $U(x) = ln(x)$.

L'analyse sur la période à venir fait ressortir les résultats suivants :

Tableau 3. Exemple équivalence certaine

Gain (équiprobable)	*1200*	*800*
Utilité du gain (ln(x))	7,09	6,68

L'investisseur aura soit un capital final de 1200 (1000+200), soit un capital de 800 (1000-200). Ce qui nous procure une moyenne pondérée par les probabilités de 1000. Ceci est l'estimation donnée au futur, sans tenir compte du comportement de la fonction d'utilité de l'investisseur.

Cependant, en introduisant la fonction d'utilité, nous aurons un autre raisonnement pour l'investisseur. Pour y arriver, nous avons calculé l'utilité du gain que peut avoir notre investisseur : soit 7.09 et 6.9, en moyenne c'est 6.88.

$$E(x) = 1000$$

$$E(U(x)) = 6.88$$

Le raisonnement en matière d'utilité introduit le comportement de l'investisseur, par contre, le raisonnement sans utilité indique l'état naturel du monde de l'investissement. Donc, la question qui peut se poser est la suivante : est-ce que la valeur monétaire de l'espérance de l'utilité est équivalente à 1000 ou non ? Pour ce faire, nous cherchons la valeur de « x » depuis la fonction de l'espérance d'utilité :

$$x = E(U(x)^{-1}) = e^{6.88} = 979{,}8$$

La valeur équivalente de l'utilité de la richesse est donc 979.8<1000, cette valeur est l'équivalence certaine de l'investisseur.

Plus facilement, cette équivalence est le montant qui peut être accepté par l'utilité comportementale de l'investisseur dans un univers incertain. Si l'investissement lui procure une somme identique à EC, alors, il est satisfait sans prendre de risque supplémentaire.

Dans notre cas, le projet d'investissement accorde à l'investisseur un gain moyen de 1000, soit une somme supérieure à son EC qui satisfait son utilité, alors pour lui s'engager dans ce projet va lui permettre de prendre du risque, mais avec une récompense supplémentaire qui est égale à la prime de risque de (1000-979.8=20.20).

Le graphique ci-dessous représente également les résultats obtenus, de façon plus claire, où la différence entre l'EC et le gain naturel est la prime de risque.

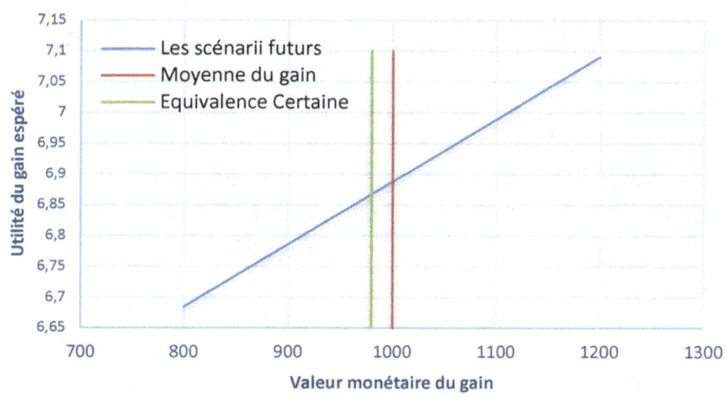

Figure 4. Résolution graphique EC

Dans ce sens et pour résumer, l'EC est une mesure monétaire de la perception de l'investisseur des engagements dans l'incertain qui sert à se comparer avec le gain que peut procurer la nature future.

Il ne faut pas oublier que l'exemple ci-dessus indique une prime de risque positive en raison de l'utilisation d'une fonction d'utilité risquophobe, où la dérivée seconde est négative. Par ailleurs, en utilisant une fonction dont la dérivée seconde est positive cela permettra d'avoir un résultat différent que nous résumons dans le graphique suivant (la fonction d'utilité est de la forme $U(x)=x^2$) :

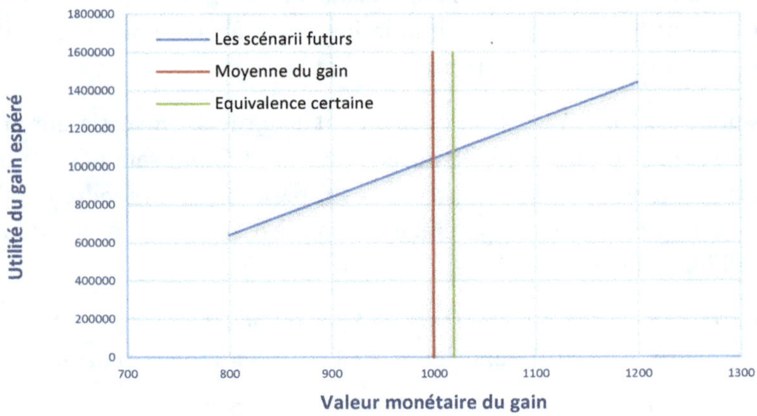

Figure 5. Représentation graphique EC "risquophile"

Nous remarquons que l'équivalence certaine est supérieure à ce que pourra procurer le monde de l'investissement, par conséquent les attentes de l'investisseur ne seront guère satisfaites par l'investissement futur. Ainsi s'engager dans cet investissement est bien évidemment une perte d'argent et alors une prise de risque sans contrepartie (risquophile).

La fonction marginale de la richesse est donc définie comme l'utilité additionnelle qu'une personne obtient, suite à un petit changement de sa richesse. En d'autres termes, cette fonction pour chaque personne rationnelle est toujours positive. La fonction marginale doit être décroissante. Dans ce sens, la fonction d'utilité est toujours concave et depuis les résultats issus de l'équivalence certaine nous retenons le principe de base suivant :

$$E(U(x)) < U(E(x)) \qquad \text{Éq. 17}$$

Cette inégalité est souvent désignée par l'inégalité de Jensen (1906). Dans cette logique, il est à noter que dans un projet d'investissement à risque la différence entre l'utilité de l'investisseur et l'espérance d'utilité permet de dégager la notion d'équivalence certaine (EC) :

$U(CE(x)) = E[U(x)] < U(E(x))$ *Éq. 18*

En se basant donc sur les travaux précédents de Bernoulli (1713) nous pouvons écrire que :

$$E(U(x)) = U(x) + \frac{1}{2}U(x)''\sigma^2 = U(CE(x))$$

- Si $CE(x) < E(x)$: l'investisseur est risquophobe $\Rightarrow U'' < 0$
- Si $CE(x) > E(x)$: l'investisseur est risquophile $\Rightarrow U'' > 0$
- Si $CE(x) = E(x)$: l'investisseur est neutre par rapport au risque (risk free) $\Rightarrow U'' = 0$

À partir du résultat de Jensen déjà présenté :

$$U(x + E(R)) > E(U(x + R))$$

Ce qui veut dire que pour égaliser les deux résultats nous avons besoin d'introduire une prime de risque « π » pour permettre de valider l'hypothèse d'absence d'opportunité d'arbitrage :

$$U(x + E(R) - \pi) = E(U(x + R))$$

En supposant que l'espérance du gain supplémentaire (la rentabilité) est aux alentours de zéro, alors nous pouvons écrire :

$$U(x - \pi) = E(U(x + R))$$

En faisant un développement de la partie première de l'équation $U(x - \pi)$:

$$U(x - \pi) = U(x) - \pi U'(x) + O(\pi^2)$$

Par ailleurs, le développement limité de $U(x_0 + R)$ en supposant que la fonction d'utilité est logarithmique permet d'avoir :

$$U(x_0 + R) = U(x) + RU'(x) - \frac{1}{2}R^2U''(x) + O(R^3)$$

$$U(x) + RU'(x) - \frac{1}{2}R^2U''(x) + O(R^3) = U(x) - \pi U'(x) + O(\pi^2)$$
$$RU'(x) - \frac{1}{2}R^2U''(x) = -\pi$$

$$\frac{RU'(x) - \frac{1}{2}R^2U''(x)}{U'(x)} = -\pi$$

$$E(\pi) = -E(R) + \frac{1}{2}E(R^2)\frac{U''(x)}{U'(x)}$$

$$E(\pi) = \frac{1}{2}\sigma^2\frac{U''(x)}{U'(x)} \qquad \textit{Éq. 19}$$

Ainsi, ce dernier résultat permet de quantifier la prime de risque, et nous amène au résultat de Arrow et Pratt (Eq.8), que nous illustrons dans l'exemple suivant :

Supposons qu'un investisseur dont la richesse initiale est de 1000 MAD se voit offrir une chance de jouer un jeu équitable ayant une probabilité de 1/2 de gagner 200 MAD et une probabilité de 1/2 de perdre 200 MAD. Cet investisseur a une fonction d'utilité logarithmique, U(W) = ln(W). La mesure Pratt-Arrow de la prime de risque est :

$$E(\pi) = \frac{1}{2}\sigma^2\frac{U''(w)}{U'(w)}$$

$$E(\pi) = \frac{1}{2}80000\frac{1}{1000} = 40$$

L'analyse de l'équivalence certaine permet de bien identifier le comportement des investisseurs et aussi d'établir les zones de risque. La prise de risque n'a de sens que lorsqu'il y a une compensation par une prime de risque qui décrit l'aversion au risque.

Toutefois, le raisonnement sur la base de l'équivalence certaine suppose implicitement l'hypothèse forte de rationalité selon laquelle les agents économiques possèdent toute l'information parfaite et sont à même d'utiliser le même modèle décisionnel pour une prise de décision efficace. Cette conception est largement acceptée, mais demeure insuffisante, que nous essayerons de falsifier dans la section suivante.

Nous pouvons faire mieux : critiques à discuter

La théorie et la pratique ne se concordent pas souvent, lorsque nous utilisons la théorie de l'utilité espérée. Il y a plusieurs façons de discuter ceci en revenant à la notion de rationalité (les paramètres de prise de décision), les effets de l'environnement, l'asymétrie d'information, etc.

Bien sûr, les axiomes de la rationalité qui sous-entendent la théorie de l'utilité espérée peuvent être revus. La recherche empirique et psychologique a cherché à tester les véritables prémisses des décideurs dans l'incertitude.

Pour revenir au départ, car toute critique est fondée si elle se réfère à l'origine. Si nous reprenons le jeu de probabilité (Bernoulli), nous pouvons nous poser la question d'existence d'autres solutions possibles à la question d'incertitude. En effet, des chercheurs comme Buffon (1850), Cramer (1750), Feller (1943) et d'autres ont tenté d'apporter une solution qui semble appropriée sans avoir recours à la théorie d'utilité espérée imposée.

Buffon et Cramer suggèrent que le jeu soit limité (en ce sens que le maître du jeu dispose d'une somme d'argent limitée et que, par conséquent, il ne peut payer qu'un montant limité).

Reprenons notre exemple de loterie en supposant que la banque du jeu a en sa possession 1 million de MAD alors :

$$\mathrm{E(X)} = \left(\sum_{k=1}^{19} \frac{1}{2^k} * 2^k\right) + 1000000 * \left(\sum_{k=20}^{+\infty} \frac{1}{2^k}\right) = \frac{171273}{8192}$$

$$\mathrm{E(X)} = 21\mathrm{MAD}$$

Alors, d'après lesdits chercheurs la solution du problème de l'incertitude revient simplement à fixer le montant de gain à mettre à la disposition des joueurs, sans laisser le hasard déterminer la décision et dans ce sens nous aurons à éviter l'utilisation de la transformation par la fonction d'utilité. Par conséquent, le montant équitable pour jouer à ce jeu est de 21 MAD seulement.

Gabriel Cramer (1750) suggère une autre solution, qui consiste à rechercher un mécanisme permettant aux gains et aux paiements d'être équivalents à long terme. En d'autres termes, un jeu probabiliste serait équitable si :

$$\frac{Accumulation\ des\ gains}{Accumulation\ des\ frais} = \frac{N}{R} \to \frac{1}{n} \to \infty. \qquad \textit{Éq. 20}$$

Le jeu est équitable si R= n.log(n). Par ailleurs, si le droit d'entrée accumulé pour le jeu est proportionnel au nombre de parties, il ne sera pas d'un jeu équitable.

Dans le même sillage, à notre avis la critique la plus fondée contre la théorie de l'utilité espérée se trouve dans le Paradoxe d'Allais, qui remet en doute la forte hypothèse d'indépendance nécessaire pour un choix cohérent de l'utilité espérée.

Allais (1979) a prouvé que l'hypothèse de la linéarité des probabilités appliquée au calcul de l'utilité espérée est souvent douteuse dans la pratique. Explicitement, l'axiome de l'indépendance, également appelé principe de la "certitude", affirme que deux alternatives qui ont un résultat commun dans un état particulier de la nature devraient impliquer que l'ordre devrait être indépendant de la valeur de leur résultat commun. Ce n'est pas toujours le cas et les contre-exemples abondent.

Par exemple, confrontons les gens à deux loteries. Tout d'abord, nous devons choisir l'un des deux paris donnés ci-dessous (p1, p2). Le premier pari consiste à 100.000 MAD à coup sûr (probabilité 1), tandis que l'autre est de 5.000.000 MAD avec une probabilité de 0.1, 1.000.000 MAD avec une probabilité de 0.89 et 0 MAD avec une probabilité de 0.01 comme indiquée ci-dessous.

Tableau 4. Exemple Allais

Probabilités	P1=100%	P2=10%	P3=89%	P4=1%	P=90%
Gain 1	100.000				
Gain 2		500.000	1.000.000	0	
Gain 3		5.000.000			0
Gain 4		1.000.000	0		

Une deuxième série de jeux au hasard (G3, G4) est constituée : confrontés à un choix entre G1 et G2, les gens ont choisi G1 alors que confrontés à G1, G3 et G4, les gens ont préféré G3, ce qui est en contradiction avec le fort axiome d'indépendance de la théorie de l'utilité.

En d'autres termes, si le gain 1 est choisi plutôt que le gain 2, alors qu'en présentant aux gens les résultats des gains 1, 3 et 4 pour qu'ils choisissent 3 plutôt que 1, il y a nécessairement une contradiction, car si nous devions comparer les gains 3 et 2, il est clair que 3 n'est pas aussi bon que 2. Cette contradiction signifie donc que l'application de la théorie de l'utilité espérée ne représente pas toujours la psychologie des investisseurs et des décideurs.

Depuis lors, un grand nombre d'études ont été réalisées, cherchant à combler le fossé entre la psychologie des investisseurs et les concepts de la théorie de l'utilité. Parmi les références essentielles, citons Kahneman et Tversky (1979) sur l'utilité anticipée (1982, 1987) et Quiggin (1985), ainsi que de nombreuses autres références.

Dans ces approches, le cadre de l'utilité attendue est « étendu » en indiquant qu'une perspective incertaine peut être mesurée par une « utilité attendue » u(.) interprétée soit comme le choix d'une fonction d'utilité (comme c'était le cas dans l'utilité espérée traditionnelle), soit par une distribution de probabilité préférée (P) (ou une fonction g(P) supposée supérieure à la distribution de probabilité).

Les probabilités utilisées pour calculer l'utilité escomptée seraient alors des estimations « subjectives », ou des croyances, sur les probabilités de rendement, intégrant « autre chose » au-delà de l'évaluation objective des perspectives incertaines[16]. Ainsi, l'indice objectif utilisé pour évaluer la désirabilité relative des perspectives incertaines est également une fonction du modèle utilisé pour les probabilités P(.).

Cela contraste avec la fonction d'utilité, qui exprime un comportement ancré dans le choix de la seule fonction U(.), qui représente uniquement la psychologie de l'investisseur, comme nous l'avons vu plus haut.

Dans ce cas, une fois qu'une transformation aussi bien définie de ces probabilités est connue, toutes les perspectives incertaines peuvent être évaluées de manière unique, ce qui simplifie grandement l'évaluation financière des actifs à risque tels que les actions, les obligations et autres.

De plus, l'incertitude et l'asymétrie de l'information revêtent une importance particulière, en raison de leurs effets sur les décideurs. La prise de décision dans le futur et l'analyse des informations prévisionnelles supposent la connaissance parfaite des informations, chose bien évidemment impossible. De plus, les marchés sont « incomplets », car les hypothèses de base concernant la « concurrence pure et parfaite » sont généralement inexistantes.

En général, la présomption selon laquelle l'information est communément partagée est également, souvent transgressée. Certaines informations peuvent être véridiques, d'autres non. En outre, les informations positives, négatives,

---

[16] Ce courant a justifié l'utilisation des approches bayésienne en introduisant les opinions des experts.

informatives, partielles, asymétriques, etc. ont des effets différents sur les décideurs et sur les marchés.

L'asymétrie de l'information et l'incertitude peuvent, cependant, ouvrir la voie à la tricherie. C'est pourquoi des autorités de régulation sont nécessaires dans certains domaines. Ces « problèmes d'information » font l'objet d'une étude approfondie, tant pour des raisons pratiques que théoriques.

Dans un article précurseur, Akerlof (1970) a souligné que des biens de qualités différentes peuvent être vendus à des prix uniformes, lorsque les acheteurs ne peuvent pas se rendre compte qu'il existe des différences de qualité. Cette situation est également appelée « sélection adverse », car certaines informations associées au choix peuvent être cachées. Par exemple, nous pouvons acheter une voiture d'occasion sans connaître son véritable état et donc être prêts à payer un prix qui ne reflète pas vraiment la valeur de la voiture. Le vendeur de voitures d'occasion peut disposer de ces informations, mais, pour une raison évidente, il peut ne pas être disposé à révéler l'état réel de la voiture.

Dans de telles situations, le prix n'est pas un indicateur de qualité et les vendeurs informés peuvent avoir recours à un comportement opportuniste (le phénomène du vendeur de voitures d'occasion évoqué plus haut). Si Akerlof a démontré que la qualité moyenne pouvait toujours être fonction du prix, les unités individuelles peuvent ne pas être tarifées à ce niveau[17].

Les obligations ou les actions de différentes qualités (mais de même notation) sont parfois difficiles à distinguer pour un investisseur individuel qui a l'intention de les acheter. C'est pourquoi les agences de notation et les institutions de surveillance ont un rôle important à jouer, en compensant l'asymétrie d'information et en rendant les marchés plus efficaces. Ce rôle n'est pas toujours joué correctement, comme l'a démontré l'affaire d'Enron (2001) et la crise des Subprimes (2008).

L'asymétrie de l'information et l'incertitude peuvent largement expliquer le désir des consommateurs des produits dérivés et des assurances pour se protéger contre les défaillances. Généralement, dans les transactions entre producteurs et fournisseurs, l'incertitude conduit à établir des relations de

---

[17] Les personnes qui ont découvert dans les années 1980 qu'elles avaient le sida ont très vite contracté de très importantes assurances vie, avant que les compagnies d'assurance ne sachent ce que cela implique réellement et soient donc au départ moins informé que les assurés.

confiance à long terme et des engagements contractuels pour garantir que « ce qui est contracté est également livré »[18]. Le risque de sélection adverse peut également être utilisé pour protéger les marchés nationaux.

Les lois antidumping, les barrières commerciales non tarifaires, les normes nationales et les approbations de toutes sortes sont quelques-uns des moyens utilisés pour gérer la sélection adverse, d'une part, et pour gérer les tentatives de marché de maintenir un avantage concurrentiel, d'autre part. La finance et l'assurance regorgent d'applications et d'exemples où l'asymétrie induit une incertitude accrue.

L'antisélection peut parfois être surmontée par une réglementation obligeant tous les propriétaires à s'assurer. Certains employeurs assurent tous leurs employés en une seule fois afin d'éviter les problèmes de sélection adverse. Si tout le monde est assuré, les personnes à haut risque seront mieux loties (puisqu'elles seront assurées à une prime inférieure à celle justifiée par les risques qu'elles ont en fait). Les personnes à faible risque seront mieux loties dans le cadre de ce régime si elles sont peu enclines à prendre des risques, car l'assurance qui leur est proposée n'est pas équitable sur le plan actuariel.

Dans de nombreuses situations, le coût d'établissement d'un produit ou d'un service dépend du comportement de l'acheteur. Par exemple, le coût de l'assurance dépend du nombre de voyages effectués par l'acheteur et du soin qu'il apporte à la conduite. De même, le coût des garanties dépend du soin apporté par l'acheteur à l'utilisation de la communauté. Un tel comportement ne peut pas toujours être observé directement par le fournisseur/vendeur.

Une surveillance imparfaite des gestionnaires de fonds, par exemple, peut entraîner un risque moral. Qu'est-ce que cela signifie ? Cela signifie que lorsque le gestionnaire de portefeuilles ne peut pas être observé, il est possible que le prestataire, utilise ce fait pour son propre objectif et ne pas fournir le bon niveau de performance. Bien sûr, si nous contractons la réalisation d'un niveau de rendement donné et si le gestionnaire du fonds ne respecte pas sciemment les termes du contrat, il tricherait. Nous pouvons traiter de tels problèmes grâce à divers contrôles combinés à des contrats d'incitation afin de créer une incitation à ne pas tricher ou mentir et à réaliser des performances dans l'intérêt de l'investisseur. Si un gestionnaire de fonds triche ou ment et

---

[18]La théorie des coûts de transaction de Williamson (1979) est une solution à ce problème de fréquence et de spécificité des transactions.

s'il est détecté, il sera alors pénalisé en conséquence (selon les termes du contrat).

Pour certains, la transparence (c'est-à-dire le partage des informations) est essentielle pour donner un « signal » qu'ils agissent avec les meilleures intentions. Par exemple, certains restaurants pourraient ouvrir leur cuisine à leurs clients pour leur transmettre un message de vérité en matière de propreté. Un fournisseur permettrait à l'acheteur de visiter les installations de fabrication et de révéler les procédures relatives à la qualité, aux contrôles des machines et au processus de production en général. Un gestionnaire de fonds fournira aux régulateurs des rapports véridiques concernant l'état et la stratégie du fonds.

Le risque moral est omniprésent dans certains des problèmes les plus atroces de la finance. L'assurance des dépôts et le syndrome du « too big to fail » encouragent la prise de risques excessifs. Grâce à la garantie gouvernementale implicite, les banques bénéficient d'un coût du capital moins élevé, ce qui entraîne une sous-tarification constante du crédit. Les fluctuations des cycles économiques sont ainsi accentuées. La crise financière asiatique de 1998 et la crise de 2008 en sont des exemples. L'ampleur de son aléa moral est difficile à mesurer, mais à chaque renflouement par les gouvernements et le FMI[19], la tendance à la prise de risques excessifs se renforce.

En cas d'asymétrie d'information, l'une des parties peut être incitée à révéler certaines des informations dont elle dispose. Le vendeur d'un concept exceptionnel pour une start-up dans laquelle investir aura certainement intérêt à rendre son concept transparent pour l'investisseur potentiel en capital-risque. Il peut le faire de plusieurs façons, par exemple en fixant un prix élevé et en faisant comprendre qu'il s'agit nécessairement (à ce prix) d'un concept de rêve qui réalisera un bénéfice extraordinaire lors d'une introduction en bourse.

Le vendeur peut également dépenser beaucoup d'argent pour faire la publicité du concept, en prétendant qu'il s'agit d'un concept exceptionnel doté d'une technologie spéciale qu'il est difficile de vérifier. Prétendre qu'un concept de start-up est simplement « génial » peut s'avérer insuffisant.

---

[19] Fond Monétaire International.

Les prix, les garanties, la publicité sont quelques-uns des moyens utilisés par les entreprises bien établies qui vendent un produit pour envoyer des signaux. Par exemple, une entreprise qui veut limiter l'entrée de nouveaux concurrents peut signaler que ses coûts sont très bas (et donc, si elle décide d'entrer, elle risque de perdre de l'argent dans une bataille de prix). Une publicité importante ne peut être récupérée que par des achats répétés et, par conséquent, la publicité peut être utilisée comme un signal que les produits sur-publicitaires sont de bonne qualité. Pour les start-ups, le jeu est tout à fait différent, les signaux menant à un succès potentiel, tels qu'une bonne gestion, des résultats prouvés, des idées brevetables et un énorme potentiel combiné à un taux de croissance élevé des ventes. Mais ce ne sont là que des signaux, et des investisseurs plus avertis s'impliquent effectivement dans les start-ups dans lesquelles ils investissent pour réduire encore les risques de surprise.

Les parties non informées sont toutefois incitées à rechercher et à obtenir des informations. Par exemple, faire des achats et comparer, chercher un emploi, etc. sont des exemples de recherche d'informations par des parties non informées. Ces activités sont appelées « screening ». Un assureur vie exige un historique du dossier médical, un conducteur qui a un mauvais dossier d'accident est susceptible de payer une prime plus élevée (s'il peut obtenir une assurance).

Si les caractéristiques des clients sont inobservables, les entreprises peuvent utiliser les contraintes d'auto-sélection comme aide au dépistage pour révéler des informations privées. Prenons par exemple le phénomène des profils de salaires croissants, où les travailleurs sont payés à un salaire croissant au cours de leur carrière. Une explication peut être que les entreprises sont intéressées par l'embauche de travailleurs qui resteront longtemps. C'est une préoccupation valable, en particulier si les travailleurs acquièrent une formation ou une expérience, qui est précieuse ailleurs. Dans ce cas, elles rémunéreront les travailleurs en dessous du niveau du marché au départ, de sorte que seuls les travailleurs « loyaux » choisiront de travailler pour l'entreprise. L'exemple classique de la « signalisation » a été analysé pour la première fois par Spence (1973), qui a souligné que les individus à haute productivité tentent de se différencier des individus à faible productivité par le niveau d'éducation qu'ils acquièrent. En d'autres termes, seuls les travailleurs les plus productifs investissent dans l'éducation. C'est le cas parce que le coût de signalisation pour les travailleurs productifs est inférieur à celui des travailleurs à faible productivité et que les entreprises peuvent donc différencier ces deux classes de travailleurs parce qu'ils font des choix différents.

Les parties non informées peuvent passer au crible en proposant un menu de choix ou de contrats possibles à des partenaires commerciaux potentiels (informés) qui « auto-sélectionnent » l'une de ces offres. Cette sélection a été mis en évidence dans le domaine de l'économie de l'assurance, par exemple, en montrant que si l'assureur propose un menu de polices d'assurance avec des montants de couverture différents, les clients à haut risque choisissent eux-mêmes une police avec une couverture élevée. Cela peut conduire à des portefeuilles de compagnies d'assurance où les mauvais risques évincent les bons. Les compagnies d'assurance qui sont conscientes de ces anomalies créent des groupes à risque et exigent des primes plus élevées de la part des membres du portefeuille de « mauvais » risques, tout en introduisant un certain nombre de clauses qui partageront la responsabilité des paiements en cas de réclamations (Reyniers, 1999).

Considérons une situation commerciale ou économique impliquant deux parties : un mandant et un agent. Par exemple, le directeur d'une société peut être l'« agent » d'un actionnaire qui agit en tant que « principal », lui faisant confiance pour accomplir sa tâche dans l'intérêt des actionnaires. Des situations similaires se produisent entre un gestionnaire de portefeuilles et ses clients. Le « donneur d'ordre » du fonds cherche à fournir des incitations motivant les clients - les « agents » - à agir dans l'intérêt du fonds. Dans ces situations, les actions prises par l'agent ne peuvent être observées que de manière imparfaite. En d'autres termes, la performance observée par le mandant est le résultat des actions de l'agent (connues uniquement par l'agent), c'est une variable aléatoire, qui peut être connue ou inconnue de l'agent au moment où une action est supposée être prise.

Le dilemme principal-agent consiste alors à déterminer les règles de partage des résultats obtenus par le biais d'une telle organisation. Cette asymétrie d'information conduit bien sûr à une situation d'aléa moral potentiel. Il existe plusieurs approches à ce problème. Par exemple, la conception de systèmes d'incitation appropriés est d'une grande importance pratique. Le CAR (exigences en matière d'adéquation des fonds propres), l'indemnisation des soins de santé, etc. ne sont que quelques-uns des outils qui sont utilisés et largement pratiqués pour atténuer les effets de l'aléa moral par le biais d'une relation d'agence.

L'ensemble de ces débats autour de l'asymétrie d'information et le corpus théorique qui s'est fondé autour de cette question (théorie d'agence, théorie des signaux, théorie des coûts de transaction, etc.) ont remis en question le postulat de la rationalité parfaite qui s'est établi pour mettre en place les démarches de modélisation et de prise de décision. Certes, notre conviction est que la finance de marché devrait intégrer cette conception plus réaliste du comportement humain, même si le coût en termes quantitatif est accru. Plusieurs démarches ont été développées (finance comportement, asymétrie de la loi normale, mimétisme comportemental, etc.), mais des développements demeurent incontournables pour comprendre davantage les attitudes sur les marchés financiers.

CHAPITRE II. DE LA RENTABILITÉ

"Une transformation suffisante ... une mesure incomplète...vers une incarnation de la richesse."

Que nous soyons convaincus ou non par la théorie de l'utilité et par la nécessité de concentrer nos efforts de raisonnement sur la trinité (espérance, variance et utilité), l'utilisation de la rentabilité (la transformation de la richesse ou l'utilité de la richesse) est largement acceptée dans le milieu de la finance.

Ainsi, l'analyse se concentre désormais sur l'augmentation ou la baisse de la valeur de l'actif ou du portefeuille. Cette variation de la richesse en mathématique peut être exprimée soit par un « ratio de richesse », soit par un « taux de rentabilité ». L'utilisation du ratio de richesse est très fréquente dans l'analyse du risque et surtout dans la modélisation de la valeur à risque et également dans la mise en place des modèles de séries financières.

Le débat sur la question de la méthodologie de calcul de la transformation de la richesse exigée par la théorie de l'utilité demeure toujours d'actualité. Ainsi, consacrer un chapitre à ce débat est indispensable pour arriver à une compréhension fine des enjeux de la finance moderne.

Rentabilité simple

La rentabilité simple par définition est une transformation relative de la richesse ou de la valeur qui décrit la hausse ou la baisse du patrimoine d'un investisseur. Cette variation de la richesse peut être exprimée soit par un « ratio de richesse », soit par un « taux de rentabilité ».

Le ratio de richesse décrit mathématiquement le rapport entre la valeur finale et la valeur initiale d'un actif ou d'un portefeuille :

$$Ratio\ de\ Richesse = \frac{Valeur\ Finale}{Valeur\ Initiale} = \frac{VF}{VI} \qquad \text{Éq. 21}$$

Un ratio de richesse supérieur à 1 indique une augmentation de la valeur, par contre un ratio inférieur à 1 décrit une diminution de la valeur.

Nous pouvons prendre un exemple d'application où : un actif évalué à 100 MAD au départ et à 112 MAD à la fin de la période. Le ratio de richesse est calculé comme suit :

EXEMPLE 1 :

$$Ratio\ de\ Richesse = \frac{112}{100} = 1{,}12$$

D'après l'exemple ci-dessus, nous pouvons constater que la richesse s'est accentuée, puisque le ratio est supérieur à l'unité. Cependant, la valeur des actifs n'est pas toujours facile à obtenir, mais elle doit représenter une estimation raisonnable de la valeur économique actuelle des actifs. Les investisseurs doivent s'assurer que des politiques d'évaluation sont en place et appliquer de manière cohérente dans le temps. Un changement de politique d'évaluation peut générer des performances erronées sur une période de temps spécifique[20].

Bien que le ratio de richesse décrit la transformation, nous pouvons aussi faire appel à la notion de taux de rentabilité. Le taux de rentabilité, noté « r », décrit mathématiquement le gain (ou la perte) de la valeur par rapport à la valeur de départ :

$$\text{Ratio de Rentabilité (r)} = \frac{\text{Valeur Finale} - \text{Valeur Initiale}}{\text{Valeur initiale}}$$

$$\text{Ratio de Rentabilité (r)} = \frac{\text{VF} - \text{VI}}{\text{VI}}$$

Par une simple substitution nous avons :

$$1 + r = \frac{VF}{VI}$$

Il existe alors une relation entre le ratio de richesse et le taux de rentabilité. Également, nous pouvons prouver facilement qu'en absence de flux (dividende ou autres) le taux de rentabilité d'une longue période est déterminé

---

[20] Si un titre est acheté, mais la transaction n'a pas été réglée, l'investissement est alors économiquement exposé à toute variation du prix de ce titre. De même, tout dividende déclaré et non encore payé ou tout intérêt couru sur un actif est un droit et doit être inclus dans l'évaluation de la valeur finale.

par la moyenne géométrique des rentabilités des sous-périodes de décomposition.

$$(1 + r_k) = \frac{V_k}{V_0} = \frac{V_1}{V_0} * \frac{V_2}{V_1} * \frac{V_3}{V_2} * \dots * \frac{V_k}{V_i}$$

Nous pouvons écrire que :

$$(1 + r_k) = (1 + r_1) * (1 + r_2) * (1 + r_3) * \dots * (1 + r_n)$$

Soit :

$$(1 + r_k) = \prod_{i=1}^{n} (1 + r_i) \qquad \textit{Eq. 22}$$

D'après ces résultats, nous insistons sur le fait que le taux de rentabilité n'est pas additif[21](il est multiplicatif) dans le sens où la somme des rentabilités des sous-périodes n'est jamais équivalente à la rentabilité de toute la période. Nous pouvons illustrer ceci via l'exemple suivant :

---

[21] La rentabilité simple peut devenir additive si asymptotiquement les rentabilités sont très petites au voisinage de 0.

EXEMPLE 2 :

Calcul du taux de rentabilité simple :

Période	Valeur	Taux de rentabilité
1	*100*	-
2	112	0,12
3	115	0,02
4	90	-0,21
5	120	0,33
Total	-	0,26

En appliquant la relation multiplicative, nous avons :

$$(1 + r_k) = (1 + 0{,}12) * (1 + 0{,}02) * (1 - 0{,}21) * \ldots * (1 + 0{,}33)$$

$$(1 + r_k) = 1{,}20$$

$$(r_k) = \mathbf{0{,}20 \# 0{,}26}$$

Rentabilité et flux

La détention des actifs sur les marchés financiers est tributaire de flux de liquidité qui peuvent survenir de façon fréquente pour l'investisseur soit sous forme de rémunération ou d'intérêt.

Alors, l'existence de ces flux complique le raisonnement en termes de ratio de richesse ou de taux de rentabilité simple. L'usage, donc, d'une méthodologie alternative s'impose.

La première approche proposée est basée sur le taux de rentabilité interne (TRI). Ce dernier est emprunté de la finance d'entreprise et il permet de cerner le taux de rendement qui égalise les flux d'entrée (investissement) avec les flux de sorties (cash-flow).

Dans le cadre de la mesure du taux de rentabilité pour une seule période, la méthode du TRI, dans sa forme la plus simple, suppose que nous trouvons un rendement « r » qui satisfait l'équation suivante :

$VF = VI(1 + r) + C(1 + r)^j$ Éq. 23

Avec :

C : le cash-flow reçu et j<1

Supposons dans ce cas très simple que les flux sont reçus durant l'année où « j » serai toujours inférieur à 1. Pour illustrer ceci, nous pouvons prendre l'exemple suivant :

EXEMPLE 3 :

Calcul du TRI :

Période	Valeur	Cash-flow
Prix d'achat	*100*	-
Prix de vente	112	5

En appliquant la relation du TRI en supposant que le cash-flow a été reçu en j=0,5 :

$$VF = VI(1 + r) + C(1 + r)^j$$

$$112 = 100(1 + r) + 5(1 + r)^{0,5}$$

$$r = 0.06832$$

Eu égard l'exemple ci-dessus, il ressort que le taux de rentabilité réellement perçu est de 6.83% alors que si nous avons utilisé la rentabilité simple nous aurions obtenu (12%), ce qui n'est pas vrai, en raison de la délivrance des cash-flows. Autrement dit, le montant de 112 inclut, en plus du taux de rentabilité, le cash-flow futur qui sera reçu à l'intérieur de la période d'investissement[22].

[22] Il est à noter qu'il ne faut pas utiliser la rentabilité simple en ajoutant les cashflows directement, parce qu'il est nécessaire de tenir compte de la dynamique du temps dans le raisonnement. L'argent en finance n'a pas la même valeur dans le temps.

La généralisation de la démarche du TRI implique l'abolition de l'hypothèse que j=0,5. Cela revient à supposer que les cash flows puissent être encaissés à n'importe quel moment.

$$VF = VI(1 + r) + \sum_{i=1}^{T} C_i(1 + r)^j \qquad \text{Éq. 24}$$

Avec :

C : le cash-flow reçut

j : la pondération du temps utilisée pour décrire les périodes de détachement des cash-flows.

Ainsi, nous pouvons écrire que :

$$j = \frac{T - D}{T}$$

Avec :

T : le nombre total de jours ;

D : nombre de jours depuis le début de la période à la date de détachement de cash flows, y compris les week-ends et les jours fériés.

Par exemple, pour un j=0.5, soit la moitié d'une année, cela suppose que T est 360 et D =180.

EXEMPLE 3 :

Calcul du TRI :

Période	Valeur	Cash-flow
1	100	-
2	112	5
3	120	10
4	140	15

En appliquant la relation du TRI en supposant que les cash flows sont détachés à la moitié de la période :

$$VF = VI(1+r) + \sum_{i=1}^{T} C_i(1+r)^j$$

$$140 = 100(1+r) + 5(1+r)^{0,5} + 10(1+r)^{1,5} + 15(1+r)^{2,5}$$

$$r = 0.0636$$

Modèle de Dietz

Plusieurs auteurs ont critiqué l'utilisation du TRI dans la détermination du taux de rentabilité, lorsque nous sommes en présence de flux multiples dans le temps. Ainsi, Peter Dietz (1966) a proposé comme alternative l'adaptation simple suivante à l'équation du taux de rentabilité simple pour tenir compte des cash flows potentiels.

L'idée fondamentale de l'auteur est dérivée de la fonction de base de la rentabilité simple :

$$1 + r = \frac{VF}{VI}$$

Sauf que dans sa conception la valeur finale (VF) est non pas le prix final de l'actif sur le marché, mais, le montant perçu effectivement à la fin de l'opération en déduisant les flux déjà reçus. Et la valeur initiale (VI) est la somme des montants consommés lors de la détention de l'actif.

Selon Dietz, nous pouvons écrire que :

$$1 + r = \frac{VF - \frac{C}{2}}{VI + \frac{C}{2}}$$

Nous pouvons donc avoir la formulation suivante du taux de rentabilité :

$$r = \frac{\mathrm{VF-VI-C}}{\mathrm{VI}+\frac{C}{2}} \qquad \text{Éq. 25}$$

Avec : C représente les cash flows.

Le numérateur de l'équation de Dietz représente le gain de l'investisseur détenant l'actif. Dans le dénominateur, nous utilisons maintenant le capital investi moyen représenté par la valeur marchande initiale plus la moitié des cash flows.

Nous avons supposé donc que les cash-flows sont investis à mi-parcours et nous les avons pondérés en conséquence[23].

EXEMPLE 3 :

Calcul de Dietz :

Période	Valeur	Cash-flow
Prix d'achat	*100*	-
Prix de vente	112	5

En appliquant la relation de Dietz :

$$r = \frac{VF - VI - C}{VI + \frac{C}{2}} = \frac{112 - 100 - 5}{100 + \frac{5}{2}}$$

$$r = 0.0682$$

[23] Selon cette approche, le capital moyen investi n'est absolument pas la moyenne des valeurs initiales et finales, ce qui aurait pour effet de prendre en compte un élément de performance du portefeuille dans le dénominateur.

La méthode Dietz est plus facile à calculer et plus facile à visualiser que la méthode du TRI. Elle peut également être désagrégée (c'est-à-dire que le rendement total est la somme des parties individuelles).

Méthode de l'ICAA

Selon l'approche du Counsel Association of America (ICAA, 1971), il a été proposé une extension simple de la méthode Dietz. Dans cette méthode, les revenus (dividendes, intérêts ou paiements de coupons) ne sont pas automatiquement supposés être disponibles pour être réinvestis. Le gain au numérateur est ajusté de manière appropriée pour tout revenu réinvesti inclus dans la valeur finale.

En incluant le revenu réinvesti dans la valeur, nous pouvons écrire le taux de rentabilité comme :

$$r = \frac{VF - VI - C + I}{VI + \frac{C}{2}} \qquad \text{Éq. 26}$$

Avec :

I : le revenu total

C : les cashflows y compris le revenu réinvesti

VF : est le prix final de l'actif tenant compte de tous les montants réinvestis.

Il est intéressant de noter que, bien que, le capital moyen soit augmenté pour tout revenu réinvesti au dénominateur, il n'y a pas d'ajustement négatif pour tout revenu non réinvesti. Cela n'est peut-être pas déraisonnable du point de vue du client si le revenu est conservé et n'est pas payé avant la fin de la période. Toutefois, du point de vue du gestionnaire d'actifs, si ce revenu n'est pas disponible pour être réinvesti, il doit être traité comme une trésorerie négative.

Ainsi, selon cette approche tout revenu reçu est supposé indisponible pour être investi par le gestionnaire et est transféré sur un compte de revenu séparé pour un paiement ultérieur ou bien versé directement au client.

Il est évident que les revenus versés ou transférés ne sont plus inclus dans la valeur finale. À cet effet, dans cette méthodologie, les revenus sont traités comme des flux négatifs.

Étant donné que les revenus sont normalement toujours positifs, cette méthode vise à réduire le capital moyen employé, de diminuer la taille du dénominateur et donc augmenter le taux de rentabilité final. Par conséquent, cette méthode ne doit être utilisée que si le gestionnaire de portefeuille ne peut pas réellement disposer des revenus du portefeuille. En règle générale, cette méthode est utilisée pour calculer le rendement d'une catégorie d'actifs bien précise.

Modèle modifié de Dietz

L'hypothèse selon laquelle tous les flux sont reçus à mi-parcours de la période d'analyse est une hypothèse forte. La méthode simple de Dietz peut être complétée par celle modifiée, en pondérant chaque flux par la formule suivante pour établir une estimation plus précise du capital moyen employé :

$$r = \frac{VF-VI-C}{VI+\sum_{i=1}^{n} C_i w_i} \qquad \text{Éq. 27}$$

Avec : W est le rapport de pondération à appliquer aux flux à l'instant t qui s'écrit :

$$\mathrm{w} = \frac{\mathrm{T}-\mathrm{D}}{\mathrm{T}}$$

L'analyse de la valeur de D dépend du jour de détachement des flux qui seront reçus par l'investisseur.

Rentabilités pondérées dans le temps

La prise en compte de la date de réception ou de détachement des cash flows suppose la prise en compte du temps dans la démarche de calcul des rentabilités. Ainsi, nous proposons dans cette section deux méthodologies à savoir : la pondération temporelle réelle et la méthode des prix à l'unité.

La pondération temporelle réelle

Les taux de rendement pondérés par le temps constituent une alternative populaire aux rendements pondérés par le montant investi. Dans la méthodologie des rentabilités pondérées dans le temps, les performances sont calculées pour chaque sous-période entre les flux en utilisant des ratios de richesse simples.

Les rendements des sous-périodes sont ensuite chaînés comme suit :

$$(1 + r_k) = \frac{V_1 - C_1}{V_0} * \frac{V_2 - C_2}{V_1} * \frac{V_3 - C_3}{V_2} * \ldots * \frac{V_k - C_I}{V_i}$$

Dans cette présentation, nous avons supposé que les flux de liquidité sur le marché ne soient disponibles pour le gestionnaire qu'à la fin de la journée. Si nous supposons que les flux de liquidités sont disponibles dès le début de la journée, nous devons donc inverser les différents ratios.

$$(1 + r_k) = \frac{V_1}{V_0+C_1} * \frac{V_2}{V_1+C_2} * \frac{V_3}{V_2+C_3} * \ldots * \frac{V_k}{V_i+C_I} \quad \text{Eq. 28}$$

Nous pouvons également supposer que les flux sont disponibles pour des investissements à la moitié de la journée et utiliser une hypothèse de demi-pondération selon la formulation suivante :

$$r_k = \frac{V_t - V_{t-1} - C_1}{V_{t-1} + \frac{C_1}{2}} \quad \text{Eq. 29}$$

L'équation de la rentabilité est en fait une méthodologie hybride combinant à la fois la pondération temporelle et un rendement pondéré en fonction de l'argent pour chaque jour, et par conséquent, cesse d'être un véritable taux de rendement pondéré en fonction du temps.

Méthode du prix à l'unité

La méthode du « prix unitaire » est une variante de la méthodologie précédente. Plutôt que d'utiliser le rapport des valeurs de marché entre les flux, un prix unitaire normalisé ou « la valeur d'actif net » est calculée immédiatement avant chaque flux de liquidité en divisant la valeur du marché par le nombre d'unités précédemment allouées.

Les unités sont ensuite ajoutées ou soustraites (achetées ou vendues) au prix unitaire correspondant au moment de l'encaissement des flux. Le prix unitaire est donc une valeur normalisée.

La valeur de départ de l'actif est également attribuée à des unités, souvent en utilisant un prix unitaire de départ théorique de 1 ou de 100 par exemple.

Le principal avantage de la méthode du prix unitaire est que le rapport entre le prix unitaire de fin de période et le prix unitaire de début de période fournit toujours le taux de rendement indépendamment de la variation de valeur de l'actif, due aux flux de liquidités. Par conséquent, pour calculer le taux de rendement entre deux points quelconques, la seule information que nous devons connaître est le prix unitaire de début et de fin de période.

Nous notons :

$$(1 + r_k) = \frac{NV_k}{NV_0} = \frac{NV_1}{NV_0} * \frac{NV_2}{NV_1} * \frac{NV_3}{NV_2} * \dots * \frac{NV_k}{NV_i} \qquad \text{Eq. 30}$$

La méthode unifiée est pratique pour calculer rapidement les performances comparativement aux autres méthodes basées souvent sur la conversion en prix unitaires, en particulier cette méthode facilite le calcul des rendements de longues périodes.

Évaluation		**Prix à l'unité**	**Valeur à considérer pour la fin de la période**	**Total des unités**
Prix initial (31 décembre)	74,2	1	74,2	74,2
Évaluation (14 janvier)	66	0,8895		74,2
Cash flow (14 janvier)	37,1	0,8895	41,19955	115,40
Prix final (31 janvier)	104,4	0,9047		115,40

Tableau 5. Exemple rentabilité à prix de l'unité

À chaque réévaluation de la valeur et à un détachement d'un cash-flow nous calculons le prix à l'unité. Par exemple avec le nouveau prix du 14 janvier (66/74,2=0.8895). Par la suite le paiement du cashflow de 37,1 permettra d'avoir durant la période à venir avec le même taux de rendement de la période, le prix de 41.19. À la fin de la période, le prix sur le marché est de 104.4 dont il faut comparer avec l'ensemble des flux déjà entré (soit la somme de 41.2 et 74,2) pour avoir 0.904. Ainsi, le taux de rentabilité est de -9% soit (0,904-1).

Taux de rentabilité pondéré par le temps versus flux monétaires

Les rendements pondérés dans le temps mesurent les rendements des actifs, quel que soit le montant investi. Cela peut générer des résultats contre-intuitifs.

Le taux de rendement pondéré dans le temps s'ajuste aux flux de liquidités et pondère chaque période de manière égale, en mesurant la performance qui aurait été obtenue s'il n'y avait pas eu de flux. Il est clair que ce rendement est le plus approprié pour comparer la performance des gestionnaires.

Ainsi, le taux de rendement pondéré dans le temps mesure la performance du gestionnaire en tenant compte des flux et le taux de rendement pondéré par l'argent mesure la performance des actifs investis du client, y compris l'impact des cash-flow.

À ce titre, la question fondamentale ici est qu'en présence des deux approches qui permettent de tenir compte des flux de liquidité, quelle est la meilleure approche ?

La plupart des analystes préféreraient des rendements pondérés dans le temps. Les rendements pondérés dans le temps ont la même pondération pour chaque période, quel que soit le montant investi, par conséquent, le calendrier des flux n'affecte guère le calcul de la rentabilité. Dans la majorité des cas, les gestionnaires ne déterminent pas le calendrier des flux, il est donc souhaitable d'utiliser une méthodologie qui n'est pas influencée par ce calendrier.

Il n'est pas déraisonnable que les clients institutionnels, tels que les grands fonds de pension qui paient des frais exorbitants s'attendent à ce que le gestionnaire d'actifs dispose quotidiennement d'informations de qualité pour gérer leur portefeuille avec précision.

La plupart des gestionnaires de grands fonds auront également dans leurs actifs des fonds communs de placement ou autres fonds communs, qui, dans la plupart des cas, nécessiteront déjà des évaluations quotidiennes (et pas seulement à la date de chaque encaissement). Ceci complique en pratique l'utilisation de cette approche de calcul de la rentabilité.

Les méthodologies hybrides

En pratique, de nombreux gestionnaires n'utilisent pas exclusivement de véritables calculs pondérés en fonction du temps ou de l'argent, mais plutôt une combinaison hybride des deux approches.

Si la période de mesure standard est mensuelle, il est beaucoup plus facile et rapide de calculer le rendement modifié (ou même simple) de Dietz pour le mois et d'enchaîner ensuite les rendements mensuels qui en résultent. Cette approche traite chaque rendement mensuel avec un poids égal et constitue donc une version de la pondération temporelle. Toutes les méthodes mentionnées précédemment peuvent être calculées pour une période spécifique et ensuite enchaînées pour créer un type de rendement pondéré dans le temps pour cette période.

Actuellement, l'approche standard pour les gestionnaires d'actifs institutionnels consiste à chaîner les rendements mensuels de Dietz, souvent décrite comme une méthodologie pondérée dans le temps.

En fait, il s'agit d'une combinaison hybride en chaîne de rendements mensuels pondérés en fonction de l'argent. Chaque période mensuelle a un poids égal et est donc pondérée dans le temps, mais au cours du mois, le rendement est pondéré en fonction de l'argent.

L'Institut Américain d'Administration Bancaire (BAI, 1968) a proposé une approche hybride alternative qui lie essentiellement les taux de rendement internes simples, plutôt que de relier les rendements de Dietz.

En raison de la complexité dans le calcul des taux de rendement interne, cette méthode n'est pas populaire et est pratiquement inconnue en dehors des États-Unis.

Pour clarifier, la méthode BAI et la méthode liée de Dietz peuvent être décrites comme une méthodologie pondérée dans le temps, car chaque période standard (généralement mensuelle) se voit attribuer un poids égal. La véritable pondération temporelle nécessite le calcul de la performance entre chaque flux.

La détermination de la méthodologie à utiliser dépendra en fin de compte des exigences de l'investisseur, du degré de précision requis, du type et de la liquidité des actifs, ainsi que des facteurs de coût et de commodité.

Les rendements pondérés dans le temps neutralisent l'impact des flux. Si le but du calcul du rendement est de mesurer et de comparer la performance, la pondération temporelle est la plus appropriée. En revanche, si la comparaison n'est pas obligatoire et que seule la performance des actifs du client doit être analysée, alors la pondération monétaire peut être plus appropriée.

La confiance dans la précision de l'évaluation des actifs est essentielle pour déterminer la méthode à utiliser. Si des évaluations précises ne sont disponibles que sur une base mensuelle, alors une méthodologie mensuelle de Dietz pourrait bien être la plus appropriée. La liquidité des actifs est également un facteur déterminant de la méthodologie. Si les titres sont non liquides, il peut être utile d'utiliser des approches qui retiennent les flux de liquidité : Les taux de rendement internes sont traditionnellement utilisés pour le capital-risque et le capital-investissement pour un certain nombre de raisons :

- L'évaluation initiale des investissements non cotés utilise souvent une approche TRI ;
- Les actifs sont difficiles à évaluer avec précision et sont non liquides ;
- Le gestionnaire de capital-risque contrôle souvent le calendrier des flux.

Les taux de rendement pondérés par l'argent sont souvent utilisés pour les clients privés afin d'éviter que des difficultés d'explication surgissent.

Avec cette multitude d'approches ou de méthodes de calcul acceptables, les gestionnaires devraient établir une politique interne pour éviter les abus tant intentionnels qu'involontaires. Ainsi, nous savons que les praticiens ont tendance à faire de l'auto-sélection des approches de mesure de la rentabilité et ceci exige une politique de suivi et de calcul des erreurs de mesure.

Des rentabilités continues

À partir de la définition de la rentabilité simple avec toutes les approches de sa compilation, nous avons toujours fait l'hypothèse que les prix des actifs sont évalués de façon discrète. Ceci met en évidence l'hypothèse que les prix ne sont pas continus dans le temps. Toutefois, les prix des actifs sur les marchés financiers le sont, et varient dans le temps à chaque instant.

Ainsi, si nous supposons que la rentabilité est la transformation de la richesse « W » :

$$W_t = W_0(1 + r)$$

$$\frac{W_t}{W_0} = (1 + r)$$

$$\frac{W_t}{W_0} + 1 = r$$

$$\frac{W_t - W_0}{W_0} = r$$

$$\frac{dW}{W_0} = r \Rightarrow \frac{1}{W_0} dW = r$$

$$\int_{-\infty}^{+\infty} \frac{1}{w} dw = ln\, w \qquad \text{Eq. 31}$$

Alors, il suffit de s'intéresser aux prix logarithmiques au lieu des prix monétaires et de ce fait écrire :

$$\ln(W_t) = \ln(W_0(1 + r))$$

Et donc :

$$\frac{\ln(W_t)}{\ln(W_0)} = \ln(1 + r) \qquad \text{Eq. 32}$$

Avec l'utilisation du développement limité de la fonction $ln(1 + r)$ aux alentours de 0 nous aurons :

$$\ln(1 + r) = r - \frac{1}{2}r^2 + \frac{1}{3}r^3 + O(r^4)$$

Nous savons bien évidemment que la rentabilité est au voisinage de 0 et sont rares les situations où la rentabilité serait proche de 1. Ainsi, nous pouvons écrire que :

$$ln(1 + r) \simeq r$$

$$\Rightarrow \frac{\ln(W_t)}{\ln(W_0)} = r \qquad \text{Eq. 33}$$

Bien évidemment la rentabilité continue reste une approximation de la rentabilité simple via la fonction logarithmique. À cet effet, nous avons étudié l'approximation de la fonction décrivant le comportement de la richesse et le reliquat éliminé suite à l'approximation de Taylor.

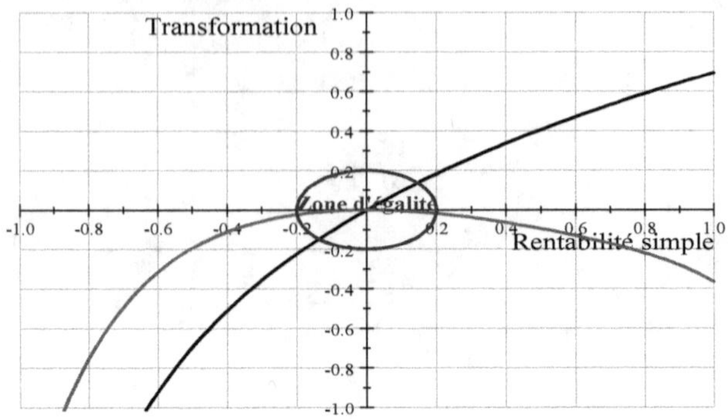

Figure 6. Rentabilités continue et simple : zone d'indifférence

Il ressort d'après le graphique que lorsque la rentabilité est aux alentours de 0, alors l'approximation via la rentabilité continue reste équivalente à la rentabilité simple ou discrète.

De plus, en raison de la continuité de la rentabilité, la propriété additive est respectée et donc la somme des rentabilités continues des sous-périodes s'égalise avec celle de la longue la période.

$$\mathrm{r} = \frac{\ln(\mathrm{W_1})}{\ln(\mathrm{W_0})} * \frac{\ln(\mathrm{W_2})}{\ln(\mathrm{W_1})} * \ldots * \frac{\ln(\mathrm{W_t})}{\ln(\mathrm{W_{t-1}})}$$

$$r = r_1 * r_2 * \ldots * r_T = \textstyle\sum_{i=1}^{t} r_i \qquad \text{Eq. 34}$$

Au-delà du calcul de la rentabilité de façon simple ou continue, il est nécessaire de savoir que la rentabilité est un gain ou une perte qui suppose le paiement de coût de transaction, d'où la nécessité de distinguer entre les flux bruts et les flux nets.

Calculs bruts et nets des frais

Le calcul de la rentabilité ne se limite pas à déterminer la méthode adéquate, mais, également à prendre en considération les frais de gestion qui s'incombent dans le processus de gestion des actifs.

Les frais sont facturés de plusieurs façons par plusieurs parties. Pour évaluer et comparer les performances d'une gestion, il est essentiel d'évaluer correctement l'impact de ces frais. Il existe trois types de frais ou de coûts de transactions liées à la gestion d'un actif :

i. Frais de transaction - les coûts directement liés à l'achat et à la vente d'actifs, y compris la commission du courtier, l'écart entre l'offre et la demande, les frais réglementaires liés à la transaction et les taxes (droit de timbre, etc.), mais à l'exclusion des frais du dépositaire liés à la transaction ;

ii. Frais de gestion - les frais facturés par le gestionnaire d'actifs pour la gestion du compte ;

iii. Frais du dépositaire et les autres frais administratifs, y compris les frais d'audit, les frais de mesure de la performance, les frais juridiques et tous les autres frais (ces frais sont dus en raison du recours aux fonds de gestion).

Les frais de gestion sont traditionnellement prélevés directement sur le compte titre. Toutefois, en cas de recours aux intermédiaires de gestion, ce dernier peut facturer au client directement. Si les paiements n'étaient pas prélevés directement sur le portefeuille, le rendement calculé serait alors avant ou « brut » des frais.

Le rendement brut est le rendement de l'investissement réalisé par l'investisseur[24]. Les coûts de transaction en leur totalité doivent être soustraits pour obtenir le rendement de l'investissement.

La façon la plus précise de calculer les séries de rentabilité brutes et nettes serait de calculer chaque série de rendement séparément, en traitant la commission comme un cash-flow de dépenses pour le rendement brut.

La rentabilité brute tenant compte des frais est :

$$r_b = (1 + r_n) * (1 + f) - 1 \qquad \text{Eq. 35}$$

La rentabilité nette est donc sous la forme :

[24]Normalement, la rentabilité brute est le rendement le plus approprié à utiliser à des fins de comparaison, puisque les clients institutionnels sont normalement en mesure de négocier des frais.

$$\boldsymbol{r_n} = \left(\frac{1+r_b}{1+f}\right) - \mathbf{1} \quad \text{Eq. 36}$$

Avec : r_b : est la rentabilité brute, r_n : est la rentabilité nette et f est le total des frais.

Le débat sur la manière de calculer la rentabilité ou l'utilité de la richesse permet de déduire une complexité dans l'utilisation de la rentabilité comme indicateur de transformation. Cette complexité est d'autant plus importante pour les sociétés de gestion et les OPCVM qui sont chaque jour en confrontation avec la clientèle et aussi sont tenus d'apporter l'information la plus pertinente sur leurs investissements en portefeuilles. De même, la rentabilité est l'indicateur de base de tous les modèles de gestion de portefeuilles.

Application sur MATLAB

```
%% Ce code décrit un exemple d'utilisation des plates-formes de programmation pour la finance de marché %%
% Afin de télécharger les données nous utilisons les données sur la platformes de Yahoo Finance.
load Data_EquityIdx
figure;
plot([DataTable.NASDAQ DataTable.NYSE])
ylabel('Prix')
legend('Nasdaq', 'NYSE','Location','Best')
axis tight
```

Rentabilité simple

```
Rentabilite_simple= price2ret([DataTable.NASDAQ DataTable.NYSE])
figure;
plot(Rentabilite_simple)
ylabel('Prix')
legend('Nasdaq', 'NYSE','Location','Best')
axis tight
```

Rentabilité continue

```
Rentabilite_continue=price2ret([DataTable.NASDAQ DataTable.NYSE],[],'Continuous')
figure;
plot([Rentabilite_continue(:,1) Rentabilite_simple(:,1)])
ylabel('Prix')
legend('Nasdaq continue', 'Nasdaq simple','Location','Best')
xlim([0 3000])
ylim([-0.150 0.150])
axis tight
```

Taux de rentabilité interne

Nous supposons avoir un actif dont la valeur est de 10.000 MAD qui génère des flux sur des périodes différentes. Calculons le taux de rendement interne de ce flux de trésorerie non périodique :

```
CashFlow = [-10000, 2500, 2000, 3000, 4000]; % Les CFs
CashFlowDates = ['01/12/2007'
        '02/14/2008'
        '03/03/2008'
        '06/14/2008'
        '12/01/2008']; % les dates de délivrance des flux
TRI = xirr(cash-flow, CashFlowDate
```

CHAPITRE III. LE MODÈLE DE MARKOWITZ ET LA NAISSANCE DE LA GESTION DE PORTEFEUILLE

"Un comportement quadratique... une simplification atroce... vers un Homosapien financier."

Dans les deux chapitres précédents nous avons mis en évidence les fondements de la gestion de portefeuilles en faisant appel à la théorie de l'utilité et aussi aux mécanismes de calcul de la transformation de richesse qui permet de prendre en considération la formation de la décision future.

Dans ce chapitre, nous allons présenter les travaux précurseurs de Harry Markowitz (1952) sur la gestion du portefeuille basée sur l'espérance et la variance et qui sera nommée la gestion moderne de portefeuilles.

L'article fondateur de Markowitz de 1952 a donné naissance à la gestion de portefeuilles selon une approche moderne, permettant à ce dernier d'obtenir le prix Nobel en 1990[25]. La grande réalisation de l'auteur est qu'il a démontré que le risque du portefeuille dépendait des covariances des actifs qui le composent. La contribution marginale d'un titre à la variance de la rentabilité du portefeuille est donc mesurée par la covariance entre le rendement du titre et celui du portefeuille et non par la variance du titre lui-même.

Markowitz a ainsi établi que le risque d'un portefeuille est inférieur à la moyenne des risques de chaque actif pris individuellement et a donné une preuve quantitative de la contribution de la diversification.

La théorie développée par Markowitz est basée sur la maximisation de l'utilité de la richesse de l'investisseur. Cette fonction d'utilité est dénuée en fonction de la rentabilité et de l'écart type de la richesse.

[25] Conjointement avec Sharpe et Miller.

La théorie offre une solution au choix de portefeuille pour un investisseur averse au risque : les portefeuilles optimaux, du point de vue de l'investisseur rationnel, sont définis comme ceux qui présentent le risque le plus faible pour un rendement donné. Il est communément admis que ces portefeuilles sont efficients (voir le chapitre 1 sur l'utilité). Toutefois, il faut noter que ce modèle de base suppose que la décision est sur une seule période et n'introduit pas la dynamique inter temporelle.

LE MODÈLE DE BASE DE MARKOWITZ

Peut-être que la grande réalisation de Markowitz est la considération d'un raisonnement basé sur la concaténation des actifs, alors qu'auparavant on s'intéressait sur les actifs financiers de façon individuelle.

Bien que la théorie de Markowitz ne fasse aucune assignation théorique aux marchés financiers (E. Fama, 1963), mais utilise le concept de portefeuille efficient qui sera la trame causale entre la théorie moderne de portefeuille et la théorie d'efficience.

La seconde grande innovation est la définition de la courbe d'efficience comme univers décisionnel unique. La frontière d'efficience est une courbe convexe de tous les portefeuilles qui peuvent être réalisés et qui sont optimaux.

Malgré que le modèle de Markowitz soit une révolution pour les techniques de gestion en finance de marché, ce dernier a puisé largement dans la théorie de l'utilité dans l'incertain. Le recours aux deux paramètres : espérance et variance témoignent de cette grande inspiration. Surtout, qu'il suppose que les individus construisent leurs portefeuilles afin de maximiser l'utilité espérée de leur richesse finale. Leur fonction d'utilité est une fonction croissante de leur richesse et ils ont une aversion au risque. Comme nous l'avons démontré auparavant, les deux premiers moments de la distribution aléatoire de leur richesse sont : l'espérance et la variance.

L'utilité espérée de la richesse terminale d'un individu est donc une fonction de la moyenne et de la variance du rendement du portefeuille. Les portefeuilles qui résultent de la maximisation de l'utilité de l'investisseur sont, par définition, des portefeuilles efficients.

L'approche de Markowitz est qualifiée d'approche moyenne-variance, car elle ne prend en compte que ces deux paramètres, la moyenne et la variance des rentabilités, c'est-à-dire les deux premiers moments de leur distribution, pour caractériser le portefeuille de l'investisseur. Cela revient à supposer que les moments d'ordre supérieur soient nuls. Ceci n'est respecté que si les rendements sont normalement distribués ou si la fonction d'utilité de l'investisseur est quadratique[26]. L'approche moyenne-variance est donc basée sur une hypothèse restrictive.

Nous savons que de façon classique, l'estimateur sans biais de l'espérance est la moyenne arithmétique et le risque est approximé par la variance ou l'écart type. Toutefois, ces mesures peuvent être abrogées et sont sujettes à des critiques que nous allons voir dans les chapitres suivants.

Formulation générale du modèle

Par définition un portefeuille est une agrégation ou agglomération de plusieurs actifs dont l'investisseur met dans son patrimoine monétaire. Autrement dit, un portefeuille est une combinaison linéaire d'actifs (A_i) :

$P = \{A_1, A_2, \dots A_n\}$ Eq. 37

Nous avons décrit dans le chapitre précédent que chaque actif est caractérisé par une rentabilité « R_i » qui peut être calculée par diverses méthodes.

Si le portefeuille est une agrégation des actifs, alors nous pouvons définir la rentabilité du portefeuille en se basant sur les rentabilités des actifs qui le composent.

$R_p = \sum_{i=1}^{n} x_i R_i$ Eq. 38

---

[26] Le recours à la fonction de type quadratique est lié à l'existence uniquement de deux moments qui expliquent le comportement de l'investisseur soit : l'espérance et la variance. Le développement limité de cette fonction aux alentours de la moyenne est :

$$f(x) = (am - bm^2) - (m - x)(a - 2bm) - b(m - x)^2$$

$$f(x) = E(f(x)) - bV(f(x))$$

L'utilisation de cette forme impose que l'investisseur soit risquophobe puisque la dérivée seconde est négative :

$$f'(x) = a - 2bx$$

$$f''(x) = -2b$$

Avec « x » est le pourcentage d'argent investi dans chaque actif, dorénavant noté comme le poids.

Considérer l'hypothèse d'une fonction d'utilité quadratique dans le modèle exige la limitation aux deux indicateurs : espérance et variance. Pour ce faire, Markowitz était dans l'obligation d'utiliser la loi normale comme distribution marginale décrivant le comportement des rentabilités. De ce fait, le portefeuille est également décrit par une espérance et une variance :

$$E(R_p) = \sum_{i=1}^{n} x_i E(R_i) \qquad \text{Eq. 39}$$

Et la variance de cette rentabilité du portefeuille serait donc :

$$V(R_p) = \sum_{i=1}^{n} x_i^2 V(R_i) + \sum_{i\#j=1}^{m} \sum_{i=1}^{n} x_i x_j Cov(R_i, R_j) \qquad \text{Eq. 40}$$

La variance du portefeuille n'est donc pas uniquement la somme des variances des actifs qui le composent, mais également la relation entre ces actifs décrite par la covariance[27]. Ainsi, cette covariance sera très déterminante dans le choix du portefeuille, dans lequel il faut investir.

À partir de cette relation fondamentale entre la variance d'un portefeuille et la covariance, le principe de la diversification aura tendance à se développer dépendamment des valeurs prises par la covariance. Ainsi, le raisonnement et le comportement d'un investisseur risquophobe adoptant une fonction d'utilité quadratique seront basés sur la minimisation du risque en exigeant une rentabilité donnée. Ceci peut être écrit sous la forme suivante :

$$min\, VAR(R_p) \qquad \text{Eq. 41}$$

Sous contrainte :

---

[27] Si nous considérons X et Y deux actifs, alors la formulation de leur variance est de la forme suivante :

$$E(X + Y) = E(X) + E(Y)$$

$$V(X + Y) = E((X + Y)^2) - (E(X) + E(Y))^2$$
$$= E(X^2 + 2XY + Y^2) - E(X)^2 - 2E(X)E(Y) - E(Y)^2$$

$$V(X + Y) = E(X^2) + 2E(XY) + E(Y^2) - E(X)^2 - 2E(X)E(Y) - E(Y)^2$$

$$V(X + Y) = \underbrace{[E(X^2) - E(X)^2]}_{V(X)} + \underbrace{[E(Y^2) - E(Y)^2]}_{V(Y)} + 2\underbrace{[E(XY) - E(X)E(Y)]}_{Covariance}$$

En cas d'indépendance, la somme des deux variances X et Y forme la variance totale.

$$E(Rp) = \alpha$$

$$\sum_{i=1}^{n} x_i = 1$$

Ici, l'exigence de l'investisseur est exprimée en termes de rentabilité espérée du portefeuille (α). Une hypothèse fondamentale est transcrite dans le modèle de Markowitz concernant les poids ou les pourcentages à investir dont la somme devrait rester égale à 1. Cela suppose que l'ensemble des fonds sont répartis sur les actifs dans le portefeuille.

Ce problème est à résolution plus simple lorsque le nombre d'actifs et de contraintes est faible. Cependant, avec le nombre d'actifs et de contraintes importantes la résolution devient plus complexe.

En théorie, il existe des modèles plus élaborés en ajoutant des contraintes linéaires sur les proportions d'actifs à détenir, en particulier des contraintes de non-négativité. Elton et Gruber (1995) présentent les différents cas en détail. En présence de contraintes, les méthodes exactes de résolution utilisent des algorithmes de programmation quadratique et les calculs peuvent prendre beaucoup de temps.

Frontière d'efficience

La détermination des portefeuilles potentiellement existant sur la courbe d'efficience passe par la détermination de la fonction d'utilité de chacun des investisseurs et aussi sa conception par rapport au risque. Ainsi l'intersection entre l'univers de décision (courbe d'efficience) et la courbe d'indifférence indique le choix optimal de l'investisseur (voir la figure 7).

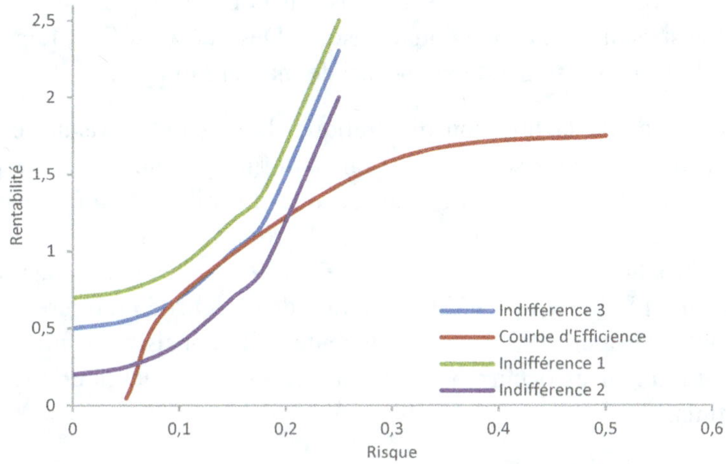

Figure 7. Choix optimal, courbe d'efficience et courbe d'indifférence

Ce portefeuille est celui qui maximise l'utilité de l'investisseur dépendamment de la fonction d'utilité de ce dernier.

Ainsi, il est actuellement admis que la fonction quadratique est la seule qui a été adoptée dans un premier temps par Markowitz, en raison de sa dépendance unique de l'espérance et de la variance.

Également, la fonction quadratique à un comportement identique à la fonction logarithmique dont la forme permet de résoudre le problème d'incertitude. La seule différence entre les deux formes de fonction d'utilité est que la forme quadratique est plus simple que celle logarithmique[28].

Ainsi, le programme d'optimisation de l'utilité revient à maximiser l'utilité de la forme suivante :

$U(R_p) = E(R_p) - 1/2\lambda \, VAR(R_p)$[29] Eq. 42

---

[28] Le développement limité de la fonction logarithmique :

$$DL(f(x)) = ln(1 + x) = x - (1/2)x^2 + O(x^3)$$

[29] Cette relation est extraite de l'équivalence de Arrow et Pratt. Selon les deux auteurs :

$$U(W + z) = U(W - \pi(W, z))$$

z: est la rentabilité et $\pi(W, z)$ est la prime de risque qui égalise l'espérance d'utilité

Où λ désigne l'aversion de l'investisseur pour le risque. Plus λ est élevé, plus l'investisseur a une aversion au risque. Dès que λ est fixé, le portefeuille optimal de l'investisseur est caractérisé de manière unique.

Dans le cas de la fonction quadratique, l'aversion au risque est égale à l'unité. L'aversion au risque est difficile à définir puisqu'elle représente bien évidemment le rapport entre l'utilité seconde et l'utilité première. Par ailleurs, elle peut être caractérisée par la notion de contraintes de manque à gagner. Cette approche, présentée dans Farrell (1997), résulte des travaux de Henriksson et Leibowitz (1989). La notion de « sécurité première » présentée par Elton et Gruber (1995) est équivalente. Elle consiste en fait à limiter le risque de mauvaises occurrences et pour ce faire, plusieurs critères peuvent être définis.

Le premier qui stipule que le meilleur portefeuille est celui qui a la plus faible probabilité de se situer en dessous d'un rendement cible. Le deuxième critère consiste à choisir le portefeuille qui maximise la valeur seuil du

---

avec l'équivalence certaine.

Le développement limité de la première partie gauche :

$$U(W+z) = U(W) + zU'(W) + \frac{1}{2!}z^2U''(W) + O(z^3)$$

Si nous assumons que z est au voisinage de 0 alors nous notons que :

$$E(U(W+z)) \cong U(W) + \frac{1}{2}\sigma_z^2 U''(W)$$

Le développement limité de la deuxième équivalence $U(W-\pi(W,z))$:

$$U(W-\pi(W,z)) = U(W) - \pi(W,z)U'(W) + O(\pi(W,z)^3)$$

Alors :

$$U(W) + \frac{1}{2}\sigma_z^2 U''(W) = U(W) - \pi(W,z)U'(W)$$

Si nous adoptons donc la fonction quadratique de la forme suivante :

$$U(.) = W - W^2$$

Alors le programme de maximisation de l'utilité revient à :

$$Max(W - W^2) = Max(E(z) - \frac{1}{2}\sigma_z^2)$$

rendement, avec la contrainte que la probabilité d'être en dessous du seuil soit inférieure à une valeur cible. Le troisième critère consiste à choisir le portefeuille dont le rendement espéré est maximal, avec la contrainte que la probabilité de se trouver en dessous d'une valeur seuil soit inférieure à une valeur cible.

Ainsi, afin de maximiser l'utilité de l'investisseur il est donc nécessaire de répondre à une idée fondamentale, selon laquelle il faut arriver à maximiser l'espérance et réduire au maximum de risque mesuré par la dispersion.

La relation entre l'espérance et la variance d'un portefeuille est concrétisée via la courbe d'efficience qui transcrit toutes les combinaisons de portefeuilles possibles, dépendamment des poids à investir dans chaque actif.

Ainsi, si nous prenons un exemple de trois actifs et nous simulons 1000 combinaisons de poids alors nous verrons que la courbe d'efficience est bien convexe et décrit l'ensemble des combinaisons potentiellement réalisables.

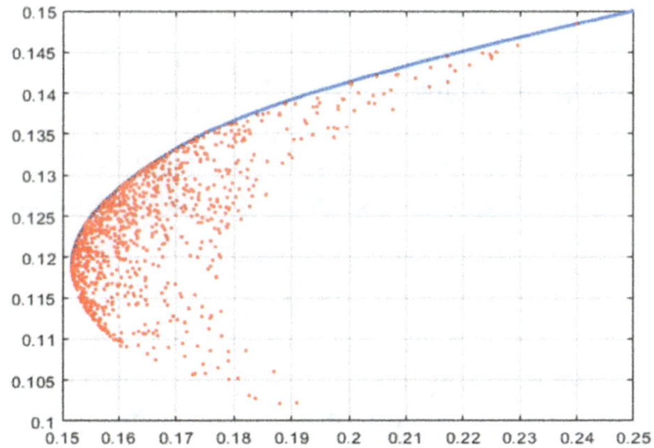

Figure 8. Courbe d'efficience (Abscisse : Risque, Ordonnées : rentabilité)

Le nuage de points en rouge décrit tous les portefeuilles possibles, mais ceux dans la partie de la frontière du nuage de points représentent les meilleurs choix pour un investisseur (la courbe en bleu).

Le choix est fait selon le degré d'efficacité des portefeuilles. Les portefeuilles en dessous de la courbe en bleu sont considérés inefficients dans le sens où au même niveau de risque les portefeuilles sur la courbe bleue permettent d'avoir une rentabilité supérieure. Ainsi, un investisseur risquophobe qui exige une prime de risque aura à choisir les portefeuilles sur la courbe d'efficience pour bénéficier de la prime de risque et aussi pour compenser le niveau de risque encouru.

ACTIFS RISQUÉS

La découverte de la courbe d'efficience avec l'hypothèse d'une utilité quadratique a permis de réduire le problème de choix de portefeuille, mais pas sa résolution définitive. En effet, sur la courbe d'efficience il y a une multitude de portefeuilles possibles et vouloir en choisir un, demeure une question délicate. Ainsi, un gestionnaire de portefeuille doit tenir compte de plusieurs titres à la fois, lorsqu'il tente, pour délimiter un portefeuille optimal.

La première proposition qui peut être examinée est le fait de chercher un portefeuille qui minimise totalement le risque[30]. Par la suite, nous pouvons proposer une autre approche qui permet de choisir un portefeuille selon l'exigence de l'investisseur.

Portefeuille à risque minimal

Le portefeuille à risque minimal est celui qui procure à l'investisseur le minimum de la dispersion par rapport aux gains espérés. Ceci revient à chercher les poids qui minimisent la variance d'un portefeuille.

Sur le plan graphique, ce portefeuille représente le point d'inflexion de la courbe d'efficience soit le premier portefeuille efficace dans cette courbe. La méthode graphique est plus simple et permet visuellement d'identifier ce portefeuille. Par ailleurs, ce portefeuille peut être retrouvé en utilisant la proposition quadratique de Markowitz dont le programme d'optimisation est de la forme suivante :

$$Min_{x_i} VAR(R_p)$$

Sous contrainte :

---

[30] Dans les marchés des actifs risqués, arriver à éliminer le risque est une idée utopique, puisque le gain est aléatoire et il dépend d'événement incertain, alors nous ne pouvons chercher une solution où la variance s'annule.

$$\sum_{i=1}^{n} x_i = 1$$

Nous remarquons que l'investissement dans le portefeuille à risque minimal s'intéresse uniquement au risque sans tenir compte du niveau de la rentabilité espérée.

Le programme d'optimisation dans le cas de deux actifs peut s'écrire sous la forme suivante :

$$\min_{x_1,x_2} J(x_1, x_2) = v_1 x_1^2 + \sigma_{12} x_2 x_1 + v_2 x_2^2 + \sigma_{12} x_1 x_2 \qquad \text{Eq. 43}$$

Sous la contrainte que la somme des poids soit égale à 1 :

$$T(x_1, x_2) = x_1 + x_2 = 1$$

En utilisant le principe de la Lagrangienne « L », nous obtenons :

$$J(x, v) = \lambda T(x_1, x_2)$$

$$L_{(x_1,x_2,\lambda)} = J(x_1, x_2) - \lambda[T(x_1, x_2) - 1]$$

$$L_{(x_1,x_2,\lambda)} = J(x_1, x_2) - \lambda[x_1 + x_2 - 1]$$

$$L_{(x_1,x_2,\lambda)} = J(x_1, x_2) - \lambda(x_1 + x_2 - 1)$$

$$L_{(x_1,x_2,\lambda)} = v_1 x_1^2 + 2\sigma_{12} x_1 x_2 - \lambda x_1 + v_2 x_2^2 - \lambda x_2 + \lambda$$

Alors nous pouvons définir facilement les solutions de la lagrangienne via les solutions partielles :

$$\frac{\partial}{\partial x_1} L_{(x_1,x_2,\lambda)} = 2\sigma_{12} x_2 - \lambda + 2 v_1 x_1 = 0$$
$$\frac{\partial}{\partial x_2} L_{(x_1,x_2,\lambda)} = 2\sigma_{12} x_1 - \lambda + 2 v_2 x_2 = 0$$
$$\frac{\partial}{\partial \lambda} L_{(x_1,x_2,\lambda)} = 1 - x_2 - x_1 = 0$$

Ceci procure le système suivant :

$$\begin{cases} 2\sigma_{12} x_2 - \lambda + 2 v_1 x_1 = 0 \\ 2\sigma_{12} x_1 - \lambda + 2 v_2 x_2 = 0 \\ 1 - x_2 - x_1 = 0 \end{cases}$$

La solution est donc :

$$\left\{\left\{\left[\lambda = -\frac{2\sigma_{12}^2-2v_1v_2}{-2\sigma_{12}+v_1+v_2}, x_1 = -\frac{\sigma_{12}-v_2}{-2\sigma_{12}+v_1+v_2}, x_2 = -\frac{\sigma_{12}-v_1}{-2\sigma_{12}+v_1+v_2}\right]\right\}\right\} \quad \text{Eq. 44}$$

Nous pouvons obtenir le même résultat si nous adoptons la résolution matricielle. Si nous réécrivons le programme des solutions partielles sous forme matricielle :

$$\begin{bmatrix} 2\sigma_{12}x_2 - \lambda + 2v_1x_1 = 0 \\ 2\sigma_{12}x_1 - \lambda + 2v_2x_2 = 0 \\ 1 - x_2 - x_1 = 0 \end{bmatrix}$$

La forme matricielle serait :

$$\begin{bmatrix} x_2 \\ x_1 \\ \lambda \end{bmatrix}\begin{bmatrix} 2\sigma_{12} & 2v_1 & -1 \\ 2v_2 & 2\sigma_{12} & -1 \\ -1 & -1 & 0 \end{bmatrix} = \begin{bmatrix} 0 \\ 0 \\ -1 \end{bmatrix}$$

Nous savons que la résolution matricielle est basée sur la détermination de la matrice inverse afin de trouver les valeurs du vecteur des inconnus[31]. Alors :

$$\begin{bmatrix} x_2 \\ x_1 \\ \lambda \end{bmatrix} = \begin{bmatrix} 2\sigma_{12} & 2v_1 & -1 \\ 2v_2 & 2\sigma_{12} & -1 \\ -1 & -1 & 0 \end{bmatrix}^{-1}\begin{bmatrix} 0 \\ 0 \\ -1 \end{bmatrix} = \begin{bmatrix} -\dfrac{\sigma_{12} - v_1}{v_1 - 2\sigma_{12} + v_2} \\ -\dfrac{\sigma_{12} - v_2}{v_1 - 2\sigma_{12} + v_2} \\ -\dfrac{2\sigma_{12}^2 - 2v_1v_2}{v_1 - 2\sigma_{12} + v_2} \end{bmatrix}$$

Dans cette perspective, le recours à la résolution du programme, lors de la présence de deux actifs, permet de donner directement la solution des poids qui permettent de valider le portefeuille à risque minimal.

---

[31] $A^{-1} = \frac{1}{det(A)} C^t(A)$

Une généralisation pour « n » actifs dans un portefeuille impose l'utilisation de la même démarche sans avoir une solution bien déterminée du problème.

Ainsi nous pouvons écrire le programme suivant :

$$\nabla V(x,y) = \lambda T(x_1, x_2)$$

$$L = V(x,y) - \lambda T(x_1, x_2)$$

$$L = V(x,y) - \lambda\left(\sum_{i=1}^{n} x_i - 1\right)$$

$$\underset{x_1.....x_n,\lambda}{L} = \sum_{i=1}^{n} v_i x_i^2 + \sum_{i=1}^{n} \sum_{j=1 \text{and} j \neq i}^{n} \sigma_{ij} x_i x_j - \lambda\left(\sum_{i=1}^{n} x_i - 1\right)$$

$$\begin{gathered} 2\sigma_{12}x_2 - \lambda + 2v_1x_1 = 0 \\ 2\sigma_{12}x_1 - \lambda + 2v_2x_2 = 0 \\ . \\ . \\ . \\ 2\sigma_{[n-1,n]}x_n - \lambda + 2v_{n-1}x_{n-1} = 0 \\ 1 - x_1 - x_2 - \ldots\ldots. - x_n = 0 \end{gathered}$$

Cette structure du système peut être vue de façon matricielle comme suit :

$$\begin{bmatrix} x_1 \\ x_2 \\ . \\ . \\ x_n \\ \lambda \end{bmatrix} \begin{bmatrix} 2v_1 & 2\sigma_{12} & . & . & 2\sigma_{1n} & 1 \\ 2\sigma_{12} & 2v_2 & . & . & 2\sigma_{2n} & 1 \\ . & . & . & . & . & 1 \\ . & . & . & . & . & 1 \\ 2\sigma_{1n} & 2\sigma_{2n} & . & . & 2v_n & 1 \\ 1 & 1 & 1 & 1 & 1 & 0 \end{bmatrix} = \begin{bmatrix} 0 \\ 0 \\ . \\ . \\ . \\ -1 \end{bmatrix} \qquad \text{Eq. 45}$$

Sur la base de cette multiplication matricielle, nous pouvons simplement trouver les poids qui permettent de définir le portefeuille à risque minimal[32].

[32] Il reste toujours à rappeler que la matrice devra être inversible pour que la solution soit sur R.

$$\begin{bmatrix} x_1 \\ x_2 \\ \cdot \\ \cdot \\ x_n \\ \lambda \end{bmatrix} = \begin{bmatrix} 2v_1 & 2\sigma_{12} & \cdot & \cdot & 2\sigma_{1n} & 1 \\ 2\sigma_{12} & 2v_2 & \cdot & \cdot & 2\sigma_{2n} & 1 \\ \cdot & \cdot & \cdot & \cdot & \cdot & 1 \\ \cdot & \cdot & \cdot & \cdot & \cdot & 1 \\ 2\sigma_{1n} & 2\sigma_{2n} & \cdot & \cdot & 2v_n & 1 \\ 1 & 1 & 1 & 1 & 1 & 0 \end{bmatrix}^{-1} \begin{bmatrix} 0 \\ 0 \\ \cdot \\ \cdot \\ \cdot \\ 1 \end{bmatrix} \quad \text{Eq. 46}$$

La résolution du portefeuille à risque minimal procure à l'investisseur sur le marché un poids de repère en termes de risque pour parvenir à faire un arbitrage entre les marchés des capitaux et les marchés monétaires. En outre, le portefeuille à risque minimal constitue le premier point de la courbe d'efficience et donc de l'univers d'optimalité.

Exigences et solution du problème

Il est évident qu'un investisseur risquophobe dont la fonction de comportement est bien identifiée peut demander plus de prime de risque qui dépend incontestablement de la rentabilité et du risque. Avec une prime de risque importante, le niveau de rentabilité le sera également.

Ainsi, si l'investisseur rationnel aspire à plus de rentabilité, alors la proposition de Markowitz est de prévoir une nouvelle contrainte dans le programme d'optimisation afin de chercher la bonne combinaison qui y réponde sur la courbe d'efficience.

Donc, le programme d'optimisation est de la forme suivante :

$$\min \mathrm{VAR}(\mathrm{R_p})$$

Sous contraintes :

$$\sum_{i=1}^{n} x_i = 1$$

$$\sum_{i=1}^{n} x_i E(R_i) = \alpha$$

Où α est une exigence demandée par l'investisseur. Cela revient donc à résoudre le système suivant :

$$\min_{x_i} \mathrm{V} = \min_{x_i} \left(\sum_{\mathrm{i=1}}^{\mathrm{n}} \mathrm{v_i x_i^2} + \sum_{\mathrm{i=1}}^{\mathrm{n}} \sum_{\mathrm{j=1 and j \neq i}}^{\mathrm{n}} \sigma_{\mathrm{ij}} \mathrm{x_i x_j} \right)$$

Sous contrainte :

$$\sum_{i=1}^{n} x_i = 1$$

$$\sum_{i=1}^{n} x_i E_i = \alpha$$

La Lagrangienne devra avoir la forme générale suivante :

$$\underset{x_1 \ldots\ldots x_n,\lambda}{L} = \sum_{i=1}^{n} v_i x_i^2 + \sum_{i=1}^{n} \sum_{j=1 and j \neq i}^{n} \sigma_{ij} x_i x_j - \lambda_1 \left(\sum_{i=1}^{n} x_i - 1 \right) - \lambda_2 \left(\sum_{i=1}^{n} x_i E_i - \alpha \right)$$

Et les solutions partielles sont :

$$2\sigma_{12} x_2 - \lambda + 2v_1 x_1 - \lambda_2 E_1 = 0$$
$$2\sigma_{12} x_1 - \lambda + 2v_2 x_2 - \lambda_2 E_2 = 0$$
$$\vdots$$
$$2\sigma_{[n-1,n]} x_n - \lambda + 2v_{n-1} x_{n-1} - \lambda_2 E_n = 0$$
$$1 - x_1 - x_2 - \ldots\ldots - x_n = 0$$
$$\alpha - x_1 E_1 - x_2 E_2 - \ldots\ldots - x_n E_3 = 0$$

Cela permet de définir la solution matricielle, soit :

$$\begin{bmatrix} x_1 \\ x_2 \\ . \\ . \\ x_n \\ \lambda_1 \\ \lambda_2 \end{bmatrix} \begin{bmatrix} 2v_1 & 2\sigma_{12} & . & . & 2\sigma_{1n} & 1 & E_1 \\ 2\sigma_{12} & 2v_2 & . & . & 2\sigma_{2n} & 1 & E_2 \\ . & . & . & . & . & 1 & . \\ . & . & . & . & . & 1 & . \\ 2\sigma_{1n} & 2\sigma_{2n} & . & . & 2v_n & 1 & E_n \\ 1 & 1 & 1 & 1 & 1 & 0 & 0 \\ E_1 & E_1 & . & . & E_n & 0 & 0 \end{bmatrix} = \begin{bmatrix} 0 \\ 0 \\ . \\ . \\ . \\ -1 \\ \alpha \end{bmatrix} \quad \textit{Eq. 47}$$

Sur la base de cette multiplication matricielle, nous pouvons simplement trouver les poids qui permettent de définir le portefeuille à exigence optimale pour l'investisseur.

$$\begin{bmatrix} x_1 \\ x_2 \\ . \\ . \\ x_n \\ \lambda_1 \\ \lambda_2 \end{bmatrix} = \begin{bmatrix} 2v_1 & 2\sigma_{12} & . & . & 2\sigma_{1n} & 1 & E_1 \\ 2\sigma_{12} & 2v_2 & . & . & 2\sigma_{2n} & 1 & E_2 \\ . & . & . & . & . & 1 & . \\ . & . & . & . & . & 1 & . \\ 2\sigma_{1n} & 2\sigma_{2n} & . & . & 2v_n & 1 & E_n \\ 1 & 1 & 1 & 1 & 1 & 0 & 0 \\ E_1 & E_1 & . & . & E_n & 0 & 0 \end{bmatrix}^{-1} \begin{bmatrix} 0 \\ 0 \\ . \\ . \\ . \\ -1 \\ \alpha \end{bmatrix} \quad \textit{Eq. 48}$$

L'introduction de la contrainte d'exigence permet de se déplacer tout au long de la courbe d'efficience et choisir donc le portefeuille qui convient aux attentes de l'investisseur. Le modèle d'espérance-variance est donc plus simple à implémenter, dès que nous avons les espérances de gain d'un investisseur.

LE PRINCIPE DE LA DIVERSIFICATION

L'expression « diversification » fait référence à son créateur, Harry Markowitz (1952, 1959, 2010). La diversification peut être définie comme l'adage qui indique qu'il « ne faut pas mettre tous vos œufs dans le même panier ».

En reprenant les termes de Markowitz (1952) : « Non seulement la gestion de portefeuille implique une diversification, mais une bonne diversification. Les investisseurs ne pensent pas que la diversification dépend du nombre de titres différents détenus. Un portefeuille de soixante titres ferroviaires différents, par exemple, ne serait pas aussi bien diversifié qu'un portefeuille de même taille avec des chemins de fer, des services publics, des mines, diverses sortes de fabrication, etc. La raison en est qu'il est généralement plus probable pour les entreprises de la même industrie n'a pas de bons résultats en même temps que les entreprises de secteurs différents. De même, en essayant de réduire la variance des rendements, il ne suffit pas d'investir dans de nombreux titres. Il faut éviter d'investir dans des titres avec covariances élevées entre eux. »

Bien que, le rendement attendu du portefeuille dépend des rentabilités espérées des actifs qui le compose, le risque quant à lui est en fonction de la corrélation ou la covariance.

Nous démontrons ceci via un exemple à deux actifs (x,y). Si nous retenons un portefeuille à deux actifs (x,y), alors sa rentabilité est :

$$E = xE_1 + yE_2$$

Si nous adoptons la définition, supposons que la somme des poids est égale à l'unité, alors :

$$y = 1 - x$$

$$E = xE_1 + (1 - x)E_2$$
$$E = x(E_1 - E_2) + E_2$$
$$\Rightarrow x = \frac{E - E_2}{(E_1 - E_2)}$$

Le risque du portefeuille :

$$V = v_1x^2 + 2\sigma xy + v_2y^2$$

$$\sqrt{V} = \sqrt{v_1x^2 + 2\sigma xy + v_2y^2}$$

Nous pouvons étudier les trois cas possibles de la corrélation :

Nous savons que :

$\sigma = v_1v_2\rho$. Eq. 49

Si la corrélation est parfaitement positive $\rho = 1$, alors :

$$\sqrt{V} = \sqrt{v_1x^2 + 2\sigma xy + v_2y^2} = \sqrt{v_1x^2 + 2v_1v_2xy + v_2y^2} = \sqrt{(v_1x + v_2y)^2}$$
$$= (v_1x + v_2y)$$

Si nous remplaçons via la relation de l'espérance du portefeuille alors, nous aurons :

$$\sqrt{\boldsymbol{V}} = \left(v_1\left(\frac{E - E_2}{(E_1 - E_2)}\right) + v_2\left(1 - \frac{E - E_2}{(E_1 - E_2)}\right)\right)$$

$$\sigma_p = \left(v_1\left(\frac{E - E_2}{(E_1 - E_2)}\right) + v_2\left(\frac{(E_1 - E_2) - E + E_2}{(E_1 - E_2)}\right)\right)$$

$$\sigma_p = \left(v_1\left(\frac{E - E_2}{(E_1 - E_2)}\right) + v_2\left(\frac{E_1 - E}{(E_1 - E_2)}\right)\right)$$

$$\sigma_p = \left(\left(\frac{v_1E - v_1E_2}{(E_1 - E_2)}\right) + \left(\frac{v_2E_1 - v_2E}{(E_1 - E_2)}\right)\right)$$

$$\sigma_p = \frac{v_1E - v_1E_2 + v_2E_1 - v_2E}{(E_1 - E_2)} = \frac{E(v_1 - v_2) - v_1E_2 + v_2E_1}{(E_1 - E_2)}$$

$$E = \frac{\sigma_p(E_1 - E_2) + v_1E_2 - v_2E_1}{(v_1 - v_2)}$$

$$E = \frac{(E_1 - E_2)}{(v_1 - v_2)}\sigma_p + \frac{v_1E_2 - v_2E_1}{(v_1 - v_2)} \qquad \text{Eq. 50}$$

D'après ce résultat, lorsque la corrélation entre les actifs est totalement positive alors la relation entre la rentabilité et le risque devient linéaire indiquant un accroissement du risque et de la rentabilité dans la même tendance et dans ce sens la courbe d'efficience et les portefeuilles efficaces n'existeront plus.

Si la corrélation est parfaitement négative $\rho = -1$, alors :

$$\sqrt{V} = \sqrt{v_1x^2 + 2\sigma xy + v_2y^2}$$

$$\sqrt{V} = \sqrt{v_1x^2 - 2v_1v_2xy + v_2y^2} = \sqrt{(v_1x - v_2y)^2}$$

$$\sqrt{V} = (v_1x - v_2y)$$

$$\sqrt{V} = |v_1x - v_2y|$$

$$\sqrt{V} = |v_1x - v_2y|$$

$$\sigma_p = \left|v_1\left(\frac{E - E_2}{(E_1 - E_2)}\right) - v_2\left(1 - \left(\frac{E - E_2}{(E_1 - E_2)}\right)\right)\right|$$

$$\sigma_p = \left|v_1\left(\frac{E - E_2}{(E_1 - E_2)}\right) - v_2\left(\left(\frac{E_1 - E}{(E_1 - E_2)}\right)\right)\right|$$

$$\sigma_p = \left|\left(\frac{v_1E - v_1E_2}{(E_1 - E_2)}\right) + \left(\left(\frac{v_2E - v_2E_1}{(E_1 - E_2)}\right)\right)\right|$$

$$\sigma_p = \left|\frac{E(v_1+v_2)-(v_1E_2+v_2E_1)}{(E_1-E_2)}\right| \qquad \text{Eq. 51}$$

Nous sommes donc devant deux situations :

Si :

$$E(v_1 + v_2) - (v_1E_2 + v_2E_1) > 0 \Rightarrow E > \frac{(v_1E_2 + v_2E_1)}{(v_1 + v_2)}$$

$$\sigma_p = \frac{E(v_1 + v_2) - (v_1E_2 + v_2E_1)}{(E_1 - E_2)}$$

$$E = \sigma_p\frac{(E_1-E_2)}{(v_1+v_2)} + \frac{v_2E_1+v_1E_2}{(v_1+v_2)} \qquad \text{Eq. 52}$$

Si :

$$E(v_1 + v_2) - (v_1E_2 + v_2E_1) < 0 \Rightarrow E < \frac{(v_1E_2 + v_2E_1)}{(v_1 + v_2)}$$

$$\sigma_p = \frac{-E(v_1 + v_2) + (v_1E_2 - v_2E_1)}{(E_1 - E_2)}$$

$$E = \sigma_p\frac{(E_2-E_1)}{(v_1+v_2)} - \frac{v_2E_1+v_1E_2}{(E_1-E_2)} \qquad \text{Eq. 53}$$

Dans le premier cas (Eq.52) cela représente la partie supérieure de la droite et la seconde solution (Eq.53) la partit inférieure. Ainsi, le changement de la corrélation ou la dépendance entre les actifs change le niveau de déplacement dans la courbe d'efficience comme nous pouvons le voir dans la figure suivante :

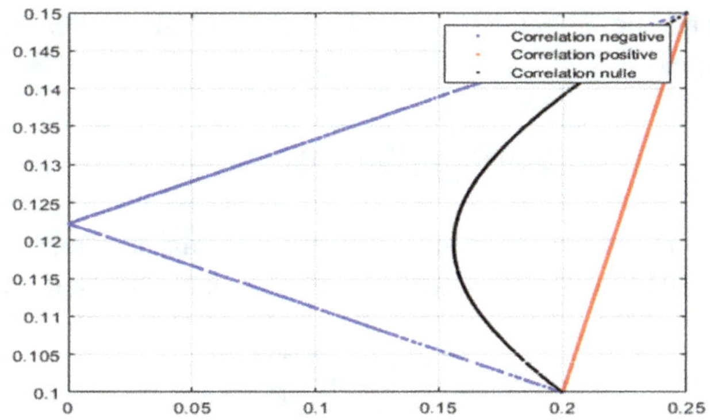

Figure 9. Courbe d'efficience et corrélation

La figure 9 illustre comment la diversification de Markowitz affecte le risque du portefeuille. Ainsi, plus la corrélation a tendance à être négative plus le risque du portefeuille s'abaisse dépendamment des combinaisons utilisées en termes de poids. Eu égard ce résultat les investisseurs ont tendance à chercher les actifs, selon leurs degrés de corrélation inverse afin de bénéficier du maximum de gain de diversification.

Lorsque la corrélation est parfaitement négative, nous pouvons avoir un risque de portefeuille nul, comme le montre la courbe bleue. Par contre, au moment où la corrélation est parfaitement positive cela implique un accroissement du risque du portefeuille qui peut atteindre son optimum soit l'extrême de la droite rouge. Alors, l'univers d'optimalité réside dans la surface entre la courbe bleue et la courbe noire qui décrit un comportement convexe où la dépendance est nulle.

L'illustration précédente de l'effet de diversification montre que l'écart type du portefeuille est inférieur ou égal aux moyennes pondérées des écarts types de deux titres. L'égalité n'est valable que lorsque le coefficient de corrélation entre les actifs est égal à l'unité.

Il est à noter que la diversification est limitée et l'introduction d'actifs dans le portefeuille ne peut pas garantir un gain à l'infini. Pour démontrer ceci nous considérons « n » titres dans un portefeuille dont le poids, la rentabilité et le risque sont identiques. La rentabilité de ce portefeuille s'écrit de la forme suivante :

$$E(Rp) = \sum_{i=1}^{n} \frac{1}{n} E_i$$

Supposons que les rentabilités moyennes sont identiques $E_1 = E_2 = \cdots = E_n = r,$ donc:

$$E(Rp) = \sum_{i=1}^{n} \frac{1}{n} E_i = \frac{1}{n}(r + r + \ldots + r) = r$$

Pour la variance, supposons, pour des raisons de simplification, que le risque et la covariance sont identiques pour tous les actifs alors :

$$\mathrm{V} = \sum_{i=1}^{n} \left(\frac{1}{n}\right)^2 \mathrm{V_i} + \sum_{i=1}^{n-1} \sum_{j=i+1}^{n} \frac{1}{n}\frac{1}{n} \sigma_{i,j}$$

$$\mathrm{V} = \left(\frac{1}{n}\right)^{2n} \sum_{i=1}^{n} \mathrm{V_i} + \left(\frac{1}{n}\right)^2 \sum_{i=1}^{n-1} \sum_{j=i+1}^{n} \sigma$$

$$\mathrm{V} = \left(\frac{1}{n}\right)^2 \sum_{i=1}^{n} \mathrm{V_i} + \left(\frac{1}{n}\right)^2 [n(n-1)]\sigma$$

$$\mathrm{V} = \left(\frac{\mathrm{V}}{n}\right) + \left(\frac{(n-1)}{n}\right)\sigma$$

$$\lim_{n \to \infty} \left(\frac{\mathrm{V}}{n}\right) + \left(\frac{(n-1)}{n}\right)\sigma = \sigma \qquad \text{Eq. 54}$$

La diversification permet donc de réduire le risque spécifique et une compensation mutuelle entre les actifs serait possible. Toutefois, une stratégie de diversification n'est pas absolue, mais demeure relative, car le risque ne peut pas être réduit à zéro. Le risque systémique demeure toujours en question et la variance d'un portefeuille ne peut pas s'annuler en totalité.

Sur les marchés financiers, le choix des portefeuilles est basé sur la diversification et le gain est altéré à la meilleure combinaison potentielle permettant de maximiser la synergie entre les différents actifs.

SOLUTION DE SHARPE ET NAISSANCE DE LA DROITE CML

Nous avons vu précédemment que le choix de l'investisseur est effectué au niveau de la courbe d'efficience qui contient les portefeuilles les plus efficaces.

C'est l'utilité de l'investisseur qui détermine le choix optimal à adopter en identifiant l'intersection entre les courbes d'indifférence (la fonction d'utilité) et la courbe d'efficience. Toutefois, nous savons que les investisseurs peuvent avoir une perception différente par rapport au risque (une aversion hétérogène), ce qui pose le problème du choix optimal à effectuer sur la courbe d'efficience.

Le choix du portefeuille optimal dépend donc du degré d'aversion au risque de l'investisseur. Si l'investisseur a une forte aversion au risque, la pente de la courbe d'indifférence est plus importante. Dans ce cas, le portefeuille optimal de l'investisseur se situera au niveau le plus bas de la frontière efficace. Par ailleurs, les investisseurs très réticents au risque préfèrent généralement les portefeuilles à faible risque et à faible rendement.

Ainsi, la position du portefeuille optimal est tributaire du degré d'aversion au risque dépendant de la fonction d'utilité et de ses dérivées secondes et premières, comme nous l'avons précédemment présenté.

Ainsi, plus l'aversion au risque est forte plus la prime de risque l'est. De ce fait, la courbe d'indifférence aura à se déplacer vers le haut et la définition du portefeuille le plus optimal sera réalisée par l'intersection avec la courbe d'efficience.

Puisque le choix va dépendre de la perception du risque par l'investisseur, alors l'introduction de l'actif sans risque demeure une solution potentiellement faisable. L'idée d'introduire l'actif sans risque dans le raisonnement du choix de portefeuille est justifiée par la théorie d'arbitrage entre les différents marchés financiers existants.

De façon plus simple, un investisseur à toujours le choix entre les marchés monétaires et les marchés des capitaux et l'arbitrage entre les deux se réalise en tenant compte de la perception par rapport au risque. Ainsi un investisseur qui ne souhaite pas prendre de risque aura tendance à investir dans le marché monétaire et surtout dans les Bons du Trésor. Par contre, avec plus de prise de risque, il aura tendance à se diriger vers le marché des capitaux. Cependant, l'investisseur qui se positionne sur le marché risqué, des capitaux, aura à demander une rentabilité bien supérieure à celle qu'il pouvait obtenir sur le marché sans risque. Alors, la rentabilité de l'actif sans risque sera un repère pour l'investisseur souhaitant se mettre sur le marché des capitaux.

Cette relation linéaire signifie que tout portefeuille formé à partir de l'actif sans risque et tout actif risqué se trouvent sur une ligne droite reliant ces deux points. Par exemple, si le poids d'actif risqué $x = 0$, on aura $\sigma p = 0$ et $E = rf$. Dans ce sens, le poids à investir dépend de l'arbitrage entre l'actif risqué et l'actif sans risque et l'investisseur ne sera intéressé par cet investissement, que lorsque la rentabilité du portefeuille est supérieure à l'actif risqué. Toutefois, pour dépasser la rentabilité des actifs risqués il faut que le poids dépasse l'unité et ainsi l'actif sans risque sera à poids négatif.

Prenons donc le cas d'un investissement dans un actif risqué et un actif sans risque, les deux moments du portefeuille seront :

$$E = xE_1 + yr_f$$

$$E = xE_1 + (1 - x)r_f$$

L'actif sans risque a un rendement connu d'avance et également certain, alors :

$$V(r_f) = 0$$

De même, la corrélation entre les deux types de marchés (monétaire et de capitaux) est supposée dans la majorité des cas nulle. Premièrement, en raison du risque nul de l'actif sans risque et en second lieu en raison du fait que les mouvements sur le marché monétaire puissent être déconnectés de ce qui se passe dans le marché des capitaux, où l'évolution des actifs dépend des activités des entreprises sur la place. Et par conséquent, nous pouvons supposer que :

$$\rho_{i,r_f} = 0$$

Alors, le risque de ce portefeuille est :

$$\sigma_p = \sqrt{v_1 x^2 + 2\sigma x(1 - x) + v_2(1 - x)^2}$$

$$\sigma_p = \sqrt{v_1 x^2}$$

Ainsi, le risque d'un portefeuille composé des actifs risqués et des actifs sans risque est composé uniquement des risques des actifs risqués.

Nous pouvons réaménager la relation du risque pour faire ressortir le poids en fonction du risque :

$$\sigma_p = \sqrt{v_1 x^2}$$

$$x = \frac{\sigma_p}{\sqrt{v_1}}$$

En remplaçant dans l'équation de la rentabilité du portefeuille, nous retrouvons donc :

$$E = \frac{\sigma_p}{\sqrt{v_1}} E_1 + \left(1 - \frac{\sigma_p}{\sqrt{v_1}}\right) r_f$$

$$\rightarrow E = \frac{(E_1 - r_f)}{\sqrt{v_1}} \sigma_p + r_f \qquad \text{Eq. 55}$$

Ainsi, l'introduction du taux sans risque permet de rendre la relation entre la rentabilité et le risque de forme linéaire (Eq. 54).

Si nous notons un exemple simple où la rentabilité de l'actif risqué est de 0.3 et celle de l'actif sans risque de 3% alors :

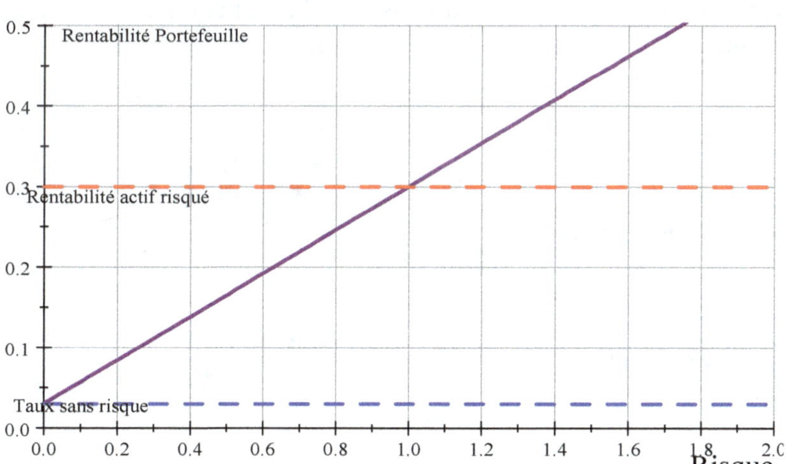

Figure 10. Droit de marché (CML)

Ce résultat permet de voir la courbe d'efficience d'une autre façon, puisque l'investisseur aura à utiliser la droite de marché (Capital Market Line) pour identifier son degré d'aversion au risque et son arbitrage entre les marchés. Ainsi, l'investisseur aura à utiliser les deux outils pour parvenir à une solution du portefeuille le plus intéressant ou le plus optimal.

Le choix entre la rentabilité et le risque est effectué donc selon la relation de la droite suivante :

$$E = \frac{(E_1 - r_f)}{\sqrt{V_1}} \sigma_p + r_f \quad \text{Eq. 56}$$

Dans cette formule, le choix dépendra du ratio $\left(\frac{(E_1 - r_f)}{\sqrt{v_1}}\right)$ qui décrit la relation entre la prime de risque $(E_1 - r_f)$ et le risque sur le marché risqué $(\sqrt{v_1})$. A ce titre, plus le ratio est élevé plus la pente de la droite de marché est importante et donc le portefeuille est générateur de rentabilité plus forte comparativement au niveau de risque encouru. Cette pente décrit le ratio de Sharpe et constitue également une mesure de performance.

Maintenant nous avons deux formulations de la relation entre la rentabilité et le risque d'un portefeuille. La première est décrite par la fonction convexe et la seconde par la droite du marché. La première est un univers de portefeuille efficace et la seconde décrit le choix rationnel d'un investisseur. En retenant cette approche, alors, l'investisseur aura à faire l'arbitrage entre la prime de risque et le risque et par conséquent la fonction d'utilité sera sous la forme suivante :

$$E\big(U(x)\big) = \ln\left((E - r)x - \frac{1}{2}\sigma^2 x^2\right) \quad \text{Eq. 57}$$

Dont la solution de premier ordre est la suivante :

$$\frac{\partial}{\partial x}\left(\ln\left((E - r)x - \frac{1}{2}\sigma^2 x^2\right)\right) = \frac{2x\sigma^2 + 2r - 2E}{x^2\sigma^2 - 2xE + 2rx}$$

$$\left\{\left\{-\frac{1}{\sigma^2}(r - E)\right\}\right\} = \frac{E - r}{\sigma^2} \quad \text{Si} \quad \frac{1}{\sigma^2}(r - E) \neq 0 \wedge \sigma \neq 0 \quad \text{Eq. 58}$$

À ce titre, la solution est donc le ratio de Sharpe qui constitue la maximisation de l'utilité de l'investisseur. Donc, plus le ratio de Sharpe est important plus l'utilité est maximisée.

Par exemple, si nous avons les combinaisons suivantes d'un portefeuille :

$$\begin{bmatrix} \text{Variance} & \text{Espérance} \\ 0.1 & 0.01 \\ 0.0821 & 0.019 \\ 0.0649 & 0.037 \\ 0.0856 & 0.064 \\ 0.2 & 0.1 \end{bmatrix}$$

Avec une rentabilité sans risque de 3% nous pouvons avoir plusieurs combinaisons de droites de marché qui sont en interaction avec la courbe d'efficience :

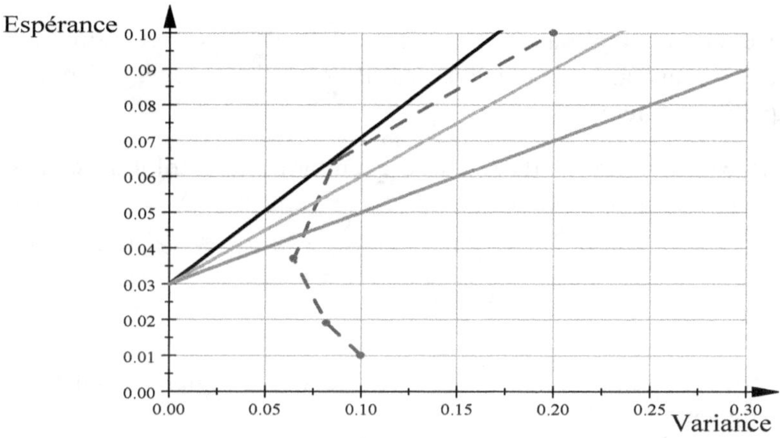

Figure 11. Illustration de la maximisation du ratio de Sharpe

Cela se voit clairement que la droite de marché qu'est la tangente avec la courbe d'efficience constitue le meilleur choix pour l'investisseur afin d'avoir le portefeuille efficace et optimal au sens de Sharpe.

De ce fait, il ressort que la solution est de maximiser le ratio de Sharpe en tenant compte de l'intersection avec l'univers de décision qu'est la frontière efficiente.

Pour arriver à ce résultat, il est donc nécessaire de résoudre le programme suivant :

$$\max_{x_1,\dots,x_n} \frac{\mu_p - r_f}{\sigma_p}$$

Sous contraintes :

$$\sigma_p^2 = \sum_{i=1}^{n} v_i x_i^2 + \sum_{i=1}^{n} \sum_{j=1 and j \neq i}^{n} \sigma_{ij} x_i x_j$$

$$E(Rp) = \sum_{i=1}^{n} x_i E_i$$

$$\sum_{i=1}^{n} x_i = 1$$

Il est bien évident que la maximisation du ratio de Sharpe ne pourra subvenir que lorsque le risque du portefeuille est à son minimum et ceci ne peut se réaliser qu'en situation où la diversification est à son extrême.

Par déduction, nous savons que le portefeuille qui peut être le plus diversifié est celui qui contient tous les titres sur le marché, qui n'est rien d'autre que le portefeuille marché.

Pour le cas de deux actifs (comme exemple) : la résolution consiste à résoudre le programme suivant :

$$\overset{x}{max} \frac{(x_1 e_1 + x_2 e_2) - r}{\sqrt{x_1^2 v_1 + x_2^2 v_2 + 2 x_1 x_2 \rho}}$$

$$s.t. x_1 + x_2 = 1$$

Nous pouvons remplacer $x_2 = 1 - x_1$, alors cela revient à considérer la fonction suivante :

$$\boldsymbol{F} = \frac{(x_1 e_1 + (1 - x_1) e_2) - r}{\sqrt{x_1^2 v_1 + (1 - x_1)^2 v_2 + 2 x_1 (1 - x_1) \rho}} \qquad \text{Eq. 59}$$

Nous avons un seul inconnu (x_1) alors la dérivée première permettra de trouver facilement ce poids optimal :

$$\frac{\partial F}{\partial x_1} = \frac{1}{(v_2 + v_1 x_1^2 + v_2 x_1^2 + 2\rho x_1 - 2 v_2 x_1 - 2\rho x_1^2)^{\frac{3}{2}}} \begin{pmatrix} r\rho - r v_2 - \rho e_2 + e_1 v_2 - 2 r \rho x_1 + r v_1 x_1 \\ + r v_2 x_1 + \rho e_1 x_1 + \rho e_2 x_1 - e_1 v_2 x_1 - e_2 v_1 x_1 \end{pmatrix}$$

Avec :

$$\frac{\partial F}{\partial x_1} = 0$$

Donc :

$$x_1 = -\frac{r\rho - r v_2 - \rho e_2 + e_1 v_2}{-2 r \rho + r v_1 + r v_2 + \rho e_1 + \rho e_2 - e_1 v_2 - e_2 v_1}$$

Après quelques arrangements, nous pouvons écrire que :

$$\mathrm{x_1 = -\frac{r\rho - r v_2 - \rho e_2 + e_1 v_2}{-2 r \rho + r v_1 + r v_2 + \rho e_1 + \rho e_2 - e_1 v_2 - e_2 v_1}}$$

$$x_1 = \frac{v_2(e_1-r)-\rho(e_2-r)}{(v_1(e_2-r)+v_2(e_1-r)-\rho(e_1-2r+e_2))} \quad \text{Eq. 60}$$

$$x_2 = \frac{\rho(r-e_2)-v_2(r-e_1)}{v_1(r-e_2)+v_2(r-e_1)+\rho(e_1-2r+e_2)}+1$$

Les poids obtenus à l'aide de la maximisation du ratio de Sharpe permettent de définir le portefeuille le plus optimal dans la courbe d'efficience. Son optimalité est relative à sa capacité à répondre aux exigences d'arbitrage et également au souci de diversification extrême à l'aide du portefeuille marché.

Ce chapitre a traité l'approche de Markowitz en se basant sur l'arbitrage rentabilité et risque (mesurée par la variance). Également, une analyse de la diversification selon Markowitz a été démontrée permettant de minimiser le risque.

Aussi, la découverte de la frontière d'efficience a permis d'identifier les opportunités d'investissement et les portefeuilles optimaux. L'introduction de la théorie d'arbitrage entre les marchés financiers et l'existence d'un rendement sans risque sur un marché donné ont permis de faire ressortir un portefeuille optimal, permettant de satisfaire l'exigence des investisseurs.

APPLICATIONS SUR MATLAB

Tracer une courbe d'efficience

```
%% Tracer la courbe d'efficience pour trois actifs
clear all;
Returns = [0.1 0.15 0.12];
STDs= [0.2 0.25 0.18];

Correlations = [ 1  0.3  0.4
            0.3  1   0.3
            0.4 0.3  1 ];
 Covariances = corr2cov(STDs,Correlations);

 portopt(Returns, Covariances, 20)
```

Courbe d'efficience et nuage de points

```
%% Tracer la courbe d'efficience pour trois actifs avec une combinaison des poids de 1000
rng('default')
Weights = rand(1000, 3);
```

```
Total = sum(Weights, 2);     % Les poids
Total = Total(:,ones(3,1));  % Mettre en Matrice des poids
Weights = Weights./Total;    % avoir la somme = 1

[PortRisk, PortReturn] = portstats(Returns, Covariances, Weights);

hold on
plot (PortRisk, PortReturn, '.r')
title('Mean-Variance Efficient Frontier and Random Portfolios')
hold off
```

Diversification

```
%% Programme de courbe d'efficience avec valeur variables de la corrélation
clear all;
Returns = [0.1 0.15 ];
STDs= [0.2 0.25 ];

Correlations = [ 1  -1
            -1  1
            ];
 Covariances = corr2cov(STDs,Correlations);
rng('default')
Weights = rand(1000, 2);
Total = sum(Weights, 2);     % Les poids
Total = Total(:,ones(2,1));  % Mettre en Matrice des poids
Weights = Weights./Total;    % avoir la somme = 1

[PortRisk1, PortReturn1] = portstats(Returns, Covariances, Weights);


Returns = [0.1 0.15 ];
STDs= [0.2 0.25 ];

Correlations = [ 1  1
            1  1
            ];
 Covariances = corr2cov(STDs,Correlations);
rng('default')
Weights = rand(1000, 2);
Total = sum(Weights, 2);     % Les poids
Total = Total(:,ones(2,1));  % Mettre en Matrice des poids
Weights = Weights./Total;    % avoir la somme = 1

[PortRisk2, PortReturn2] = portstats(Returns, Covariances, Weights);

Returns = [0.1 0.15 ];
STDs= [0.2 0.25 ];

Correlations = [ 1  0
            0  1
            ];
 Covariances = corr2cov(STDs,Correlations);
rng('default')
Weights = rand(1000, 2);
Total = sum(Weights, 2);     % Les poids
Total = Total(:,ones(2,1));  % Mettre en Matrice des poids
Weights = Weights./Total;    % avoir la somme = 1
```

```
[PortRisk3, PortReturn3] = portstats(Returns, Covariances, Weights);

plot ([PortRisk1], [PortReturn1],'.b')
grid on
hold on
plot ([PortRisk2], [PortReturn2],'.r')
hold on
plot ([PortRisk3], [PortReturn3],'.k')
hold off
legend('Correlation negative','Correlation positive','Correlation nulle')
```

Optimisation quadratique Portefeuille à risque minimal

```
nAssets = numel(Returns); % nombre d 'actif
Aeq = ones(1,nAssets);
beq= 1;
lb = zeros(nAssets,1);
ub = ones(nAssets,1);
c = zeros(nAssets,1);
tic
[x1,fval1] =quadprog(Covariances,c,[],[],Aeq,beq,lb,ub,[],[]);
toc
bar(x1);
```

Optimisation quadratique Portefeuille avec exigence

```
%programme quadratique
Returns = [0.1 0.15 0.12];
STDs= [0.2 0.25 0.18];
Correlations = [ 1  0.3  0.4
              0.3  1   0.3
              0.4 0.3   1 ];
dim=length(Returns);
Aineq = Returns;   % les rentabilités des actifs
bineq = 0.15;  % la contrainte de rentabilité en terme de gain
aeq=ones(1,dim);  % le nombre d'actifs
beq=1;     % la contrainte des poids la somme est 1
lb=zeros(dim,1);  % c'est la bandes à ne pas depasser entre 0 et 1
ub=ones(dim,1);
[x1,fval1] = quadprog(Covariances,[],Aineq,bineq,aeq,beq,lb,ub,[],[]);
figure
bar(x1)
```

Maximisation du ratio de Sharpe

```
%% Tracer la courbe d'efficience pour trois actifs avec une combinaison des poids de 1000
clear all;
Returns = [0.1 0.15 0.12];
STDs= [0.2 0.25 0.18];

Correlations = [ 1  0.3  0.4
              0.3  1   0.3
              0.4 0.3   1 ];
 Covariances = corr2cov(STDs,Correlations);
rng('default')
Weights = rand(1000, 3);
Total = sum(Weights, 2);     % Les poids
Total = Total(:,ones(3,1));  % Mettre en Matrice des poids
Weights = Weights./Total;    % avoir la somme = 1
```

```
[PortRisk, PortReturn] = portstats(Returns, Covariances, Weights);
[PortRiskSh, PortReturnSh, PortWts] = portopt(Returns,Covariances);
RisklessRate  = 0.06;
BorrowRate    = 0.12;
RiskAversion  = 3;
[RiskyRisk, RiskyReturn, RiskyWts, RiskyFraction, OverallRisk, OverallReturn] = portalloc(PortRiskSh, PortReturnSh,...
PortWts, RisklessRate, BorrowRate, RiskAversion)
hold on
plot (PortRisk, PortReturn, '.r')
title('Mean-Variance Efficient Frontier and Random Portfolios')
hold on
portalloc(PortRiskSh, PortReturnSh,PortWts, RisklessRate, [], RiskAversion)
```

CHAPITRE IV. LES DÉVELOPPEMENTS DU MODÈLE DE MARKOWITZ

"Une croyance dominante... une correction relative...vers un château de cartes."

Nous avons traité durant les trois premiers chapitres l'idéologie de réflexion de Harry Markowitz qui s'est largement inspirée des travaux d'Arrow et Pratt et aussi des avances de la théorie d'utilité dans l'incertain. Certes les solutions proposées par Markowitz constituent une révolution en la matière et procurent des outils qui continuent à être utilisés jusqu'à aujourd'hui.

Bien que la plupart des sociétés de gestion et des fonds utilisent toujours cette approche dans sa conception de base, mais il faut bien noter que les travaux de Markowitz ont été largement développés depuis la fin des années 50.

La première modification apportée au modèle est l'introduction de la simplification diagonale de Sharpe dans les années 60 et par la suite plusieurs travaux vont commencer à émerger pour corriger des problèmes d'ordre statistique dans l'appréciation du risque.

Le modèle d'espérance variance a été largement développé depuis la fin des années 50. Les développements sont allés dans plusieurs sens. Les premiers ont eu comme objectif de simplifier le modèle en introduisant des hypothèses supplémentaires. Par ailleurs, une famille d'approche tentera de faire prévaloir d'autres mesures du risque et du rendement pour faire ressortir la perception réelle de la distribution marginale. Il sera question de revoir, la notion de la variance et la remplacer éventuellement par d'autres mesures de perte ou de risque plus probantes. De même, la notion de seuil de rendement accepté sera également introduite pour approcher encore mieux le raisonnement effectif des investisseurs sur les marchés.

La simplification du modèle

La limite centrale à l'époque du développement du modèle de Markowitz est la complexité et le maintien des algorithmes à mettre en place pour la résolution des programmes quadratiques. En effet, les algorithmes présentés dans les chapitres précédents sont la preuve que les calculs extensifs nécessitent une plateforme informatique développée qui n'existait pas durant les années 50.

Ainsi, Sharpe (1963) a repris les travaux de Markowitz et a travaillé sur la possibilité de simplifier les calculs afin de développer l'utilisation pratique du modèle. Le temps nécessaire pour calculer la matrice de covariance complète a été un obstacle à la mise en œuvre du modèle.

L'idée de Sharpe émane en fait des développements de son ratio et de la pente de la droite CML. Nous avons vu auparavant que le portefeuille qui permet de maximiser le ratio de Sharpe est celui à même de réduire au maximum le risque et ce via la diversification.

Sur la base de ce constat, William Sharpe va pouvoir conclure que le portefeuille le plus diversifié sur un marché et le portefeuille marché qui contient tous les titres. L'existence d'un portefeuille marché qui incorpore tous les actifs disponibles permet de donner lieu à un facteur commun dont tous les actifs vont dépendre.

Formulation du modèle de marché

Le modèle de Sharpe démarre avec l'idée d'existence d'un portefeuille marché qui englobe tous les titres d'une place financière. Ainsi, chaque titre, et par déduction, dépend de ce portefeuille marché, selon son incidence sur l'évolution de ce dernier[33].

---

[33] Il faut attirer l'attention sur l'exogénéité. En fait le portefeuille marché est composé de tous les titres, alors le considérer comme exogène dans le modèle diagonal laisse prévaloir des questionnements quant à l'exogénéité de la variable exogène.

Cette dépendance entre le portefeuille marché et un titre est supposée linéaire dans un premier temps. Le portefeuille marché est à existence abstraite, mais actuellement il peut être approché via l'indice marché qui inclut l'ensemble des titres.

À ce titre, le modèle de marché empirique s'écrit selon la formulation suivante :

$$R_i = a_i + \beta_i Rm + \varepsilon_i \qquad \text{Eq. 61}$$

D'après la relation entre la rentabilité d'un titre et la rentabilité du marché, nous concluons que :

- Le a représente une constante qui décrit le niveau minimal de rentabilité, si la variation du marché est nulle ;
- Le β est un coefficient de sensibilité du titre aux évolutions du marché dans son ensemble ;
- Le ε décrit les phénomènes aléatoires qui peuvent affecter le titre, hors ceux relatifs au marché[34].

Ainsi, si tous les actifs suivent la même relation linéaire avec le marché, nous pouvons avoir un portefeuille « P » incluant un ensemble d'actifs :

$$P = (A_1, A_2, A_3, A_4, \ldots, A_n)$$

La rentabilité de ce portefeuille s'écrit sous la forme suivante :

$$Rp = \sum_{i=1}^{n} x_i R_i$$

Sur la base du modèle de Sharpe et si tous les actifs suivent le modèle de marché alors nous pouvons écrire que :

$$Rp = \sum_{i=1}^{n} x_i (a_i + \beta_i Rm + \varepsilon_i) \qquad \text{Eq. 62}$$

Nous savons qu'un portefeuille est caractérisé par son espérance et sa variance et donc :

$$E(Rp) = \sum_{i=1}^{n} x_i E\left(a_i + \beta_i Rm + \varepsilon_i\right)$$

[34] Ce modèle suppose une exogénéité stricte entre la variable exogène et les résidus.

$$E(Rp) = \sum_{i=1}^{n} x_i\left(a_i + \beta_i E(Rm)\right)$$

$$E(Rp) = \sum_{i=1}^{n} x_i a_i + x_i \beta_i E(Rm) \qquad \text{Eq. 63}$$

De même, la variance du portefeuille est :

$$V(Rp) = \sum_{i=1}^{n} x_i^2 \beta_i^2 V(Rm) + x_i^2 V(\varepsilon_i) \qquad \text{Eq. 64}$$

Dans son modèle, Sharpe définit la sensibilité du portefeuille aux évolutions du marché comme la moyenne pondérée des sensibilités des actifs :

$$\sum_{i=1}^{n} x_i \beta_i = x_1 \beta_1 + \ldots\ldots + x_n \beta_n = \beta_P \qquad \text{Eq. 65}$$

Sous l'hypothèse que les sensibilités entre les différents actifs sont indépendantes alors nous pouvons écrire que :

$$\sum_{i=1}^{n} x_i^2 \beta_i^2 = x_1^2 \beta_1^2 + x_2^2 \beta_2^2 + \ldots\ldots + x_n^2 \beta_n^2 = \beta_P^2 \qquad \text{Eq. 66}$$

Selon cette définition de la sensibilité du portefeuille, nous réécrivons la variance du portefeuille sous la forme suivante :

$$V(P) = \beta_P^2 V(Rm) + \sum_{i=1}^{n} x_i^2 V(\varepsilon_i) \qquad \text{Eq. 67}$$

À partir de ce résultat, nous avons une approche de calcul de la variance du portefeuille, sans avoir à tenir compte de la covariance qui a été remplacée par la sensibilité aux évolutions du marché.

Ceci peut être présenté sous forme matricielle, comme suit :

$$V(P) = \beta_P^2 \sigma_m^2 + \sum_{i=1}^{n} x_i^2 \sigma_\varepsilon^2 \Rightarrow \left\{ \begin{bmatrix} x_1 \\ x_2 \\ \cdot \\ \cdot \\ \beta_P \end{bmatrix}^T \begin{bmatrix} \sigma_{\varepsilon_1}^2 & 0 & 0 & 0 & 0 \\ 0 & \sigma_{\varepsilon_2}^2 & 0 & 0 & 0 \\ 0 & 0 & . & 0 & 0 \\ 0 & 0 & 0 & . & 0 \\ 0 & 0 & 0 & 0 & \sigma_m^2 \end{bmatrix} \begin{bmatrix} x_1 \\ x_2 \\ \cdot \\ \cdot \\ \beta_P \end{bmatrix} \right\}$$

D'après ces résultats la matrice de variance-covariance a été diagonalisée et donc la résolution numérique est encore plus simple.

Cependant, la résolution du programme d'optimisation devient un peu plus complexe pour la recherche du portefeuille à risque minimal ou autres portefeuilles à exigence ou optimal.

Optimisation diagonale

La variance ou la matrice variance covariance devient plus simple sur le plan numérique en raison de l'introduction de la sensibilité du marché pour remplacer la covariance entre les titres. Ceci rend l'optimisation quadratique encore plus complexe.

Nous avons la variance du portefeuille selon l'approche diagonale qui s'écrit sous la forme suivante :

$$\sigma_p^2 = \beta_P^2 \sigma_m^2 + \sum_{i=1}^{n} x_i^2 \sigma_\varepsilon^2$$

La résolution du portefeuille à risque minimal exige l'ajout de la contrainte sur les poids, mais également la contrainte sur la valeur du Bêta du portefeuille.

À ce titre, le programme d'optimisation est le suivant :

$$\overset{x}{\min}\sigma_p^2 = \overset{x}{\min}\left(\beta_P^2 \sigma_m^2 + \sum_{i=1}^{n} x_i^2 \sigma_\varepsilon^2\right)$$

Sous contraintes :

$$\sum_{i=1}^{n} x_i = 1$$

$$\sum_{i=1}^{n} x_i \beta_i = \beta_P$$

Le programme lagrangien peut s'écrire sous la forme suivante :

$$\boldsymbol{L_x = \left(\beta_P^2 \sigma_m^2 + \sum_{i=1}^{n} x_i^2 \sigma_i^2\right) - \lambda_1\left(\sum_{i=1}^{n} x_i - 1\right) - \lambda_2\left(\sum_{i=1}^{n} x_i \beta_i - \beta_P\right)} \quad \textit{Eq. 68}$$

Les dérivés partiels du programme d'optimisation sont donc :

$$\frac{\partial}{\partial x_1} L = 2x_1\sigma_1^2 - \lambda_1 - \lambda_2 x_1 \beta_1 = 0$$

$$\frac{\partial}{\partial x_2} L = 2x_2\sigma_2^2 - \lambda_1 - \lambda_2 x_2 \beta_2 = 0$$

$$\vdots$$

$$\frac{\partial}{\partial \beta_P} L = 2\beta_2\sigma_m^2 + \lambda_2 \beta_P = 0$$

$$\frac{\partial}{\partial \lambda_1} L = \sum_{i=1}^{n} x_i = 1$$

$$\frac{\partial}{\partial \lambda_2} L = \sum_{i=1}^{n} x_i \beta_i = \beta_P$$

L'écriture matricielle de ce programme de résolution est donc de la forme suivante :

$$\Rightarrow \begin{bmatrix} x_1 \\ x_2 \\ . \\ . \\ \beta_P \\ \lambda_1 \\ \lambda_2 \end{bmatrix} \begin{bmatrix} 2\sigma_1^2 & 0 & 0 & 0 & 0 & -1 & -\beta_1 \\ 0 & 2\sigma_1^2 & 0 & 0 & 0 & -1 & -\beta_2 \\ 0 & 0 & . & 0 & 0 & 0 & . \\ 0 & 0 & 0 & . & 0 & 0 & . \\ 0 & 0 & 0 & 0 & 2\sigma_m^2 & 0 & 1 \\ -1 & -1 & . & . & . & 0 & 0 \\ -\beta_1 & -\beta_2 & . & . & . & 0 & 0 \end{bmatrix} = \begin{bmatrix} 0 \\ 0 \\ . \\ . \\ 0 \\ 1 \\ \beta_P \end{bmatrix} \quad \textit{Eq. 69}$$

La résolution dépend donc de plusieurs hypothèses pour limiter le nombre d'inconnus dans le programme :

- σ_m^2 : Pour déterminer la volatilité du marché, Sharpe suppose que la rentabilité est stationnaire et suit un processus AR (1)[35], ce que nous appelons comme le modèle à rentabilité espérée constante (CER, Constant Expected Return). $R_m = E(R_m) + \varepsilon \Rightarrow \sigma_m^2 = \sigma_\varepsilon^2$.[36]

---

[35] Cette hypothèse est solide, dans le sens où elle suppose que marché financier est toujours efficient. De plus, la vérification de l'existence des racines unitaires d'ordre 1 demeure sujette à plusieurs questionnements économétriques.

[36] En adoptant cette hypothèse basée sur les marchés efficients, la variance du portefeuille s'écrit comme suit :

▪ En second lieu l'hypothèse d'indépendance des sensibilités permet d'abolir la possibilité d'avoir une corrélation multidimensionnelle entre les actifs et facilite la détermination du bêta du portefeuille.

▪ Enfin, l'hypothèse d'exogénéité des poids par rapport aux sensibilités est également introduite pour simplifier la résolution du programme.

Exemple simplifié :

Normalement les résultats obtenus par la simplification de Sharpe (1963) devraient être similaires aux résultats du modèle de base de Markowitz. Examinons l'exemple suivant :

Nous avons les rentabilités espérées de trois titres (1, 2 et 3) et la rentabilité espérée du marché.

Espérance 1	Espérance 2	Espérance 3	Espérance marché
0,1	0,15	0,12	0,09

La matrice de variance covariance entre les trois titres est :

0,04	0,015	0,0144
0,015	0,0625	0,0135
0,0144	0,0135	0,0324

Nous avons également estimé les modèles de marché entre les titres et le portefeuille marché, approximé par l'indice du marché.

Bêta 1	Bêta 2	Bêta 3

$$\sigma_p^2 = \sum_{i=1}^{n+1} x_i^2 \sigma_\varepsilon^2 , \qquad \beta_P^2 = x_{i+1}^2$$

1,2	0,9	2

Les constantes des trois modèles sont :

Alpha1	Alpha2	Alpha3
0,02	0	-0,03

Les variances des résidus des modèles sont :

V1	V2	V3	Vm
0,03	0,04	0,02	0,01

Nous avons essayé de tracer les courbes d'efficience pour les trois actifs en se basant sur les deux approches, à savoir l'approche Markowitz et l'approche de Sharpe et nous avons obtenu les résultats dans le graphique suivant :

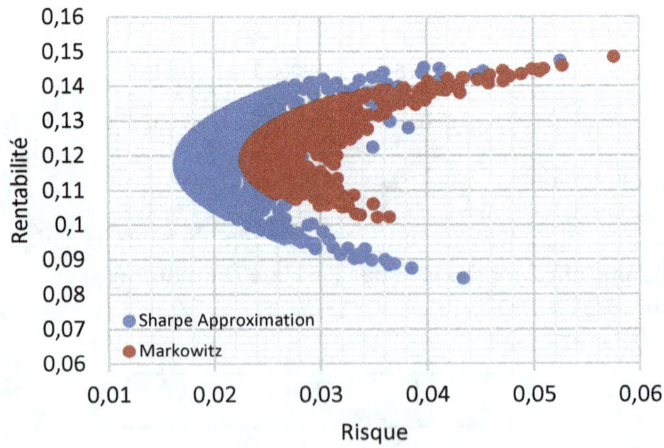

Figure 12. Courbe d'efficience, Markowitz versus Sharpe

Les résultats des deux courbes affirment que nous sommes toujours dans l'approche standard d'espérance-variance, cependant le modèle de Sharpe, qui constitue une simplification du modèle de base, s'éloigne du résultat de Markowitz et ceci est dû bien évidemment à l'estimation inférentielle des paramètres des modèles de marché. Ceci permet d'introduire une règle importante relative à l'estimation efficace des paramètres qui aura à conditionner les résultats du modèle. L'utilisateur du modèle diagonal est à même de vérifier l'inférence du modèle et s'assurer que l'estimation a été effectuée de façon efficace.

Inférence du modèle

Le modèle de marché est un modèle linéaire et dans sa version de base le seul facteur exogène est la rentabilité du marché. Toutefois, ce modèle peut être augmenté pour capturer des facteurs multiples. Le modèle de marché prend donc la forme générale suivante :

$$R_{it} = \alpha_i + \beta_{(iF)} F_{1t} + +\beta_{(iF)} F_{2t} + \cdots + \varepsilon_{it}, \qquad \text{Eq. 70}$$

$$i = 1, \ldots, N; t = 1, \ldots, T$$

Où F_{jt} dénote les facteurs systémiques, $\beta_{i,j}$ est le changement des actifs suite à un mouvement des facteurs et ε_{it} est une composante aléatoire.

Dans la littérature sur les modèles multiples, les facteurs sont habituellement des variables qui capturent les caractéristiques spécifiques de l'économie ; par exemple l'indice du marché boursier, évolution de PIB, inflation inattendue, etc., et des caractéristiques spécifiques ou propres à l'industrie.

Caractéristiques inférentielles du modèle

Les hypothèses statistiques étant à la base du modèle de marché et sont comme suit :

1. (R_{it}, F) sont conjointement normalement distribués pour i = 1… N et t = 1…T ;
2. $E[\varepsilon_{it}] = 0$ pour i = 1… N et t = 1…T, T ;
3. Variance de ε_{it}=σ^2 pour i=1…N et t=1…T (homoscédasticité) ;

4. $COV(\varepsilon_{it}, F_{Mt}) = 0$ pour i = 1… N et t = 1…T ;

5. $Cov(\varepsilon_{it}, \varepsilon_{js}) = 0$ pour tout t, s et i = j ;

6. ε_{it} suit une loi normale.

Les propriétés inconditionnelles des rentabilités dans le modèle de marché sont basées sur la distribution marginale des rentabilités : c'est-à-dire, la distribution de R_{it} sans tenir compte des informations sur R_{Ft}. Ces propriétés sont récapitulées dans la proposition suivante :

$$E(R_{it}) = \alpha_i + \beta_{(i,M)} E(F_{Mt})$$

$$\text{var}(Rit) = \beta^2_{(i,M)} V(F_{Mt}) + V(\varepsilon_{it})$$

$$\text{Cov}(Rit, Rjt) = V(F_{Mt}) \beta_i \beta_j$$

$$\beta_{(i,M)} = \frac{\text{Cov}(R_{it}, F_{Mt})}{\text{Var}(R_{Mt})}$$

La covariance est dépendante des liens entre les facteurs de sensibilité :

1. $\sigma_{ij} = 0$ si $\beta_i = 0$ ou $\beta_j = 0$ ou les deux

2. $\sigma_{ij} > 0$ si β_i et β_j sont de mêmes signes

3. $\sigma_{ij} < 0$ si β_i et β_j sont de signe opposé

L'analyse du risque via la variance indique que chaque actif est composé de deux types de risque ; *un risque spécifique et un risque systémique.*

La décomposition de ce risque est faite suivant l'approche ANOVA qui consiste à mesurer la proportion de chaque risque via la relation suivante :

$$\mathbf{1} = \frac{(\sigma_i^2)}{(\sigma_i^2)} = \frac{(\beta_i^2 \sigma_M^2 + \sigma_\varepsilon^2)}{(\sigma_i^2)} = \frac{(\beta_i^2 \sigma_M^2)}{(\sigma_i^2)} + \frac{(\sigma_\varepsilon^2)}{(\sigma_i^2)} \qquad \textit{Eq. 71}$$

Alors nous pouvons écrire :

$$\boldsymbol{R^2} = \frac{(\beta_i^2 \sigma_M^2)}{(\sigma_i^2)} = \mathbf{1} - \frac{(\sigma_\varepsilon^2)}{(\sigma_i^2)} \qquad \textit{Eq. 72}$$

Et le risque spécifique est calculé comme suit :

$$\mathbf{1 - R^2 = \frac{(\sigma_\varepsilon^2)}{(\sigma_i^2)}} \quad Eq.\ 73$$

Le R^2 mesure la proportion du risque systémique dans tout le risque. William Sharpe a calculé R2 pour des milliers d'actifs et a constaté que pour une action $R^2 \simeq 0.30$. C'est-à-dire, 30% de la variabilité de la rentabilité est due à la variabilité globale du marché et 70% de la variabilité est due aux facteurs spécifiques non liés au marché.

Estimation du modèle

Un des résultats pionniers de la finance de marché est la diversification, plus nous diversifions le portefeuille plus le risque diminue. Par ailleurs, le risque systémique ne peut être objet de diversification ni de réduction. Le Bêta du modèle de marché capture ce risque spécifique ou la sensibilité à ce risque. Considérer un échantillon de la taille T des observations de R_{it} et R_{Ft}. Nous employons les notations r_{it} et le r_{Ft} en minuscule pour dénoter des valeurs observées. La méthode des moindres carrés consiste à trouver le meilleur ajustement qui lie les deux variables. Ceci peut s'écrire sous la forme suivante :

$$E(R_{it}) = \alpha_i + \beta_{(i,M)} E(R_{Mt})$$

L'erreur du modèle est estimée via :

$$\varepsilon = R - E(R_{it}). \quad Eq.\ 74$$

La ligne de régression des moindres carrés est celle qui réduit au minimum la somme d'erreur au carré (SSR) :

$$SSR = \sum \varepsilon^2 = \sum (R - E(R_{it}))^2 \quad Eq.\ 75$$

La solution du problème donne :

$$\beta_{(i,M)} = \frac{Cov(R_{it}, F_{Mt})}{Var(R_{Mt})}$$

Le coefficient de détermination qui permet de confirmer la force d'explication du modèle est décrit par la forme suivante :

$$R^2 = \frac{(\beta_i^2 \sigma_M^2)}{(\sigma_i^2)} = 1 - \frac{(\sigma_\varepsilon^2)}{(\sigma_i^2)}$$

Une bonne estimation du modèle de marché suppose donc une inférence efficace qui conditionne la convergence du modèle de Sharpe vers le modèle de Markowitz. Un estimateur efficace serait une garantie par rapport à la fiabilité de la simplification et de la diagonalisation de la matrice de variance-covariance.

Approche Elton et Gruber

Elton et Gruber ont proposé des techniques pour déterminer des portefeuilles optimaux qui donnent une meilleure compréhension du choix des titres à inclure dans un portefeuille. Les calculs sont faciles pour réaliser et conduire à des résultats similaires à ceux donnés par le modèle de Markowitz avec la matrice de variance covariance.

Ces techniques utilisent également le modèle indiciel comme base. La méthode est basée sur un classement optimal des actifs, établi à l'aide de la corrélation simplifiée du modèle représentatif et sur cette base nous déterminons un seuil donné. Tous les titres situés en dessus du seuil feront partie du portefeuille optimal. Ceux qui sont en dessous du seuil seront exclus.

La première étape la plus difficile et la plus déterminante est de définir la valeur du seuil. Nous déterminons par la suite le pourcentage à attribuer à chaque titre, selon les paramètres caractéristiques de chaque titre et la valeur du seuil.

En effet, le classement des titres est effectué via la relation suivante :

$$\frac{E(R_i) - rf}{\beta_i} \qquad \text{Eq. 76}$$

Ce rapport[37] est une mesure de la performance à l'équivalence du ratio de Sharpe, sauf que la proposition des deux auteurs est de présenter la prime de risque en poids de sensibilité relative au Bêta qui décrit la sensibilité au risque systématique liée au marché.

Le ratio est calculé pour l'ensemble des actifs et les résultats sont classés de la valeur la plus élevée à la valeur la plus faible. Plus la valeur du ratio est

[37] Ce ratio, nommé le ratio de Treynor, sera traité lors de l'analyse des mesures des performances.

importante, plus il est souhaitable de détenir le titre dans le portefeuille. En conséquence, si un titre est détenu dans un portefeuille optimal, alors tous les titres pour lesquels ce ratio est plus élevé sont également détenus dans le portefeuille.

De la même manière, si un titre est exclu du portefeuille, alors tous les titres avec un ratio inférieur le seront également. Il y a donc une valeur seuil au-dessus de laquelle nous sélectionnons les titres, et en dessous de laquelle nous les excluons. Cette valeur est notée « S ».

La procédure est donc simple à mettre en œuvre, tant que nous connaissons la valeur de « S ». Nous pouvons sélectionner les titres à inclure dans le portefeuille et calculer les proportions à détenir.

« S » est calculé selon une procédure itérative, en introduisant successivement les titres de la liste dans le portefeuille et en calculant la valeur « S » associée à un portefeuille.

Le seuil « S » s'exprime donc comme suit :

$$\boldsymbol{S}_i = \frac{\sigma^2{}_m \sum_{i=1}^{n} \frac{(E(R_i)-rf)\beta_i}{\sigma^2{}_{\epsilon_i}}}{1-\sigma^2{}_m \sum_{i=1}^{n} \frac{\beta^2{}_i}{\sigma^2{}_\epsilon}} \quad \text{Eq. 77}$$

Les titres à inclure dans le portefeuille seront ajoutés jusqu'à ce que le ratio associé soit inférieur à la valeur de « S_i ». À la fin de cette procédure, nous aurons la liste des actifs qui figureront dans le portefeuille optimal. Reste à déterminer la proportion à attribuer à chacun d'eux.

En notant « x_i » la proportion de l'actif i à détenir, nous pouvons écrire que :

$$x_i = \frac{Z_j}{\sum_{i \in P}^{n} Z_i}$$

$$\boldsymbol{Z}_i = \frac{\beta_i}{\sigma^2{}_{\epsilon_i}} \left(\frac{(E(R_i)-rf)}{\beta_i} - \boldsymbol{S} \right) \quad \text{Eq. 78}$$

Ainsi, nous pouvons avoir le portefeuille optimal à construire à travers la détermination des poids, selon la formulation ci-dessus. Le recours à cette approche implore l'utilisation des facteurs de sensibilité, au détriment des facteurs de risque. L'idée est de parvenir à capter les degrés d'influence des mouvements du marché qui dépendent de la sensibilité du titre et non du niveau de risque uniquement et généralement inconditionnel.

Les prémices d'un nouveau paradigme

Il est maintenant bien connu que les rentabilités ne sont pas normales et, en conséquence, seules la moyenne et la variance ne peuvent décrire amplement les caractéristiques de la distribution commune des rentabilités sur le marché.

Au milieu des années 90, la pensée et l'innovation considérables dans le secteur financier ont été orientées envers la création d'un meilleur arrangement du risque et de sa mesure, et vers l'amélioration de la gestion du risque dans les portefeuilles financiers. Ainsi, une attention particulière a été prêtée aux queux de distributions.

À ce titre, nous examinons certaines des mesures alternatives les plus communes du risque de portefeuille utilisées dans la pratique. Nous commençons en discutant la dispersion et les mesures des queux basses. L'évaluation empirique des moments plus élevés et d'autres mesures alternatives du risque est souvent très sensible aux erreurs d'évaluation.

D'autres problèmes plus centraux sont liés au fait que les techniques statistiques et économétriques peuvent couvrir des biais. Du côté de la modélisation, nous pouvons contraindre des poids de portefeuille, employer le portefeuille rééchantillonné, ou appliquer des techniques d'optimisation robustes ou stochastiques pour spécifier des scénarios ou des gammes des valeurs pour des paramètres prévus à partir des données, de ce fait incorporant l'incertitude au processus d'optimisation lui-même.

Approche de sûreté

La théorie du portefeuille de Markowitz adopte l'approche de la variance moyenne où les investisseurs sont censés choisir parmi les portefeuilles sur la base de la moyenne et de la variance de la rentabilité du portefeuille.

Dans l'approche moyenne-variance, cependant, la fonction d'utilité est choisie arbitrairement et vue la multitude de fonctions d'utilité qui répondent aux critères d'Arrow et Pratt alors nous commençons à invoquer un critère basé sur des perspectives plus objectifs. Un de ceux-là est le critère de la sûreté.

Les critères de sécurité ou de sûreté pour la sélection du portefeuille ne concernent que le risque de ne pas atteindre un certain rendement cible minimum ou garantir une sécurité pré-spécifiée. Autrement dit, nous restons dans le même paradigme de Markowitz où l'utilité quadratique et l'optimisation du couple espérance-variance sont acceptées avec quelques légères modifications de calculs.

L'approche de Roy (1952)

Roy a élaboré un critère de « sécurité d'abord » qui vise à minimiser la probabilité, de gagner un niveau de rentabilité « α » en cas de catastrophe. Autrement dit, Le critère de sécurité d'abord de Roy implique que les investisseurs choisissent leurs portefeuilles en minimisant la probabilité de perte pour un seuil de sécurité fixe appelé « rentabilité plancher ».

Le critère de Roy tente de contrôler le risque pour un rendement fixe, alors que la moyenne de Markowitz laisse prévaloir un choix multiple de portefeuille selon l'exigence de l'investisseur.

Sur le plan statistique, le modèle de Roy propose de résoudre la probabilité que la rentabilité du portefeuille soit supérieure à un seuil de sûreté :

$$\overset{r_s}{\Pr}(r_p < r_s) = \overset{r_s}{\Pr}\left(\frac{r_p - E(r)}{\sigma_r} < \frac{r_s - E(r)}{\sigma_r}\right) = \overset{r_s}{\Pr}\left(Z < \frac{r_s - E(r)}{\sigma_r}\right)$$

$$\overset{r_s}{\Pr}(r_p < r_s) = \overset{r_s}{\Pr}\left(Z < \frac{r_s - E(r)}{\sigma_r}\right) \quad \text{Eq. 79}$$

Alors, la minimisation de l'écart de rendement entre la rentabilité du portefeuille et la rentabilité de sûreté nécessite de résoudre le problème suivant :

$$\overset{r_s}{\boldsymbol{min}}\left[\overset{r_s}{\boldsymbol{Pr}}(\boldsymbol{r_p} < \boldsymbol{r_s})\right] = \overset{r_s}{\boldsymbol{min}}\left[\overset{r_s}{\boldsymbol{Pr}}\left(\boldsymbol{Z} < \frac{\boldsymbol{r_s} - \boldsymbol{E(r)}}{\boldsymbol{\sigma_r}}\right)\right] \quad \textit{Eq. 80}$$

Le programme d'optimisation de Roy revient à maximiser cette relation probabiliste :

$$\overset{r_s}{\boldsymbol{max}}\left[\overset{r_s}{\boldsymbol{Pr}}\left(\boldsymbol{Z} < \frac{\boldsymbol{E(r)} - \boldsymbol{r_s}}{\boldsymbol{\sigma_r}}\right)\right] \quad \textit{Eq. 81}$$

Cette relation est équivalente au ratio de Sharpe, sauf que la prime de risque est calculée en tenant compte d'un seuil de satisfaction minimal, à définir par l'investisseur $r_s \neq r_f$, ce qui nous renvoie à la même procédure d'optimisation déjà évoquée dans la recherche du portefeuille optimal.

Approche de Kataoka

Kataoka (1963) a développé un critère de sûreté dans lequel les investisseurs choisissent le portefeuille avec un rendement assuré, r_s, aussi élevé que possible.

La probabilité que le rendement du portefeuille ne soit pas supérieur à celui du rendement assuré et ne doit pas dépasser un niveau prédéterminé, noté « α ». En d'autres termes, l'énoncé du problème du critère de sécurité prioritaire de Kataoka est :

$$\overset{r_s}{max}(r_s)$$

Avec :

$$r_p < r_s \leq \alpha$$

Comme le critère de Roy, le critère de Kataoka peut également être analysé dans une approche moyenne-variance, si la distribution statistique des rendements peut être caractérisée en termes de moyenne et de variance. Le niveau de rentabilité de sûreté, r_s, est la valeur en dessous de laquelle la surface sous la distribution statistique est inférieure ou égale au niveau prédéterminé α.

Le critère de Kataoka est également lié à l'approche de la variance moyenne traditionnelle. Si les rentabilités sont normalement distribuées, alors la contrainte du modèle peut être transformée comme suit :

$$\overset{r_s}{\Pr}(r_p < r_s \leq \alpha) \Leftrightarrow \left(\frac{r_s - E(r)}{\sigma_r}\right) \leq -Z_\alpha \Rightarrow r_s = -Z_\alpha \sigma_r + E(r)$$

$$r_s = E(r) - Z_\alpha \sigma_r$$

$$E(r) = r_s + Z_\alpha \sigma_r \qquad \text{Eq. 82}$$

Ce résultat permet de considérer que le modèle de Kataoka a aussi une présentation sous forme de droite, qui met en relation la rentabilité et le risque du portefeuille.

La pente de la droite dépend du seuil de confiance décrit par le Z de la Table de la loi normale et ainsi le choix du portefeuille le plus optimal est celui qui représentera l'intersection avec la courbe d'efficience selon un degré de Z donné. Il ne faut pas oublier que l'investisseur aura à fixer également la rentabilité à avoir comme maximum pour construire son portefeuille.

Semi-variance

La notion de risque a été largement altérée à la notion de dispersion autour de la moyenne. La variance a donc été la mesure la plus objective du risque, toutefois, cette variance décrit à la fois la hausse et la baisse des prix et non uniquement les situations de perte réelle. Cependant, le risque qui correspond à une vraie perte est un résultat négatif dans l'extrémité gauche d'une distribution de probabilité des taux de rendement sur une seule période.

À ce titre, Markowitz a reformulé la théorie du portefeuille en utilisant uniquement les rentabilités négatives pour former un substitut quantitatif du risque, il a appelé cette approche la semi-variance.

Formulation statistique

La semi-variance est une mesure de la dispersion de toutes les observations qui se situent en dessous d'un certain point de référence constant (ou seuil). Notons le symbole (s) représentant un seuil ou un rendement de référence sur une période d'analyse.

La semi-variance notée σ^2, est défini donc comme :

$$\sigma^2 = E\left\{\overset{R_i}{min}[(R_i - s), 0]\right\}^2 \quad Eq.\ 83$$

Alors nous pouvons simplifier l'écriture de la semi-variance comme suit :

$$\sigma^2 = \frac{1}{T}\sum_{t=1}^{T}\left\{\overset{R_i}{min}[(R_{it} - s), 0]\right\}^2$$

$$\boldsymbol{\sigma^2 = \frac{1}{T}\sum_{t=1}^{T}[R_{it} - s]^2} \qquad \textit{Eq. 84}$$

Avec :

$$R_{it} = \begin{cases} R_{it} \text{ si } R_{it} < s \\ s \text{ si } R_{it} \geq s \end{cases}$$

De ce fait, pour le calcul de la semi-variance, comme alternative de la variance, nous considérons uniquement les valeurs en dessous du seuil. La question fondamentale est de savoir choisir le seuil. Il y a plusieurs propositions notamment : Le taux sans risque, la rentabilité espérée et la valeur à risque.

L'utilisation de la semi-variance comme mesure du risque nécessite de redéfinir les actifs dominants sur la frontière efficiente de Markowitz, puisque nous ne sommes plus dans la logique de la variance comme deuxième moment, d'où la redéfinition de la fonction d'utilité.

La fonction d'utilité semi-variance

Lors de l'utilisation de la semi-variance certainement la formulation de la théorie d'utilité aura à changer. Nous savons que Markowitz a proposé une fonction d'utilité quadratique sous la forme générale suivante :

$$\boldsymbol{U = ar - br^2}$$

$$\boldsymbol{E(U) = E\left(ar - br^2\right) = aE(r) - bE\left(r^2\right)}$$

$$\boldsymbol{E(U) = aE(r) - b\left(E\left(r^2\right) - \left(E(r)\right)^2\right)}$$

$$\boldsymbol{E(U) = aE(r) - b\sigma^2 + \left(E(r)\right)^2} \qquad \textit{Eq. 85}$$

Avec :

$$\frac{\partial}{\partial r}U = a + 2r$$
$$\frac{\partial}{\partial \sigma^2}U = -2b$$

Lors de l'introduction de la semi-variance, nous pouvons réécrire la forme utilitaire de la forme suivante :

$$\boldsymbol{U = ar - b\left(\overset{r}{\underset{s}{min}}[(r - s), 0]\right)^2} \quad \textit{Eq. 86}$$

Nous remarquons que la forme quadratique est respectée lorsque $(r < s)$, toutefois, lorsque $(r \geq s)$ la forme devient linéaire (figure 13) :

$$\text{Si } r < s \Rightarrow U = ar - b\big((r - s)\big)^2$$
$$\text{Si } r \geq s \Rightarrow U = ar$$

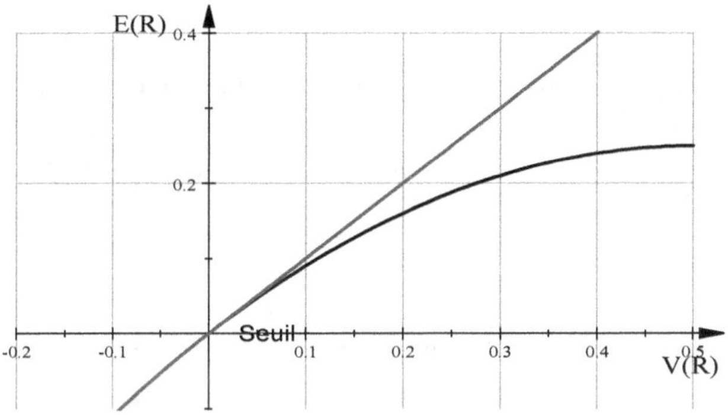

Figure 13. Fonction d'utilité variance (noir) vs semi-variance (rouge)

Malgré que la fonction d'utilité devienne linéaire, décrivant un comportement risquophile dans la séquence où la rentabilité est supérieure au seuil. Cela permet de confirmer que les courbes d'indifférence d'un investisseur dans l'espace $[\sigma, E(r)]$ auraient une pente positive et concave au risque (mesuré sur l'axe σ).

Portefeuille optimal et semi-variance

L'objectif de l'analyse de portefeuille avec la semi-variance est de délimiter l'ensemble des portefeuilles présentant des risques réels, mesurés via les déviations négatives. La rentabilité espérée du portefeuille est :

$$\mathrm{E} = \sum_{i=1}^{n} (x_i E_i)$$

Avec :

$$\sum_{i=1}^{n}(x_i) = 1$$

Sachant que la semi-variance est :

$$\sigma^2 = \left\{\overset{x}{\min}[(R_p - s), 0]\right\}^2$$

$$\sigma^2 = \left\{\overset{x}{\min}\left[\left(\sum_{t=1}^{T} x_i R_{it} - s\right), 0\right]\right\}^2$$

Hogan et Warren (1972), Ang (1975) et Markowitz, Todd, Xu et Yamane (1993) ont montré que la programmation quadratique peut être utilisée pour délimiter un ensemble de portefeuilles efficaces $[\sigma, E(r)]$ dans les trois conditions suivantes :

1. La variance des rendements est finie ;

2. La semi-variance du portefeuille est continuellement différentiable par rapport aux poids (x_i pour tout i) ;

3. La condition de premier ordre est continue pour les poids.

Ces trois conditions sont remplies pour un certain nombre de distributions de probabilités bien connues, comme la distribution normale. Il semble donc que les solutions numériques peuvent être calculées facilement.

Le calcul des frontières efficaces de semi-variance ne tourne pas autour d'une matrice de variance-covariance symétrique, car la co-semivariance de Markowitz est non symétrique, $\sigma_{ij} \neq \sigma_{ji}$, dans la plupart des cas. Ceci peut s'expliquer par le fait que le seuil, généralement, est la moyenne des rentabilités et puisque les moyennes sont diverses alors l'écart le sera par rapport à ces moyennes.

Le recours à une mesure de risque comme la semi-variance (downrisk) introduit un problème très important d'exogénéité de la matrice de la variance-covariance. Ainsi, selon les travaux de Estrada (2004, 2008) la matrice de co-semivariance dépend des poids accordés aux titres composant le portefeuille et dans ce sens, nous serons obligés de pouvoir calculer cette matrice en adoptant des techniques d'optimisation différentes, tenant compte du caractère endogène de la matrice.

Afin d'approcher ce résultat, nous allons reprendre l'exemple proposé par Estrada (2008). Nous considérons deux titres dont nous connaissons les rentabilités :

Tableau 6. Exemple pour co-semivariance (Estrada, 2008)

			Rentabilité à poids		Rentabilité – Seuil (80-20)		Rentabilité – Seuil (10-90)	
Années	**Titre 1**	**Titre 2**	**80-20**	**10-90**	**Titre 1**	**Titre 2**	**Titre 1**	**Titre 2**
2011	31%	-21%	21%	-16%	0%	0%	31%	-21%
2012	27%	-9%	20%	-6%	0%	0%	27%	-9%
2013	20%	37%	23%	35%	0%	0%	0%	0%
2014	-10%	-27%	-14%	-25%	-10%	-27%	-10%	-27%
2015	-13%	-24%	-15%	-22%	-13%	-24%	-13%	-24%
2016	-23%	-19%	-22%	-19%	-23%	-19%	-23%	-19%
2017	26%	25%	26%	25%	0%	0%	0%	0%
2018	9%	8%	9%	8%	0%	0%	0%	0%
2019	3%	40%	10%	36%	0%	0%	0%	0%
2020	14%	7%	12%	8%	0%	0%	0%	0%

À partir de cet exemple, nous avons calculé la rentabilité du portefeuille selon deux poids (80,20) et (10,90) dans les colonnes 4 et 5. Par la suite, nous avons utilisé la définition de la semi-variance, selon les rentabilités du portefeuille en tenant compte des deux combinaisons.

Sur la base de ces résultats, nous avons obtenu les résultats suivants :

	Portefeuille 80-20	Portefeuille 10-90
Covariance	***0,0101546***	***0,0010995***
Variance	0,00914354	0,01805639

Ce qui est surprenant est que le changement des poids n'affecte pas uniquement la variance du portefeuille, mais également la covariance, alors la détermination de la matrice est touchée par un problème d'endogénéité à tenir en compte.

Ceci implique que la matrice de semi-covariance est endogène (Estrada 2004, 2008). De nombreux auteurs proposent différentes méthodes pour estimer la matrice pour corriger l'endogénéité. Hogan et Warren (1974) proposent d'utiliser l'algorithme de Frank-Wolf[38], mais le principal inconvénient de cet algorithme est sa vitesse de convergence très lente. Ang (1975) propose de linéariser la semi-variance afin que le problème d'optimisation puisse être résolu en utilisant une programmation linéaire. Cependant, cette méthode ignore les intercorrélations entre les titres. Harlow (1991) propose de générer des frontières efficientes en se basant sur la semi-variance, qu'il compare à la frontière efficiente de Markowitz. Mamoghli et Daboussi (2008) améliorent l'approche de Harlow. Leur modèle permet de remédier à l'inégalité de la semi-covariance. Markowitz (1993) transforme le couple Moyenne-Semi variance en un programme quadratique en ajoutant des titres sans risque.

Estrada (2008) propose un modèle simple et précis qui est l'approche heuristique et qui donne une semi-covariance symétrique et exogène, qui permet de déterminer les portefeuilles optimaux moyenne-semi-variance en utilisant les solutions de forme fermée de moyenne-variance. Selon Athayde (2001,2003), il existe un algorithme itératif qui est utilisé pour construire une frontière de portefeuille de downrisk. Cet algorithme est amélioré par Ben Salah et al. (2016) et Ben Salah et al. (2018) par introduction non paramétrique de l'estimation des rendements afin d'obtenir un meilleur lissage de la frontière efficace.

L'approche heuristique est une des solutions proposées qui considère une semi-variance symétrique et exogène en utilisant les solutions de forme fermée bien connues et largement utilisées. Une heuristique est une règle de décision (ou modus operandi) aidant généralement à prendre une bonne décision de façon simple (Pearl, 1984). En mathématiques, une heuristique est un processus de raisonnement qui ne peut être formellement prouvé, mais conduit néanmoins à des conclusions probantes (Pólya, 1957). En psychologie, une heuristique est une règle empirique, une simple prescription, pour la prise de décision (Tversky et Kahneman, 1974).

---

[38] L'algorithme de Frank-Wolfe est dédié à l'optimisation des fonctions convexes. Il a été proposé pour la première fois par Marguerite Frank et Philip Wolfe en 1956. Le principe de fonctionnement est d'approximer à chaque itération une fonction par son développement en série de Taylor au premier ordre.

Le principe de base de l'approche heuristique est basé sur le pseudocode itératif suivant :

1. Générer une solution initiale « x » ;

2. Lorsque la condition d'arrêt n'est pas remplie, créer une nouvelle solution $x_n = N(x)$;

3. Si A (φ, x_n, x,...) Alors x= xn ;

4. Fin ;

5. Retour à « x ».

Ceci peut s'expliquer comme suit : Nous commençons par une solution « x », choisie au hasard. Puis, à chaque itération, la fonction N («x_{voisin}») fait une copie de « x » et modifie cette copie, ainsi nous obtenons une nouvelle solution candidate x_n. La fonction A (« accepter ») décide si x_n remplace « x », généralement en comparant la valeur de fonction objective. Le processus est répété jusqu'à ce qu'une condition d'arrêt soit satisfaite, enfin « x » est renvoyé.

Pour implémenter une telle méthode, nous devons spécifier :

- Comment représenter une solution x ?
- Comment évaluer une solution (la fonction φ) ?
- Comment changer une solution (la fonction N) ?
- Comment décider d'accepter ou non une solution (la fonction) ?
- Quand s'arrêter ?

Ces éléments de base s'appliqueraient toujours à une méthode classique. Par exemple, pour une méthode basée sur le gradient, x serait une valeur numérique, N évaluerait le gradient à « x » puis déplacerait le gradient avec des pas spécifiés. Nous aurons donc évalué « x » et x_n et remplacé « x » uniquement si x_n est meilleur, sinon l'itération est arrêtée.

La semi-variance est une mesure du risque plus efficace dans le sens où les pertes effectives sont captées, mais pas les dispersions. De même, la co-semivariance est analogue à la covariance standard des rentabilités.

Toutefois, il reste évident, qu'en raison du caractère comportemental de l'aversion au risque et aussi l'existence de fonctions d'utilité hétérogènes, il demeure impossible de privilégier une mesure de risque sur une autre.

Les implications économiques de l'analyse des semi-variances sont similaires à celles de la théorie classique de la moyenne-variance. En fait, les recherches préliminaires suggèrent qu'il existe une correspondance individuelle entre les portefeuilles efficaces et les prix des actifs sous-entendus par les différentes analyses basées sur la semi-variance et la variance si les distributions de probabilités sont symétriques.

La recherche sur la semi-variance semble progresser plus lentement que la recherche sur le modèle classique de variance moyenne. D'autres recherches sont donc nécessaires pour clarifier le rôle de l'analyse des semi-variances.

Analyse du portefeuille en trois moments : Asymétrie

En sortant du paradigme quadratique, tel qu'il a été proposé par Markowitz comme simplification de la fonction d'utilité, nous allons être confrontés à la naissance de nouveaux moments autres que l'espérance et la variance.

Prenons ici l'exemple d'une fonction logarithmique de forme simple « ln(x) » dont nous proposons un développement limité (DL) aux alentours de la moyenne « m » :

$$\boldsymbol{DL.ln(x) = ln\, m - \frac{1}{m}(m-x) - \frac{1}{2m^2}(m-x)^2 - \frac{1}{3m^3}(m-x)^3 - \frac{1}{4m^4}(m-x)^4 + O\left(-(m-x)^5\right)} \qquad \textit{Eq. 87}$$

Si nous supposons que les moments supérieurs à 3 sont nuls (en raison du fait que la rentabilité est toujours au voisinage de 0), alors nous pouvons écrire que :

$$\mathrm{DL.ln(x) = ln\, m + \frac{1}{m}(x) + \frac{1}{2m^2}(x-m)^2} + \boldsymbol{\frac{1}{3m^3}(x-m)^3}$$

$$\mathrm{E(DL.ln(x)) = E(ln\, m) + \frac{1}{m}E(x-m) + \frac{1}{2m^2}E(x-m)^2 + \frac{1}{3m^3}E(x-m)^3}$$

Nous savons que :

$$\mathrm{E(x-m)^2 = \sigma_x^2}$$

Et nous pouvons noter que :

$$E(x-m)^3 = \sigma_x^3$$

Alors nous pouvons effectuer la transformation suivante :

$$E(ln(x)) = E(ln\,m) + \frac{1}{m}E(x-m) + \frac{1}{2m^2}E(x-m)^2 + \frac{1}{3m^3}E(x-m)^3$$

$$E(ln(x)) = \frac{1}{m}E(x-m) + \frac{1}{2m^2}\sigma_x^2 + \frac{1}{3m^3}\sigma_x^3\left(\frac{E(x-m)^3}{\sigma_x^3}\right) \quad \textit{Eq. 88}$$

Avec $\left(\frac{E(x-m)^3}{\sigma_x^3}\right)$ est le coefficient d'asymétrie nommé Skewness.

Il est bien évident que le troisième moment ait une influence significative sur la maximisation de la fonction d'utilité de forme autre que quadratique. Ce troisième moment est relatif à l'asymétrie de la fonction de distribution, dont le non est communément « Skewness ».

Également l'introduction du troisième moment permet de donner plus de réalisme en termes d'ajustement au comportement de la fonction d'utilité (la courbe en bleu, dans la figure 14).

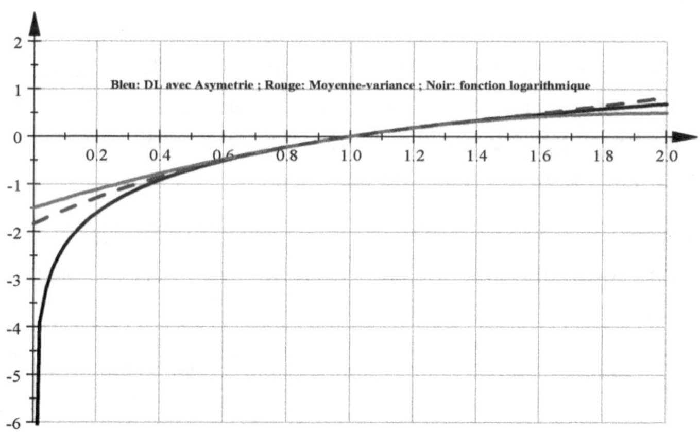

Figure 14. Fonction d'utilité (Asymétrie, moyenne, variance)

En gestion de portefeuille, la question de savoir si l'asymétrie doit être prise en compte dans l'analyse du portefeuille est une question pertinente. La logique théorique de l'analyse de portefeuille en se référant aux trois moments est indéniable. Si asymétrie existe dans tout ou une partie des distributions de probabilité, cette information ne doit pas être ignorée.

Pour calculer le Skewness (le niveau de l'asymétrie), il est nécessaire de revenir à la notion l'écart type qui est égal à :

$$\sigma = \sqrt{\frac{\sum_{i=1}^{n}(x_i - m)^2}{n}}$$

Par déduction la forme de l'asymétrie sur le plan statistique est :

$$\sigma^3 = \left(\frac{1}{n}\sum_{i=1}^{n}(m - x_i)^2\right)^{\frac{3}{2}}$$

Et donc nous pouvons écrire que :

$$\left(\frac{E(x-m)^3}{\sigma_x^3}\right) = \frac{\sum_{i=1}^{n}\frac{(x_i-m)^3}{n}}{\left(\frac{1}{n}\sum_{i=1}^{n}(x_i-m)^2\right)^{\frac{3}{2}}} \qquad \textit{Eq. 89}$$

L'asymétrie positive fait référence à une queue allongée sur le côté droit de la distribution de densité de probabilité. Ainsi, la probabilité que le mode dépasse la probabilité de la médiane, et la probabilité que la médiane soit supérieure à la probabilité de la moyenne est assez forte.

Les investisseurs préfèrent l'asymétrie positive, car le rendement est biaisé vers des valeurs élevées et il y a une faible probabilité de rendements négatifs importants. En effet, les critères de sélection du portefeuille, tels que le critère de sécurité d'abord, la semi-variance et la dominance stochastique, mettent l'accent sur le risque de baisse, tandis que l'analyse du portefeuille avec asymétrie considère le potentiel de hausse.

Dans les travaux de W. H. Jean (1971, 1973), ce dernier a suggéré que les trois premiers moments statistiques, moyenne-variance et asymétrie, peuvent déterminer les prix et les rentabilités espérées.

Pour représenter graphiquement cette situation de marché, H. Jean a étendu l'analyse $[\sigma, E(r)]$ dans un espace $[\Psi, \sigma, E(r)]$ tridimensionnel, où $\Psi = \left(\frac{E(x-m)^3}{\sigma_x^3}\right)$ représente le troisième moment statistique des rentabilités. La représentation des trois moments permet de mettre en place la même théorie que celle de la moyenne-variance où le caractère convexe représente le sous-ensemble pertinent des opportunités d'investissement dans l'espace $[\Psi, \sigma, E(r)]$. Dans un marché où la symétrie est parfaite, alors le coefficient est égal à zéro et donc nous allons revenir à la logique d'optimisation de moyenne-variance.

Ainsi, cette analyse représente un comportement économique réaliste et rationnel. À ce titre, les fonctions d'utilité des investisseurs permettent de délimiter la frontière efficace $[\Psi, \sigma, E(r)]$. Les portefeuilles efficaces en trois dimensions seront la partie efficace, avec :

- Asymétrie maximale pour tout niveau de variance donné et taux de rendement attendu ;
- Variance minimale pour tout niveau d'asymétrie et taux de rendement attendu ;
- Taux de rendement maximum attendu pour un niveau donné d'asymétrie et de variance.

Les portefeuilles efficients et optimaux dans l'univers $[\Psi, \sigma, E(r)]$ sont donc asymétriques, parce que les investisseurs rationnels sont en recherche des portefeuilles à rentabilité maximale.

Dans ce chapitre, nous avons mis en évidence la plupart des développements et des pistes de réflexion du modèle de Markowitz. Les approches que nous avons mises en avance permettent de corriger les insuffisances du modèle variance covariance et aussi les limites de l'approche quadratique.

APPLICATION SUR MATLAB

Exemple (programme issu des travaux de Sraffa)

```
%DÉFINITION ET NOMS DES VARIABLES UTILISÉES
%value=valeurs des cours de clôture ajustés quotidiennement de toutes les actions
%name=nom de toutes les actions
%n=nombre d'actions
%m=nombre de jours dont les données sont disponibles
%mvalue=valeur quotidienne de l'indice de marché
%rfo=taux annuel sans risque
%rf=taux journalier moyen sans risque
%mretrn=rendement journalier sur le marché
%mr=rendement journalier moyen sur le marché
%msig=volatilité quotidienne du marché
%msigo=volatilité annuelle du marché
%retrn=retour quotidien des stocks
%r=rendement quotidien moyen des actions
%ro=rendement annuel moyen des actions
%Bêta=valeur bêta des actions
%er=rendement quotidien moyen attendu de l'action
%sig=risque quotidien non diversifiable des actions
%sigo=risque annuel non diversifiable des actions
%s=rapport de Treynor
%co=rapport seuil
%xx=poids des valeurs sélectionnées dans notre portefeuille optimal
%RP=rendement quotidien moyen du portefeuille
```

```
%RPo=rendement annuel moyen du portefeuille
%Bêtap=valeur bêta du portefeuille
%tr=ratio de treynor du portefeuille
%cv=matrice de covariance des valeurs sélectionnées
%sigp=volatilité quotidienne du portefeuille
%sigpo=volatilité annuelle du portefeuille
%jensenalpha=Alpha du portefeuille de Jensen

%MAIN PROGRAM
close all;
clear all;
[value,name]=xlsread('DATA.xlsx');
[n,m]=size(value);
[mvalue]=xlsread('market.xlsx');
rfo=7.966;
rf=100*(((1+rfo/100)^(1/m))-1);
for i=1:(m-1)
mretrn(i)=100*(mvalue(i+1)-mvalue(i))/mvalue(i);
end
mr=100*(geomean(1+mretrn/100)-1);
msig=std(mretrn);
msigo=sqrt(252)*msig;
for i=1:(m-1)
retrn(:,i)=100*(value(:,i+1)-value(:,i))./value(:,i);
end
for i=1:n
r(i)=100*(geomean(1+retrn(i,:)/100)-1);
ro(i)=100*(((1+(r(i)/100))^252)-1);
end
for i=1:n
y=retrn(i,:)'-rf;
x=(mretrn-rf)';
temp1=ones(m-1,1);
x=[temp1 x];
temp2=inv(x'*x)*x'*y;
Bêta(i)=temp2(2);
Bêta(i)=0.67*Bêta(i)+0.33;
end
flagg=0;
while(flagg==0)
for i=1:n
if(Bêta(i)<0 || Bêta(i)==NaN)
Bêta(i)=[];
value(i,:)=[];
retrn(i,:)=[];
r(i)=[];
ro(i)=[];
n=n-1;
break;
flagg=0;
else
flagg=1;
end
end
end
er=rf+Bêta*(mr-rf);
plot(Bêta,er)
hold on;
for i=1:n
```

```
sig(i)=sqrt((std(retrn(i,:)-rf)^2)-(Bêta(i)^2)*(std(mretrn-rf)^2));
sigo(i)=sqrt(252)*sig(i);
s(i)=(ro(i)-rfo)/Bêta(i);
end
[s,order]=sort(s,'descend');
Bêta=Bêta(order);
name=name(order);
sig=sig(order);
sigo=sigo(order);
r=r(order);
ro=ro(order);
retrn=retrn(order,:);
sum1=0;
sum2=0;
flag=0;
for i=1:n
sum1=sum1+((ro(i)-rfo)*Bêta(i))/(sigo(i)^2/100);
sum2=sum2+(Bêta(i)^2)/(sigo(i)^2/100);
c(i)=((msigo^2/100)*(sum1))/(1+(msigo^2/100)*(sum2));
if(c(i)<s(1:i))
if(c(i)>s((i+1):n))
co=c(i);
io=i;
flag=1;
end
end
end
scatter(Bêta,r,'*')
hold on;
if(flag==1)
for i=1:io
z(i)=(Bêta(i)/(sig(i)^2/100))*(((ro(i)-rfo)/Bêta(i))-co);
end
for i=1:io
xx(i)=z(i)/sum(z);
end
xlswrite('output.xlsx',name(1:io),'A1:A10000');
xlswrite('output.xlsx',xx(1:io)','B1:B10000');
scatter(Bêta(1:io),r(1:io),'red')
RP=sum(xx(1:io).*r(1:io));
RPo=100*(((1+RP/100)^252)-1)
Bêtap=sum(xx(1:io).*Bêta(1:io))
tr=((RPo-rfo)/Bêtap)
cv=cov(retrn(1:io,:)');
sigp=sqrt(xx*cv*xx');
sigpo=sqrt(252)*sigp
sr=(RPo-rfo)/sigpo
temp=RP-(rf+Bêtap*(mr-rf));
jensenalpha=100*(((1+temp/100)^252)-1)
else
'None of the stock is good for investing.'
end
```

Exemple semi-variance

```
% Déclration des séries financières
clear all;
```

```
global VCV Ra corp %ptile wght;
[data,time]=xlsread('C:\Users\Dell\Desktop\Book 2020\MALTAB Application\Chapitre 4 advanced\indiceboursier1.xls');
col=size(data,2);
taille=length(data);

for i=1:col;
for j=2:taille;
    RD(j,i)=(data(j,i)./data(j-1,i))-1;  % calcul des rentabilités
    ER=mean(RD);                         % calcul des espérances
    STD=std(RD);                         % calcul des écatypes
    Corr=corrcoef(RD);                    % calcul du Coefficient de correlation
    Covariance= corr2cov(STD,Corr);

end
end

corp=RD;
rng('default')
w = rand(1000, col);
Total = sum(w, 2);    % Les poids
Total = Total(:,ones(col,1)); % La contrainte des poids
w = w./Total;
%creating a variable for initilizing weights and setting
%up the constraints for optimization.
%code to find mean, skewness and kurtosis of initial time series of returns
Ra=ER;
VCV=Covariance
Aineq = Ra;   % les rentabilités des actifs
bineq = 0.002;  % la contrainte de rentabilité en terme de gain
weights=[0;0;0;0;0];  % initialisation
aeq=ones(1,col);  % le nombre d'actifs
beq=1;     % la contrainte des poids la somme est 1
lb=zeros(col,1);   % c'est la bandes à ne pas depasser entre 0 et 1
ub=ones(col,1);
portret=w*Ra';
%calculating vector of risk (standard deviation) for different weight
%allocations.
risk1=w*VCV;
risk2=risk1.*w;
portrisk=sqrt(sum(risk2,2));
%Code for computing optimal portfolio weights, risk and return based on
%maximizing Sharpe's ratio.
op = optimset('fminsearch');
op = optimset(op,'MaxFunEvals',1000,'MaxIter',1000);
[opmvwgts,sharp]=fmincon(@Sharpe1,weights,[],[],aeq,beq,lb,ub,[],op);
opmvret=Ra*opmvwgts;
opmvrisk=sqrt(opmvwgts'*VCV*opmvwgts);

%Plotting Mean-Variance efficient frontier
plot(portrisk,portret,'.b');
ylabel('Returns (%)');
xlabel('Standard Deviation (%)');
hold on;
plot(opmvrisk,opmvret,'o');
grid on;
hold off;

% Solution quadratique
```

```
Covariance = VCV;
nAssets = col ; r = 0.002;    % Nombre d'actif
Aeq = ones(1,nAssets); beq = 1;          % equality Aeq*x = beq
Aineq = Ra; bineq = r;         % inequality Aineq*x <= bineq
lb = zeros(nAssets,1); ub = ones(nAssets,1); % bounds lb <= x <= ub
c = zeros(nAssets,1);                  % objective has no linear term; set it to zero


options = optimoptions('quadprog','Algorithm','interior-point-convex');

% Set additional options: turn on iterative display, and set a tighter optimality termination tolerance.
options = optimoptions(options,'Display','iter','TolFun',1e-10);

% Call solver and measure wall-clock time.
tic
[x1,fval1] = quadprog(Covariance,c,Aineq,bineq,Aeq,beq,lb,ub,[],options);
toc

% Plot results.
plot(opmvwgts,'.b','MarkerSize', 25);
xlabel('Poids Fincom-bleu, Poids quadratique-Rouge');
hold on;
plot(x1,'.r','MarkerSize', 25);
grid on
hold off;
```

Calcul de la semi variance

```
meanret=Ra;
meansvar.bnchret=meanret;
meansvar.bnchcorp=bsxfun(@minus,RD,meansvar.bnchret);
for i=1:numel(meanret)
   meansvar.bnchcorpmin(:,i)=min(meansvar.bnchcorp(:,i),0);
end
meansvar.semistd=std(meansvar.bnchcorpmin);
meansvar.semicorrel=corrcoef(meansvar.bnchcorpmin);
meansvar.semiVCV=corr2cov(meansvar.semistd,meansvar.semicorrel);
VCV=meansvar.semiVCV
meansvar.semiportret=w*meanret';
%calculating vector of risk (Semi standard deviation) for different weight
%allocations.
meansvar.semirisk1=w*meansvar.semiVCV;
meansvar.semirisk2=meansvar.semirisk1.*w;
meansvar.semiportrisk=sqrt(sum(meansvar.semirisk2,2))
[meansvar.opmvwgts,meansvar.sharp]=fmincon(@Sharpe1,weights,[],[],aeq,beq,lb,ub);
meansvar.sharp=-meansvar.sharp;
meansvar.opmvret=meanret*meansvar.opmvwgts; %Return of optimal portfolio
meansvar.opmvrisk=sqrt(meansvar.opmvwgts'*meansvar.semiVCV*meansvar.opmvwgts);
%Code for calculating total return of optimal portfolio
meansvar.dailyret=corp*meansvar.opmvwgts;
meansvar.dailyret_1=meansvar.dailyret+1;
meansvar.totret=cumprod(meansvar.dailyret_1);

%Plotting Mean-Semivariance efficient frontier
plot(meansvar.semiportrisk*100,meansvar.semiportret*100,'.r');
ylabel('Returns (%)');
xlabel('Semi Standard Deviation (%)');

plot(meansvar.semiportrisk*100,meansvar.semiportret*100,'.b');
ylabel('Returns (%)');
```

```
xlabel('Semi Standard Deviation (%)');
hold on;
plot(meansvar.opmvrisk*100,meansvar.opmvret*100,'ms');
grid on;
hold off;
plot(portrisk,portret,'.r');
xlabel('Risk (%)');
ylabel('Return (%)');
hold on;
plot(meansvar.semiportrisk,meansvar.semiportret,'.b');
grid on;
title("Courbe d'efficience Moyenne-variance vs moyenne-semivariance")
legend('Variance', 'SemiVariance','Location','Best')
```

Exemple Modèle indiciel

Télécharger les données

```
data = readtable('dowPortfolio.xlsx');
head(data, 10)
benchPrice = data.DJI;
assetNames = data.Properties.VariableNames(3:2:end); % using half of the assets for display
assetPrice = data(:,assetNames).Variables;

assetP = assetPrice./assetPrice(1, :);
benchmarkP = benchPrice / benchPrice(1);

figure;
plot(data.Dates,assetP);
hold on;
plot(data.Dates,benchmarkP,'LineWidth',3,'Color','k');
hold off;
xlabel('Date');
ylabel('Normalized Price');
title('Normalized Asset Prices and Benchmark');
grid on;

benchReturn = tick2ret(benchPrice);
assetReturn = tick2ret(assetPrice);

benchRetn = mean(benchReturn);
benchRisk =  std(benchReturn);
assetRetn = mean(assetReturn);
assetRisk =  std(assetReturn);

scale = 252;

assetRiskR = sqrt(scale) * assetRisk;
benchRiskR = sqrt(scale) * benchRisk;
assetReturnR = scale * assetRetn;
benchReturnR = scale * benchRetn;
```

Rentabilité des portefeuilles

```
figure;
scatter(assetRiskR, assetReturnR, 6, 'm', 'Filled');
hold on
```

```
scatter(benchRiskR, benchReturnR, 6, 'g', 'Filled');
for k = 1:length(assetNames)
   text(assetRiskR(k) + 0.005, assetReturnR(k), assetNames{k}, 'FontSize', 8);
end
text(benchRiskR + 0.005, benchReturnR, 'Benchmark', 'Fontsize', 8);
hold off;

xlabel('Risk (Std Dev of Return)');
ylabel('Expected Annual Return');
grid on;
```

Optimisation indicielle de portefeuille

```
p = Portfolio('AssetList',assetNames);
p = setDefaultConstraints(p);
activReturn = assetReturn - benchReturn;
pAct = estimateAssetMoments(p,activReturn,'missingdata',false);
pwgtAct = estimateFrontier(pAct, 20); % Estimate the weights.
[portRiskAct, portRetnAct] = estimatePortMoments(pAct, pwgtAct); % Get the risk and return.

% Extract the asset moments and names.
[assetActRetnDaily, assetActCovarDaily] = getAssetMoments(pAct);
assetActRiskDaily = sqrt(diag(assetActCovarDaily));
assetNames = pAct.AssetList;

% Rescale.
assetActRiskAnnual = sqrt(scale) * assetActRiskDaily;
portRiskAnnual  = sqrt(scale) *  portRiskAct;
assetActRetnAnnual = scale * assetActRetnDaily;
portRetnAnnual = scale *  portRetnAct;

figure;
subplot(2,1,1);
plot(portRiskAnnual, portRetnAnnual, 'bo-', 'MarkerFaceColor', 'b');
hold on;

scatter(assetActRiskAnnual, assetActRetnAnnual, 12, 'm', 'Filled');
hold on;
for k = 1:length(assetNames)
   text(assetActRiskAnnual(k) + 0.005, assetActRetnAnnual(k), assetNames{k}, 'FontSize', 8);
end

hold off;

xlabel('Risk (Std Dev of Active Return)');
ylabel('Expected Active Return');
grid on;

subplot(2,1,2);
plot(portRiskAnnual, portRetnAnnual./portRiskAnnual, 'bo-', 'MarkerFaceColor', 'b');
xlabel('Risk (Std Dev of Active Return)');
ylabel('Information Ratio');
grid on;
```

Portefeuille à moment d'ordre supérieur (asymétrie)

L'utilisation nécessite l'utilisation de fonction dans le CD-ROM qui accompagne l'ouvrage. Il faut avoir les fichiers de fonction « Co moment » et « PortfolioMom ».

```
function [data, mean_s, vcov_s, cosk_s, cok_s] = optimal_weights(series, u_func, select_sim)

% poids_optimaux ()†:
% d'allocation de portefeuille optimale basÈe sur
% 4 premiers instants de la distribution des rendements, avec contraintes de
% d'ÈligibilitÈ et interdiction des ventes ‡ dÈcouvert.
% ENTR…E : sÈrie, matrice contenant la sÈrie des rentabilitÈ simples,
% "fints" ou "matrice" TxN
% ENTR…E†: u_func, scalaire de sÈlection de la fonction utilitaire†:
% u_func = 1 -> utilitÈ moyenne-variance
% u_func = 2 -> utilitÈ exponentielle aux moments I∞ et II∞
% u_func = 3 -> utilitÈ exponentielle aux moments I∞, II∞, III∞ et IV∞


%% data
load CAPMuniverse;
series=Data;
if isa(series,'Fints')
   series=fts2mat(series);
end

if (u_func<1 || u_func>5)
   error('Errore: u_func intero compreso tra 1 e 5');
   return;
end

[T,N]=size(series);
upperb=ones(N,1);      %vincoli no short selling
lowerb=zeros(N,1);
Aeq=ones(1,N);         %vincolo di ammissibilit‡ del portafoglio
Beq=1;
riskav=[0.5,1,2,5,10,15,20,25]; %livelli di avversione assoluta al rischio
utility={@mean_variance,@exp_ut2ord,@exp_ut4ord,@pow_ut2ord,@pow_ut4ord};

% Algorithm active-set: quasi-Newton approximation to the Hessian of the Lagrangian
options=optimset(@fmincon);
options.Algorithm='active-set';
ms=MultiStart('Display','final','UseParallel', 'always');
rs = RandomStartPointSet('NumStartPoints',300);

% Genetic Algorithm with parallel computing
options_g = gaoptimset(@ga);
options_g.Generations=300;
options_g.MutationFcn=@mutationadaptfeasible;
options_g.UseParallel='always';

if (select_sim==0)
   [mean_s,vcov_s,cosk_s,cok_s]=co_moments(series,select_sim,0);
   data=zeros((N+1),length(riskav));
   for i=1:length(riskav)
      rav=riskav(i);
      data(:,i)=optimizer();
   end
elseif (select_sim==1)
```

```
        [sm_mean,sm_vcov,sm_cosk,sm_cok]=co_moments(series,select_sim,0.96);
        data=zeros((N+1),T,2);
        for i=1:T
            mean_s=sm_mean(:,:,i);
            vcov_s=sm_vcov(:,:,i);
            cosk_s=sm_cosk(:,:,i);
            cok_s=sm_cok(:,:,i);
            rav=riskav(3); %analisi per absolute r.aversion pari a 2
            data(:,i,1)=optimizer();
            rav=riskav(7);
            data(:,i,2)=optimizer();
        end
    else
        error('Selezione non valida: select deve valere o 0(full sample) o 1(dynamic)');
        return;
    end

    %OPTIMIZIATION ALGORITHM

    function [data_out]=optimizer()
            %NESTED FUNCTION: COMPUTE THE OPTIMAL ALLOCATION
        [wopt_ga,fval_ga,~,~]=ga(utility(u_func),N,[],[],Aeq,Beq,lowerb,upperb,[],options_g);

problem=createOptimProblem('fmincon','objective',utility(u_func),'x0',wopt_ga','Aeq',Aeq,'beq',Beq,'
lb',lowerb,'ub',upperb,'options',options);
        rndpoints=list(rs,problem);
        startpts = CustomStartPointSet(rndpoints);
        [wopt_as,fval_as,~,~]=run(ms,problem,startpts);
        if(fval_ga<fval_as)&&(Aeq*wopt_ga'==1)
            disp('soluzione GA ottimale');
            data_out(1:N)=wopt_ga';
            data_out(N+1)=fval_ga;
        else
            data_out(1:N)=wopt_as;
            data_out(N+1)=fval_as;
        end
    end

    %OBJECTIVE FUNCTIONS:

    function [ mv ] =mean_variance(weights)
        %NESTED OBJECTIVE FUNCTION: mean-variance utility function
        [pmean,pvar,~,~]=portfolioMom(weights,series,mean_s,vcov_s,cosk_s,cok_s,0);
         mv=-pmean+(rav)/2*pvar;
         disp(i);
    end

    function [exp_ut] = exp_ut2ord(weights)
        %NESTED OBJECTIVE FUNCTION: exponential utility function, 2nd order Taylor exp
        [pmean,pvar,~,~]=portfolioMom(weights,series,mean_s,vcov_s,cosk_s,cok_s,0);
        exp_ut=(exp(-rav*pmean)*(1+((rav^2)/2)*pvar));
        disp(i);
    end

    function [exp_ut] = exp_ut4ord(weights)
        %NESTED OBJECTIVE FUNCTION: exponential utility function, 4th order Taylor exp
        [pmean,pvar,psk,pkurt]=portfolioMom(weights,series,mean_s,vcov_s,cosk_s,cok_s,0);
        exp_ut=(exp(-rav*pmean)*(1+((rav^2)/2)*pvar-((rav)^3/6)*psk+((rav)^4/24)*pkurt));
        disp(i);
    end
```

```
function [pow_ut] = pow_ut2ord(weights)
   %NESTED OBJECTIVE FUNCTION: power utility function, 4th order Taylor exp
   [pmean,pvar,~,~]=portfolioMom(weights,series,mean_s,vcov_s,cosk_s,cok_s,0);
   pow_ut=-((1+pmean)^(1-rav))/(1-rav)+(rav/2)*((1+pmean)^(-rav-1))*pvar;
   if(rav==1)
      pow_ut=-log(1+pmean)+(0.5*(1+pmean)^(-2))*pvar;
   end
   disp(i);
end

function [pow_ut] = pow_ut4ord(weights)
   %NESTED OBJECTIVE FUNCTION: power utility function, 4th order Taylor exp
   [pmean,pvar,psk,pkurt]=portfolioMom(weights,series,mean_s,vcov_s,cosk_s,cok_s,0);
   pow_ut=-((1+pmean)^(1-rav))/(1-rav)+(rav/2)*((1+pmean)^(-rav-1))*pvar-
((rav*(rav+1))/6)*((1+pmean)^(-rav-2))*psk+((rav*(rav+1)*(rav+2))/24)*((1+pmean)^(-rav-3))*pkurt;
   if(rav==1)
      pow_ut=-log(1+pmean)+(0.5*(1+pmean)^(-2))*pvar-((2/6)*(1+pmean)^(-
3))*psk+((6/24)*(1+pmean)^(-4))*pkurt;
   end
   disp(i);
end

end
```

CHAPITRE V. LE MODÈLE D'ÉVALUATION DES ACTIFS FINANCIERS

"Un équilibre nécessaire ... une efficience parfaite ... une valorisation uniforme."

Nous avons vu que le modèle de marché qui a été développé par Sharpe afin de simplifier le modèle de Markowitz et le rendre plus facile dans l'implémentation opérationnelle met en relation les rentabilités avec le portefeuille marché.

Le développement de ce modèle a permis d'ouvrir une nouvelle conception d'analyse qui s'articule autour de la question suivante : existe-t-il une description globale du comportement des investisseurs par rapport aux évolutions du marché ? autrement dit, pouvons-nous formuler une théorie générale d'évaluation des actifs sur laquelle peut se baser tous les investisseurs ?

Pour arriver à répondre à cette question fondamentale, plusieurs théoriciens sont arrivés à la conception d'un modèle d'équilibre, citons entre autres : Sharpe (1963), Treynor (1961), Mossin (1966), Lintner (1965, 1969) et Black (1972). Ces auteurs ont essayé de trouver un mécanisme d'évaluation des actifs couplant les deux notions de risque et de rentabilité.

Fondements du modèle

Dans le modèle de Markowitz, un investisseur agit de manière isolée et ne possède que des actifs risqués. Cet investisseur construit la frontière d'efficience des actifs risqués à partir de l'estimation des rendements espérés, la variance et la covariance, puis sélectionne le portefeuille optimal, qui correspond à son niveau d'aversion au risque dans la frontière.

Dans le modèle d'équilibre, le même paradigme domine et l'investisseur garde le même comportement que nous pouvons résumer dans les hypothèses suivantes :

- Beaucoup d'investisseurs qui n'ont pas d'influence sur les prix (atomicité) ;
- Tous les investissements ont le même horizon temporel, il y a absence de spéculation et de mimétisme ;
- Il n'y a aucun impôt ni coût de transactions : le marché est supposé parfait ;
- Les investisseurs peuvent emprunter et prêter au même taux sans risque et donc dans l'absence d'opportunité d'arbitrage ;
- Les investisseurs s'inquiètent seulement de la rentabilité et du risque (les deux premiers moments) ;
- Tous les investisseurs ont les mêmes informations et croyances sur la distribution des rentabilités ;
- Le portefeuille du marché se compose de tous les actifs sur le marché.

Le fondement de l'approche d'équilibre vient de l'idée très simple suivante : les investisseurs peuvent avoir le choix entre les actifs risqués et les actifs sans risque et dans ce sens, ce n'est pas uniquement le marché des actions qui constitue l'environnement décisionnel, mais également les autres marchés monétaires et de capitaux.

À partir de là, l'investisseur peut avoir à arbitrer entre les actifs risqués et les actifs sans risque. Le choix entre les deux d'actifs (ou marchés) dépend de la perception du risque chez l'investisseur et aussi de l'arbitrage entre le risque et la rentabilité[39].

Si nous notons x_B le poids investit dans l'action risquée, donc x_f = 1- x_B. La rentabilité du portefeuille est :

$$R_p = x_B * R_B + (1 - x_B) r_f$$

$$Rp = x_B(R_B - r_f) + r_f$$

---

[39] Également un arbitrage est effectué entre le court et le long terme et entre la gestion de la liquidité et le financement de l'économie (les théories de formation des taux d'intérêt).

La différence ($R_B - r_f$) est la rentabilité excessive par rapport à l'investissement sans risque, cette différence récompense la prise de risque. Cette prime peut être exprimée par la relation suivante :

$$\mathrm{Rp} - \mathrm{r_f} = \mathrm{x_B}(\mathrm{R_B} - \mathrm{r_f})$$

Plus nous investissons dans les actifs B plus la prime de risque du portefeuille est forte et donc nous pouvons écrire que :

$$\frac{\mathrm{Rp} - \mathrm{r_f}}{\mathrm{R_B} - \mathrm{r_f}} = \mathrm{x_B}$$

Concernant le risque de ce portefeuille avec actif risqué et un actif sans risque, il s'écrit sous la forme suivante :

$$\sigma_\mathrm{p}^2 = \mathrm{x_B^2}\sigma_\mathrm{B}^2$$

$$\frac{\sigma_\mathrm{p}^2}{\sigma_\mathrm{B}^2} = \mathrm{x_B^2} \Rightarrow \mathrm{x_B} = \frac{\sigma_\mathrm{p}}{\sigma_\mathrm{B}}$$

En remplaçant dans la forme de la rentabilité du portefeuille, nous trouvons que :

$$\boldsymbol{E(R_p) = r_f + \frac{(E(R_b) - r_f)}{\sigma_B} * \sigma_p} \qquad \textit{Eq. 90}$$

Cette droite décrit la relation qui existe entre l'actif risqué et l'actif sans risque. Elle démontre que l'investisseur en s'engageant dans un investissement risqué, il est au minimum servi par la rentabilité sans risque et en outre il peut rajouter la prime de risque $(E(R_b) - r_f)$ dépendamment de la sensibilité entre le portefeuille et l'actif risqué $\frac{\sigma_p}{\sigma_B}$.

Nous avons prouvé dans la partie qui traite le modèle de Markowitz que le portefeuille le plus optimal est celui qui maximise le ratio de Sharpe $\frac{(E(R_b)-r_f)}{\sigma_B}$ et donc pour arriver à maximiser ce ratio il faut que le niveau de risque dans le dénominateur soit le plus minime et ceci ne peut se réaliser que par une forte diversification. À ce titre, pour arriver à ce résultat, il faut que le portefeuille à combiner soit le plus global et le plus diversifié et le seul portefeuille qui permettra ce résultat est le portefeuille marché en raison de sa diversification accrue.

La théorie de l'équilibre

Nous n'avons considéré, jusqu'à présent, que le cas d'un investisseur isolé sans tenir compte de l'ensemble des actifs qui sont sur le marché financier. Supposons que les investisseurs ont le même comportement et aussi les mêmes critères de réflexion, soit la rentabilité et le risque. Également et en présence d'un actif sans risque permettant un arbitrage entre les marchés financiers, les investisseurs acceptent le même raisonnement que celui proposé par Sharpe.

À ce titre, l'équilibre du marché suppose qu'il existe un portefeuille qui englobe tous les actifs, et ce au prorata de la capitalisation de chaque actif dans le marché. Ce portefeuille, en introduisant tous les actifs, sera bien évidemment le portefeuille le plus optimal en raison de sa capacité à maximiser le ratio de Sharpe. Le portefeuille permettant ceci est qualifié par le portefeuille marché (M).

Ainsi si le portefeuille M est le portefeuille marché alors la droite de Sharpe est :

$$\boldsymbol{E(Rp) = r_f + \frac{E(Rm)-r_f}{\sigma_m}\sigma_p} \qquad \textit{Eq. 91}$$

Cette droite, de Sharpe, passe linéairement par le portefeuille le plus efficace et le plus optimal (CML).

Ces résultats, associés à la notion d'équilibre, vont maintenant nous permettre d'établir une relation en ce qui concerne les titres pris individuellement pour donner naissance au modèle d'évaluation des actifs financiers (MEDAF).

Le MEDAF est un modèle qui permet de définir une mesure appropriée du risque pour les actifs individuels, et par la même occasion permettre une évaluation pertinente et suffisante de leurs prix.

Comme, nous l'avons souligné auparavant le modèle MEDAF a été développé parallèlement par plusieurs auteurs. Nous proposons de commencer par l'approche de Sharpe.

Approche de Sharpe

La démonstration proposée par Sharpe (1964) est la plus intuitive et la plus simple. Si nous prenons l'actif sans risque et le portefeuille marché[40], ces deux points auront à définir la droite CML.

Lors de l'équilibre du marché, les prix des actifs s'ajustent pour que tous les actifs soient à la disposition des investisseurs et par conséquent, l'offre sera égale à la demande. L'existence du portefeuille marché suppose la négociation de tous les actifs sur le marché et alors une activation totale du marché.

Sharpe considère par la suite la logique de raisonnement pour un seul actif sur le marché. Nous notons l'actif « i » qui est situé sur le marché et nous construisons un portefeuille composé de cet actif et le portefeuille marché dont l'espérance est :

$$E(Rp) = xE(Ri) + (1 - x)E(Rm)$$

Avec x est le poids investi dans l'actif « i ».

Ce portefeuille a bien évidemment un risque qui peut s'écrire sous la forme suivante :

$$\sigma = \sqrt{x^2\sigma_i^2 + (1 - x)^2\sigma_m^2 + 2x(1 - x)\sigma_{ij}}$$

---

[40] L'idée d'existence d'un portefeuille marché a donné naissance à la notion des indices boursiers et aussi à la gestion passive des portefeuilles.

La valeur prise par le poids « x » permettra de définir la combinaison la plus optimale du portefeuille. A la valeur « x=0 » le portefeuille marché est le plus optimal.

Dans ce sens, Sharpe propose d'étudier la variation de ce portefeuille en fonction de la valeur prise par le poids « x ». Dès lors, il propose de développer des dérivés partiels par apport à ce poids. Si nous dérivons l'espérance par rapport au poids x alors nous pouvons écrire que :

$$\frac{\partial}{\partial x} E = R_i - 1.0 R_m \qquad \text{Eq. 92}$$

À ce titre, la dérivation du risque en fonction du poids est de la forme suivante :

$$\frac{\partial}{\partial x}\sigma = \frac{\sigma_{ij} - \sigma_m^2 + x\sigma_i^2 + x\sigma_m^2 - 2x\sigma_{ij}}{\sqrt{x^2\sigma_i^2 + x^2\sigma_m^2 - 2\sigma_{ij}x^2 - 2x\sigma_m^2 + 2\sigma_{ij}x + \sigma_m^2}} \qquad \text{Eq. 93}$$

Afin de chercher la tangente de cette droite, il est nécessaire de calculer la variation de l'espérance par rapport à celle du risque.

$$\frac{\frac{\partial}{\partial x}E}{\frac{\partial}{\partial x}\sigma} = \frac{R_i - R_m}{\sigma_{ij} - \sigma_m^2 + x\sigma_i^2 + x\sigma_m^2 - 2x\sigma_{ij}}\sqrt{x^2\sigma_i^2 + x^2\sigma_m^2 - 2\sigma_{ij}x^2 - 2x\sigma_m^2 + 2\sigma_{ij}x + \sigma_m^2}$$

Si nous sommes en présence d'un portefeuille optimal suffisant, décrivant uniquement le portefeuille marché et la valeur à investir dans un sous actif « i », alors nous pouvons annuler la fonction décrivant le rapport des variations des moments :

$$f(x) = \frac{R_i - R_m}{\sigma_{ij} - \sigma_m^2 + x\sigma_i^2 + x\sigma_m^2 - 2x\sigma_{ij}}\sqrt{x^2\sigma_i^2 + x^2\sigma_m^2 - 2\sigma_{ij}x^2 - 2x\sigma_m^2 + 2\sigma_{ij}x + \sigma_m^2}$$

Et donc, nous aurons :

$$f(x=0) = -\sigma_m \frac{R_i - R_m}{\sigma_m^2 - \sigma_{ij}} = -\sigma_m \frac{R_i - R_m}{\sigma_m^2 - \sigma_{ij}}$$

La rentabilité de l'actif est donc simplement extraite de la relation précédente et nous aurons :

$$R_i = \frac{1}{\sigma_m^2}\left(r_f\sigma_m^2 + R_m\sigma_{ij} - r_f\sigma_{ij}\right)$$

$$R_i = r_f - \frac{r}{\sigma_m^2}\sigma_{ij} + \frac{1}{\sigma_m^2}R_m\sigma_{ij}$$

$$r_f - \frac{r}{\sigma_m^2}\sigma_{ij} + \frac{1}{\sigma_m^2}R_m\sigma_{ij} = r_f + \frac{\sigma_{ij}}{\sigma_m^2}(R_m - r_f)$$

$$R_i = r + \frac{\sigma_{ij}}{\sigma_m^2}(R_m - r)$$

$$R_i = r_f + \beta(R_m - r_f)$$

Le MEDAF est donc de la forme suivante :

$$R_i = r_f + \beta(R_m - r_f) \qquad Eq.\ 94$$

Avec $\beta = \frac{\sigma_{ij}}{\sigma_m^2}$ décrivant la sensibilité du titre au portefeuille marché. À ce titre, le MEDAF décrit l'état d'équilibre où le portefeuille marché est suffisant sur le long terme et toute rentabilité supplémentaire d'un titre ne sera qu'une situation d'arbitrage nécessitant un rééquilibrage sur le court terme.

Approche de Lintner

Lintner (1965) a présenté une autre dérivation du MEDAF. Compte tenu de l'ensemble des opportunités d'investissement (sous la droite de marché), le recours au portefeuille de marché permettra de résoudre le problème d'optimalité, comme c'est le cas dans la figure 15.

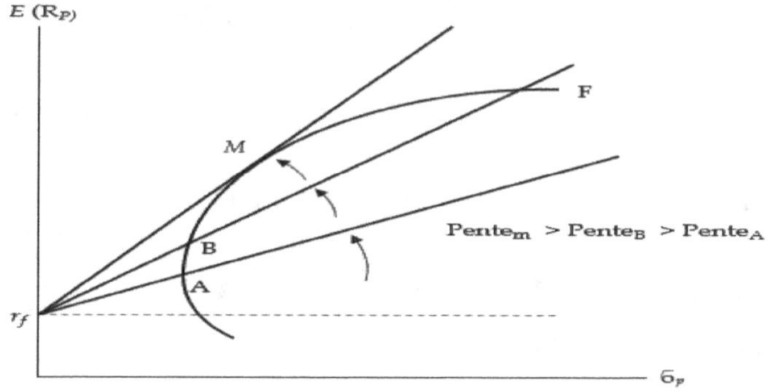

Figure 15. Combinaison de l'actif sans risque et de l'actif risqué

Selon l'approche de Markowitz et en adoptant la même conception espérance variance avec l'opportunité d'arbitrage, nous pouvons proposer un portefeuille contenant l'actif sans risque et le portefeuille marché :

$$R_P = xr_f + (1-x)R_M$$

$$R_P - r_f = (1-x)\,(R_M - r_f)$$

L'investisseur à l'état d'équilibre aura à choisir dans le marché risqué le portefeuille marché « M » tout en faisant un arbitrage avec le rendement sans risque.

Selon l'approche de Markowitz, afin de trouver ce portefeuille alors, cela revient à maximiser le ratio de Sharpe :

$$\max^{x}\frac{E_P - r}{\sigma_P} = \max^{x}\frac{(1-x)(R_M - r_f)}{\sigma_P} = \max^{x}\frac{\sum x_i(R_i - r_f)}{\sigma_P}$$

$$\max^{x}\frac{\sum x_i(R_i - r_f)}{\sigma_P} = \max^{x}\frac{\sum_{i=1}^{n} x_i(R_i - r_f)}{\left(\sum_{i=1}^{n} x_i^2\sigma_i^2 + \sum_{i=1}^{n}\sum_{j=1\neq i}^{n} x_i x_j \rho_{i,j}\right)^{\frac{1}{2}}}$$

Pour simplifier la démonstration et le principe de résolution du modèle de Lintner, nous proposons de tenir compte de deux actifs dans le portefeuille marché « M ». À ce titre, le programme d'optimisation serait le suivant :

$$G = \frac{\sum_{i=1}^{2} x_i(R_i - r_f)}{\left(\sum_{i=1}^{2} x_i^2\sigma_i^2 + \sum_{i=1}^{2}\sum_{j=1}^{2} x_i x_j\right)^{\frac{1}{2}}} = -\frac{(r_f - R_1)x_1 + (r_f - R_2)x_2}{\sqrt{\sigma_1^2 x_1^2 + \sigma_2^2 x_2^2 + 2x_1x_2}}$$

Ceci peut s'écrire sous la forme suivante :

$$G = -\frac{(r_f - R_1)x_1 + (r_f - R_2)x_2}{\sqrt{\sigma_1^2 x_1^2 + \sigma_2^2 x_2^2 + 2x_1x_2}} = -\frac{1}{\sigma_p}\left(R_1x_1 + R_2x_2 - x_1r_f - x_2r_f\right)$$

$$\boldsymbol{G = \frac{1}{\sigma_p}\left(R_1x_1 + R_2x_2 - x_1r_f - x_2r_f\right)} \quad \textit{Eq. 95}$$

Donc, nous pouvons mettre en place la fonction lagrangienne.

$$L_{(x_1,x_2,\lambda)} = -\frac{1}{\sigma_p}\left(R_1x_1 + R_2x_2 - x_1r_f - x_2r_f\right) - \lambda(1 - x_1 - x_2)$$

La condition de premier ordre est :

$$\frac{\partial L}{\partial x_i} = \frac{1}{\sigma_p}\left(R_i - r_f - \frac{\partial \sigma_p^2}{\partial x_i}\lambda\right) = 0$$

Et puisque le risque du portefeuille ne peut pas être nul, alors :

$$R_i - r_f - \frac{\partial \sigma_p^2}{\partial x_i}\lambda = 0$$

$$R_i - r_f = \frac{\partial \sigma_p^2}{\partial x_i}\lambda$$

Nous pouvons facilement prouver que $\lambda = \frac{(R_p - r_f)}{\sigma_p}$ et nous savons que la dérivée de la variance est en fait la covariance du titre avec l'ensemble du portefeuille.

À ce titre si nous remplaçons dans la relation précédente :

$$R_i - r_f = \rho_{ip}\frac{(R_p - r_f)}{\sigma_p}$$

A ce niveau Lintner introduit une hypothèse fondamentale selon laquelle : si nous sommes en situation d'équilibre alors le portefeuille marché serait équivalent au portefeuille global recherché. Nous pouvons donc réécrire la relation :

$$R_i - r_f = \rho_{iM}\frac{(R_M - r_f)}{\sigma_M}$$

$$R_i - r_f = \frac{\rho_{iM}}{\sigma_M}(R_M - r_f)$$

$$\boldsymbol{R_i - r_f = \beta_i(R_M - r_f)} \quad \textit{Eq. 96}$$

Où :

$$\beta_i = \frac{\rho_{iM}}{\sigma_M}$$

Le coefficient bêta représente donc le risque systématique qui est dû à l'exposition du titre aux variations du marché. À l'équilibre, tous les actifs (donc tous les portefeuilles) sont situés sur cette droite.

L'approche de Hwang et Litzenberger

La troisième approche est celle proposée par Huang et Litzenberger (1988). Dans leur modèle les deux auteurs supposent qu'un investisseur peut investir sa richesse initiale W à la période T_0.

À l'instant $t = 0$, cet investisseur investit W dans un actif risqué j ($j = 1,2,\ldots,n$) et le reste dans l'actif sans risque. Supposons aussi que les taux de rendement des actifs risqués (R_1, R_2, ..., R_n) sont multivariés et normalement distribués.

Après une période (t = 1), la richesse de l'investisseur sera :

$$W = \left(W_0 - \sum_{i=1}^{n} W_i\right)(1 + r) + \sum_{i=1}^{n} W_i(1 + R_i)$$

$$W = W_0 + rW_0 - r\sum_{i=1}^{n} W_i + \sum_{i=1}^{n} W_i R_i$$

$$W = W_0(1 + r) + \textstyle\sum_{i=1}^{n} W_i(R_i - r) \qquad \text{Eq. 97}$$

Si nous considérons une fonction d'utilité qui respecte l'exigence de Markowitz et aussi le théorème Arrow et Pratt, donc :

$$U(W) = U\left(W_0(1 + r) + \sum_{i=1}^{n} W_i(R_i - r)\right)$$

Alors la solution est de maximiser l'utilité :

$$\overset{x}{max} E(U(W)) = \overset{x}{max}\left[E\left(U\left(W_0(1 + r) + \sum_{i=1}^{n} W_i(R_i - r)\right)\right)\right]$$

Nous avons démontré auparavant que la fonction d'utilité est concave et devra répondre à la logique risquophobe. À ce titre, la première dérivée serait nulle et peut s'écrire de la forme suivante :

$$E\big(U'(W_i)(R_i - r)\big) = 0$$

Cette relation représente la covariance entre la richesse prévue et la différence de rendement entre l'actif risqué et l'actif sans risque.

Si nous notons que :

$$Cov(x, y) = E\big[\big(x - E(x)\big)\big(y - E(y)\big)\big] \qquad \textit{Eq. 98}$$

Nous pouvons donc écrire facilement que la covariance est égale à :

$$Cov\big(U'(W_i), (R_i - r)\big) = E\left[\Big(U'(W_i) - E\big(U'(W_i)\big)\Big)\Big((R_i - r) - E\big((R_i - r)\big)\Big)\right]$$

$$Cov(U'(W_i),(R_i - r)) = E\big(U'(W_i)(R_i - r)\big) - E(U'(W_i))E((R_i - r))$$

Nous savons bien évidemment que l'hypothèse de dépendance entre les actifs risqués et les actifs sans risque est toujours forte et acceptable et donc la covariance peut être présentée sous la forme suivante :

$$\mathrm{Cov}(\mathrm{U}'(\mathrm{W_i}),(\mathrm{R_i} - \mathrm{r})) = -\mathrm{E}(\mathrm{U}'(\mathrm{W_i}))\mathrm{E}((\mathrm{R_i} - \mathrm{r}))$$

En statistique, nous savons que :

$$Cov(g(x),y) = E[g'(x)]Cov(x,y)$$

Si nous appliquons cette définition, nous pouvons réécrire notre covariance :

$$-\mathrm{E}\big(\mathrm{U}'(\mathrm{W_i})\big)\mathrm{E}\big((\mathrm{R_i} - \mathrm{r})\big) = \mathrm{E}[\mathrm{U}''(\mathrm{W_i})]\mathrm{Cov}(\mathrm{W_i},\mathrm{R_i} - \mathrm{r})$$

$$\mathrm{E}\big(\mathrm{U}'(\mathrm{W_i})\big)\mathrm{E}\big((\mathrm{R_i} - \mathrm{r})\big) = -\mathrm{E}[\mathrm{U}''(\mathrm{W_i})]\mathrm{Cov}(\mathrm{W_i},\mathrm{R_i} - \mathrm{r})$$

$$\mathrm{Cov}(\mathrm{W_i},\mathrm{R_i} - \mathrm{r}) = -\frac{\mathrm{E}(\mathrm{U}'(\mathrm{W_i}))\mathrm{E}((\mathrm{R_i}-\mathrm{r}))}{\mathrm{E}[\mathrm{U}''(\mathrm{W_i})]} \quad \text{Eq. 99}$$

Si nous adoptons la définition de Arrow et Pratt pour le degré d'aversion au risque, nous pouvons noter :

$$\Phi = \mathrm{ARA} = -\frac{\mathrm{E}(\mathrm{U}'(\mathrm{W_i}))}{\mathrm{E}[\mathrm{U}''(\mathrm{W_i})]}$$

Par déduction, la covariance est égale :

$$\boldsymbol{Cov(W_i, R_i - r) = \frac{1}{\Phi}E\big((R_i - r)\big)}$$

$$\boldsymbol{E\big((R_i - r)\big) = \frac{1}{\Phi^{-1}}Cov(W_i, R_i - r)} \quad \textit{Eq. 100}$$

Les deux auteurs généralisent ce résultat à l'ensemble des actifs du marché :

$$\boldsymbol{E\big((R_i - r)\big) = \sum_{i=1}^{n} \frac{1}{\Phi^{-1}} Cov\big(\sum_{i=1}^{n} W_i, R_i - r\big)} \qquad Eq.\ 101$$

Si la rentabilité du marché est notée R_m nous pouvons donc remplacer la richesse W_i par :

$$\mathrm{E((R_i - r)) = W_{0m} \sum_{i=1}^{n} \Phi^{-1} Cov(R_m, R_i - r)}$$

Par le même raisonnement nous pouvons facilement écrire cette relation pour la rentabilité de marché :

$$W_{0m} \sum_{i=1}^{n} \Phi^{-1} = \frac{E((R_m - r))}{Cov(R_m, R_m)} = \frac{E((R_m - r))}{V(R_m)} \qquad Eq.\ 102$$

De par ce développement le MEDAF se dégage pour décrire l'équilibre sur le marché :

$$E\big((R_i - r)\big) = \frac{E\big((R_m - r)\big)}{V(R_m)} Cov(R_m, R_i - r)$$

$$E\big((R_i - r)\big) = E\big((R_m - r)\big) \frac{Cov(R_m, R_i - r)}{V(R_m)}$$

$$E\big((R_i)\big) = r + E\big((R_m - r)\big) \frac{Cov(R_m, R_i - r)}{V(R_m)}$$

$$E((R_i)) = r + \beta_i E((R_m - r)) \qquad Eq.\ 103$$

L'équation 102 est le MEDAF où la rentabilité de tout titre dépend de la sensibilité du marché et aussi transcrit l'équilibre sur le marché.

Le développement du MEDAF via plusieurs approches justifie la naissance d'un consensus sur la nécessité d'avoir une théorie de l'équilibre qui permettra d'ancrer les comportements des agents sur le même modèle de décision.

Le MEDAF n'est pas seulement un modèle empirique, c'est également un modèle théorique qui formera la brèche entre la théorie des prix des actifs et les théories des marchés financiers. Pour la première fois, les prix sur les marchés financiers pourront être qualifiés de prix d'équilibre assurant le bien-être économique entre les agents sur les marchés.

Implications du MEDAF

Le Modèle d'évaluation des actifs financiers a permis d'établir une théorie de l'équilibre qui constitue une référence pour les actifs risqués. En outre, ce modèle a établi une théorie pour évaluer les titres individuels et a contribué à une meilleure compréhension du comportement du marché et de la façon dont les prix des actifs sont fixés.

Le modèle a mis en évidence également la relation entre le risque et la rentabilité d'un actif et a montré l'importance de tenir compte du risque dans l'arbitrage entre les marchés financiers. Le risque total d'un titre est donc réparti en deux parties : le risque systématique, appelé bêta ou sensibilité, qui mesure la variation de l'actif par rapport au marché et le risque non systématique, qui est unique pour chaque actif. Cette ventilation pourrait être déjà établie à l'aide du modèle empirique du marché, comme nous l'avons vu dans les chapitres précédents.

Le risque non systématique, également appelé risque diversifiable, n'est pas récompensé par le marché. En fait, il peut être éliminé en construisant des portefeuilles diversifiés qui minimisent le risque total. La bonne mesure du risque pour un actif individuel est donc le bêta, qui est largement récompensé par la prime de risque, d'où son utilisation dans quelques indicateurs de performance.

Il est également à noter que les coefficients de sensibilité peuvent être agrégés pour donner lieu au Bêta du portefeuille. Le bêta d'un portefeuille est obtenu sous la forme d'une combinaison linéaire des bêtas des actifs qui composent le portefeuille.

Le MEDAF fournit donc une référence pour évaluer le degré d'attractivité des titres sur le marché. Autrement dit, évaluer les écarts de prix par rapport à la valeur d'équilibre déterminée par le MEDAF permettra aux investisseurs de fixer une référence par rapport aux évolutions du marché. Ainsi, nous pouvons savoir si les titres sont surévalués ou sous-évalués par le marché et en conséquence bâtir des stratégies de placement et d'investissement.

La théorie du MEDAF a également fourni aux gestionnaires de portefeuille un chemin de gestion de la performance, comme nous allons le voir dans les chapitres suivants. À ce titre, la théorie de l'équilibre, qui sous-tend ce modèle, a favorisé le développement de la gestion passive et des fonds indiciels, puisqu'il montre que le portefeuille de marché est le portefeuille le plus optimal. Le modèle a également ouvert la voie à l'élaboration de modèles plus élaborés fondés sur l'utilisation de plusieurs facteurs.

Un modèle d'équilibre ne peut exister que dans le contexte de l'efficacité du marché. L'efficience du marché Fama (1970), comme fondement théorique, permet de fournir une explication quant à l'évolution des actifs sur le marché. Définissons d'abord l'efficacité du marché et ses différentes formes. Le MEDAF en tant que modèle d'équilibre repose sur l'efficience de marché. Cette efficacité est une conséquence de l'hypothèse que tous les investisseurs ont les mêmes prévisions et espérances futures. Ils construisent tous la même frontière efficace d'actifs risqués et vont choisir d'investir uniquement dans les portefeuilles efficaces sur cette frontière. Étant donné que le marché est l'agrégation des portefeuilles des investisseurs individuels, c'est-à-dire un ensemble de portefeuilles efficaces, le marché sera donc également efficace. En l'absence de cette hypothèse de prévisions homogènes pour les investisseurs, nous sommes moins assurés quant à l'efficacité du portefeuille de marché et, par conséquent, de la validité du modèle d'équilibre. La théorie de l'efficience du marché est donc étroitement liée à celle du MEDAF. Il n'est pas possible de tester la validité de l'un sans l'autre.

Modèle de marché et MEDAF

Le modèle de marché, qui a été proposé comme simplification du modèle de Markowitz, et le modèle MEDAF ne sont pas similaires et il est important de faire la distinction entre les deux.

Cependant, le modèle de marché et le MEDAF ont certains liens l'un avec l'autre. Le modèle de marché est une partie importante du modèle à rendement espéré constant et repose sur l'hypothèse simple que les rendements des titres sont conformes à une distribution normale multivariée. Comme nous l'avons vu dans le chapitre de la simplification du modèle de Markowitz, ce modèle peut être exprimé algébriquement comme suit :

$$R_i = \alpha_i + \beta_i R_m + \varepsilon_i$$

Le MEDAF est un modèle d'équilibre qui explique les rendements attendus sur une période de détention :

$$E(R_i) = r_f + \beta_i(E(R_m) - r_f)$$

Compte tenu du fait que la rentabilité attendue sur le marché $E(R_m)$, le modèle de marché exprime également le rendement attendu d'un titre comme suit :

$$E(R_i) = \alpha_i + \beta_i E(R_m)$$

En comparant les équations des deux modèles, nous pouvons noter que :

$$\alpha_i = (1 - r_f)$$

Le MEDAF est donc généralement converti d'un modèle ex ante en un modèle expost ou empirique en le fusionnant avec un modèle générateur de rendement, comme le modèle de marché. En supposant que la distribution normale multivariée des rendements est stationnaire, nous pouvons accepter que :

$$E(Ri) - \beta_i E(R_m) = \alpha_i$$

Si nous remplaçons cette formulation dans le modèle de marché nous aurons :

$$R_i = E(R_i) - \beta_i E(R_m) + \beta_i R_m + \varepsilon_i$$

$$R_i = E(R_i) + \beta_i [R_m - E(R_m)] + \varepsilon_i$$

Avec une simple modification de la valeur selon le modèle MEDAF estimé nous obtenons la relation suivante :

$$R_i = r_f + \beta_i (E(R_m) - r_f) + \beta_i [R_m - E(R_m)] + \varepsilon_i$$

$$R_i = r_f + \beta_i [R_m - r_f] + \varepsilon_i$$

Ainsi, si nous rajoutons la constante du modèle de marché nous pouvons réécrire cette dernière équation sous la forme suivante :

$$R_i - r_f = \alpha_i + \beta_i [R_m - r_f] + \varepsilon_i$$

$$\alpha_i = [R_i - r_f] - \beta_i[R_m - r_f] \qquad \text{Eq. 104}$$

En situation d'équilibre α_i devrait être nul, dans le sens de validation du MEDAF. Autrement dit, si le marché est en situation d'équilibre et le MEDAF est estimé correctement, le paramètre α_i sera nul, indiquant l'inexistence d'une sur ou sous-évaluation.

MEDAF en temps continue

En théorie financière, le MEDAF est considéré comme une des grandes réalisations de l'histoire de la finance puisqu'il permet de concilier entre la théorie d'efficience et le modèle de Markowitz, basé sur le principe d'espérance-variance. Certes, ce modèle subit des critiques formulées à l'encontre du modèle de gestion de portefeuille, mais la critique la plus constructive et qui mérite notre attention et celle de son caractère statique.

Merton (1973) a déjà déclaré la nécessité d'intégrer la dynamique inter temporelle des rentabilités dans la définition de l'équilibre. Il a indiqué qu'il faut tenir compte de l'horizon temporel de variation des prix, des horizons de prise de décision et du temps de planification nécessaire et qui sont tous hétérogènes chez les investisseurs.

Ces critiques soutiennent le fait que les investisseurs dans les marchés risqués font face aux décisions intertemporelles pour maximiser leurs utilités de multi période en tenant compte du degré de consommation dans le futur. Cette logique de raisonnement est à l'encontre de l'approche espérance-variance qui permet de tenir compte du portefeuille optimal comme objectif ultime.

A ce titre, certains chercheurs, comme : Jensen (1969), Lee (1976), Levhari et Levy (1977) et Gilster (1983) ont exploré les implications pour le MEDAF d'investisseurs ayant des horizons disparates, une autre approche a été de développer une version en temps continu du MEDAF, qui est, par nature, intertemporelle. Dans toutes ces propositions, trois hypothèses fondamentales ont été retenues à savoir :

- Les investisseurs peuvent négocier en continu ;
- Les prix des actifs sont des processus stochastiques ;

- Les processus stochastiques peuvent être décrits comme des processus de diffusion, ce qui signifie que les prix ont une distribution log-normale et que les rendements sont en série indépendante et distribués de manière identique dans le temps.

Merton (1973) a développé une approche continue du modèle du MEDAF en mettant en place plusieurs hypothèses fondamentales à savoir : la négociation continue des actifs, les rentabilités des actifs sont distribuées de façon logarithmique et les investisseurs maximisent leur utilité prévue sur la base de leur consommation. Il développe également l'idée selon laquelle, en présence d'une variation stochastique des opportunités d'investissement (prix des actifs), un risque s'associe aux innovations dans les variables d'état qui décrivent les opportunités d'investissement. À titre d'exemple, une des variables d'état les plus importantes est le taux d'intérêt.

Nous savons, en économie et en finance, que tous les changements se transcrivent et se matérialisent sur les variables économiques clés qui à leurs tours influencent le comportement des investisseurs. Sur la base de ce constat, Merton propose de développer un modèle d'évaluation des actifs intertemporels (IMEDAF) en retenant les effets des variables d'état.

Le modèle IMEDAF est exactement pareil que le MEDAF classique, sauf que les taux de rendement continus sont utilisés, au lieu des rentabilités discrètes et la distribution considérée est log-normale au lieu de celle normale. Merton propose d'abolir l'hypothèse selon laquelle l'opportunité d'investissement est constante dans le temps, en répondant aux changements affectant la variable d'état. En effet, si le taux sans risque suit un processus de changement stochastique, les investisseurs seront confrontés à un autre risque causé par des changements défavorables dans l'ensemble d'opportunités. Dans cette situation, les investisseurs détiendront des portefeuilles entre trois opportunités : l'actif sans risque, le portefeuille de marché (m) et un portefeuille (N) dont le rendement est parfaitement corrélé négativement avec le taux sans risque. Les deux premières composantes sont déjà existantes dans le MEDAF et décrivent l'état stationnaire de l'investissement possible sur les marchés. Par ailleurs, la troisième composante permet aux investisseurs de se couvrir contre le risque causé par des changements intertemporels défavorables.

À cet effet, tous les portefeuilles optimaux des investisseurs peuvent être représentés sous la forme d'une combinaison linéaire des trois actifs. Dans ce cas, les rentabilités d'équilibre auront à satisfaire la relation suivante :

$$E(R) = rf + \beta^{i,m}(E(Rm) - rf) + \beta^{i,n}(E(Rn - rf). \qquad Eq.\ 105$$

L'existence d'un modèle d'équilibre des actifs dans le temps continu facilitera la prise de décision et aussi l'intégration de la dynamique des prix dans les modèles macroéconomiques. Avec un comportement inter temporel basé sur une rationalité et une aversion au risque, le MEDAF permettra d'établir un état d'équilibre sur le marché en supposant sur le long terme une efficience des marchés.

Application sur MATLAB

```
load CAPMuniverse
whos Assets Data Dates
[NumSamples, NumSeries] = size(Data);
NumAssets = NumSeries - 2;

StartDate = Dates(1);
EndDate = Dates(end);

Alpha = NaN(1, length(NumAssets));
Bêta = NaN(1, length(NumAssets));
Sigma = NaN(1, length(NumAssets));
StdAlpha = NaN(1, length(NumAssets));
StdBêta = NaN(1, length(NumAssets));
StdSigma = NaN(1, length(NumAssets));
for i = 1:NumAssets
        % Set up separate asset data and design matrices
        TestData = zeros(NumSamples,1);
        TestDesign = zeros(NumSamples,2);

        TestData(:) = Data(:,i) - Data(:,14);
        TestDesign(:,1) = 1.0;
        TestDesign(:,2) = Data(:,13) - Data(:,14);

        % Estimate CAPM for each asset separately
        [Param, Covar] = ecmmvnrmle(TestData, TestDesign);

        % Estimate ideal standard errors for covariance parameters
        [StdParam, StdCovar] = ecmmvnrstd(TestData, TestDesign, Covar, 'fisher');

        % Estimate sample standard errors for model parameters
        StdParam = ecmmvnrstd(TestData, TestDesign, Covar, 'hessian');

        % Set up results for output
        Alpha(i) = Param(1);
        Bêta(i) = Param(2);
        Sigma(i) = sqrt(Covar);

        StdAlpha(i) = StdParam(1);
        StdBêta(i) = StdParam(2);
        StdSigma(i) = sqrt(StdCovar);
end
```

```
displaySummary('Separate', StartDate, EndDate, NumAssets, Assets, Alpha, StdAlpha, Bêta, StdBêta,
Sigma, StdSigma)
```

CHAPITRE VI : ÉVALUATION DE LA PERFORMANCE FINANCIÈRE

« Une performance enclavée entre risque et rendement n'a de sens que pour celui qui y croit. »

La construction d'un portefeuille est possible et peut relater la dynamique de l'exigence de l'investisseur. La performance par définition en matière de gestion est liée à un couplage optimal entre le coût et l'efficacité d'un processus donné.

Dans la gestion de portefeuille, l'efficience et l'efficacité sont également les ingrédients de la performance, mais à quelques divergences près. L'efficience à ce titre est liée essentiellement à un meilleur arbitrage entre la rentabilité et le risque. Par ailleurs, l'efficacité dépend de la disponibilité opérationnelle de l'information pour la prise de décision.

Par définition, la performance d'un portefeuille est la capacité de mesurer le gain d'une stratégie de gestion de portefeuille en tenant compte du profit et du risque encourus. L'évaluation de la performance est basée sur des modèles économiques et aussi sur les pratiques des gestionnaires de fonds.

D'après les conclusions tirées des chapitres précédents, nous pouvons constater que ce ne sont pas seulement les rentabilités qui sont importantes pour maximiser l'efficacité du capital (ainsi que la performance) d'un investissement, mais également le risque est considéré en matière de gestion[41].

À ce titre, nous proposons de traiter la performance en utilisant les différentes approches de mesure du risque soit :

- Une analyse basée sur la rentabilité rapportée au risque ;
- Une analyse basée sur la dynamique du marché ;

[41] Pour l'instant seuls les deux premiers moments sont importants pour l'évaluation de la performance. Toutefois, d'autres moments peuvent également être pris en compte.

- Une analyse en fonction de diverses méthodes avancées ;

Performance et risque absolu

La plupart des mesures de performances ajustées en fonction du risque peuvent être généralisées à l'aide de la formulation suivante :

$$\text{Mesure de la performance} = \frac{\text{Indicateur de rendement}}{\text{indicateur de risque}}$$

Habituellement, l'indicateur de rendement est le rendement annualisé ex post estimé, moins le taux annualisé sans risque ou un taux minimum acceptable. L'indicateur de risque le plus largement utilisé est généralement la volatilité des rendements, car de nombreux investisseurs sont à l'aise avec l'approche classique de présentation dans l'espace espérance-variance.

Cependant, il présente des inconvénients en raison de sa simplicité. Par exemple, les moments les plus élevés, tels que l'aplatissement sont négligés, la distribution pourrait être asymétrique et les valeurs extrêmes pourraient s'avérer bien pires que prévu. Autrement dit, la volatilité est essentiellement une mesure du risque normal ou gaussien dans un monde réel anormal non gaussien du risque. Par conséquent, la mesure du risque indiquée au dénominateur de l'équation a été modifiée et redéfinie par divers chercheurs au fil des années pour englober des mesures plus complexes et plus significatives.

Le ratio de Sharpe

Comme nous l'avons démontré dans les chapitres précédents, le ratio de Sharpe est une des premières mesures de la performance. Dans le développement de la droite de marché, ce ratio qui décrit la pente permet de maximiser l'utilité de l'investisseur en présence du marché sans risque.

Le ratio de Sharpe est défini par :

$$\text{Sharpe} = \frac{R_P - r_f}{\sigma_P} \quad \text{Eq. 106}$$

Où R_P est la rentabilité annuelle du portefeuille et r_f est la rentabilité annuelle du taux sans risque et σ_P est la volatilité des rendements.

À ce titre, le ratio de Sharpe introduit le concept de référence du numérateur. En d'autres termes, l'investisseur qui cherchera le ratio de Sharpe le plus élevé aura à pénaliser les gestionnaires dont les rendements sont faibles. En fait, tout gestionnaire dont le rendement annualisé est inférieur au taux sans risque aura un ratio de Sharpe négatif, quel que soit le niveau de la volatilité.

L'inconvénient du ratio de Sharpe est qu'il reste absolu, dans le sens, qu'il ne mesure pas la performance de manière significative par rapport à un indice de référence du marché, mais seulement par rapport au taux sans risque.

Toutefois, d'autres mesures seront décrites dans les sections suivantes qui sont relatives à une référence du marché. De plus, le ratio de Sharpe est basé exclusivement sur l'approche moyenne-variance, et donc les moments supérieurs et les co-moments sont négligés et sont supposés être nuls.

Le ratio de Sharpe modifié

Le ratio de Sharpe modifié a été défini par Gregoriou et Gueyie (2003), comme suit :

$$\text{SharpeM} = \frac{\text{RP} - \text{RF}}{\text{MVar}} \quad \text{Eq. 107}$$

Le *SharpeM* prend en compte les moments les plus élevés de la distribution, c'est-à-dire le degré d'asymétrie et l'aplatissement excessif.

Mvar est présentée sous la forme suivante :

$$\text{MVaR}(1 - \alpha) = \text{abs}(-(\mu + z_\alpha \sigma)). \quad \text{Eq. 108}$$

où z_α est la statistique correspondant à une loi normale pour $(1 - \alpha)$ degré de confiance.

Le ratio de prélèvement maximal

Le ratio de prélèvement maximal (Maximum Drawdown) est donné par la relation suivante :

$$\text{DD} = \frac{R_P - r_f}{|\text{maxDD}|} \quad \text{Eq. 109}$$

Le rapport DD est encore une autre variante améliorée du rapport de Sharpe. Le risque dans le dénominateur est déterminé par la valeur absolue du maximum historique du DD. Un Drawdown maximum (MDD) est la perte maximale observée d'un pic à un creux d'un portefeuille, avant qu'un nouveau pic ne soit atteint. Le Drawdown maximum est un indicateur du risque de baisse sur une période de temps spécifiée.

$$MDD = \frac{\text{Valeur minimale} - \text{valeur maximale}}{\text{valeur maximale}} \quad \text{Eq. 110}$$

Le rabattement maximal (ou Maximum DD) est une mesure spécifique du rabattement qui recherche le plus grand mouvement d'un point haut à un point bas, avant qu'un nouveau pic ne soit atteint. Cependant, il est important de noter qu'il ne mesure que la taille de la perte la plus importante, sans tenir compte de la fréquence des pertes importantes.

Le prélèvement maximal (MDD) est un indicateur utilisé pour évaluer le risque relatif d'une stratégie de sélection d'actions par rapport à une autre, car il se concentre sur la préservation du capital, qui est une préoccupation majeure pour la plupart des investisseurs.

Performance et dynamique du marché

Cette approche basée sur la dynamique du marché permet de comparer la performance que peut réaliser un portefeuille en le confrontant avec le marché. Certes, cette approche est en controverse avec la théorie de l'efficience qui stipule que nous ne pouvons guère battre le marché, toutefois en pratique elle est très utilisée. Nous proposons donc d'examiner les mesures basées sur le modèle de marché et le modèle d'évaluation des actifs financiers.

La rentabilité excessive peut être définie comme suit :

$$Ri - E(Ri) = \alpha_i \quad \text{Eq. 111}$$

Lorsque, le marché est en équilibre alors le α_i est nul, dans d'autres cas :

$$Ri = \alpha_i + E(Ri)$$

$$Ri = \alpha_i + RF + \beta i(RM - RF) + \varepsilon i \quad \text{Eq. 112}$$

Selon le MEDAF, tous les actifs ont un prix fondamental et rationnel, comme nous l'avons expliqué dans le chapitre sur le MEDAF. À partir de ce modèle, nous pouvons estimer cette mesure excessive sous la forme suivante :

$$\alpha_p = R_P - E_{MEDAF}(R_M) \quad \text{Eq. 113}$$

Cette équation permet de calculer la valeur ajoutée d'une gestion effective de portefeuille. Cet alpha est communément appelé « alpha de Jensen ».

Le ratio d'information

Le ratio d'information développé par Goodwin (1998) est semblable au ratio de Sharpe, puisqu'il est fondé sur le rendement et la volatilité d'un portefeuille. Toutefois, le ratio de Sharpe utilise un taux sans risque comme référence pour le numérateur. Le ratio d'information va plus loin et utilise un indice de référence du marché.

Le gestionnaire ne procède alors qu'à la gestion de l'alpha, c'est- à- dire qu'il essaie d'améliorer la rentabilité moyenne de son benchmark en tablant exclusivement sur sa capacité à sélectionner les bons titres (Security picking).

$$R_{P,t} = a + R_{B,t} + e \quad \text{Eq. 114}$$

D'où :

$$R_{P,t} - R_{B,t} = \Delta_t = a + e. \quad \text{Eq. 115}$$

$R_{P,t}$ est la rentabilité du portefeuille et $R_{B,t}$ est la rentabilité du benchmark qui est généralement le marché ou la rentabilité de l'indice marché. Nous pouvons déduire alors le ratio de l'information qui met en relation la rentabilité espérée de l'écart et le risque :

$$IR = \frac{E(R_P) - E(R_f)}{\sigma(\Delta_t)} = \frac{a}{\sigma(\Delta_t)} \quad \text{Eq. 116}$$

Le ratio de Treynor

Le ratio de Treynor (1962) est de la même forme que le ratio de Sharpe. Cependant, cette fois-ci, le risque est défini comme étant le bêta du portefeuille par rapport à un indice de référence.

Le ratio de Treynor est le suivant :

$$RT = \frac{Rp - Rf}{\beta p} \quad \text{Eq. 117}$$

Ce ratio permet de comparer la prime gagnée à la sensibilité du portefeuille. À l'équilibre, ce rapport est égal à la prime de risque. Le rapport de Treynor nous permet d'évaluer le degré de diversification du portefeuille, puisqu'il implique exclusivement le risque systématique. Le bêta du portefeuille β_P peut être calculé par la méthode des moindres carrés ordinaires (MCO) pour estimer la pente de la droite de régression. Toutefois, sur le plan économétrique il faut s'assurer que l'estimation a été faite de façon correcte et que l'estimateur est efficace.

Performance et méthodes avancées

Ce dernier groupe de mesures est basé sur le concept de séparation entre la « bonne volatilité » à la hausse et la « mauvaise volatilité » à la baisse. La variance et l'écart type sont des mesures de dispersion des rentabilités d'un actif. Cependant, il est souvent souhaitable de pouvoir spécifier un seuil de rendement minimum acceptable pour une certaine statistique. Cette façon de voir est en concertation avec les différentes critiques qui ont été apportées à la variance.

Le ratio de Sortino

Les indicateurs basés sur les écarts types n'indiquent pas si la valeur est supérieure ou inférieure à la moyenne. C'est le but du ratio de Sortino (2010). Il est similaire au ratio de Sharpe, mais avec un rendement minimum acceptable (MAR). De plus, l'écart type est remplacé par la semi-variance :

$$SR = \frac{E(Rp)-MAR}{\sqrt{\frac{\Sigma(Rp-MAR)^2}{T}}} \qquad \text{Eq. 118}$$

Le rapport de Sortino est une autre variante améliorée du rapport de Sharpe. La limite du ratio de Sharpe est qu'il utilise la volatilité comme mesure du risque. En conséquence, les fortes hausses et les fortes baisses de valeur sont pénalisées, car elles se traduisent par une volatilité plus élevée et un ratio de Sharpe plus faible.

Le dénominateur du ratio de Sortino utilise le concept de rentabilité minimale acceptable (MAR) pour établir un point de référence pour la mesure des rendements. Fondamentalement, le MAR est un point fixe, par exemple 3%, qui fixe un taux de rendement minimal acceptable pour l'investisseur et, ce faisant, divisent les rendements en deux catégories, c'est-à-dire les rendements supérieurs ou égaux au MAR (le semi-écart à la hausse) et les rendements inférieurs au MAR (le semi-écart à la baisse).

Étant donné que l'idée derrière le concept de rendements ajustés au risque est d'essayer d'avoir le moins de risque possible et que l'investisseur ne veut pas que son risque haussier soit pénalisé, le ratio de Sortino utilise une mesure de l'écart type dans le dénominateur, qui n'utilise que les rendements à la baisse dans le calcul. Ainsi, plus le ratio de Sortino est élevé, meilleur est le portefeuille.

Le ratio Oméga

Keating et Shadwick (2002) ont défini un ratio Oméga qui est une méthode non paramétrique, puisqu'elle ne repose pas sur le calcul des moments d'une distribution de rendements pour déterminer le classement de chaque portefeuille, par rapport à un seuil.

Développé au début des années 2000, ce ratio a gagné en popularité auprès des praticiens en raison de son caractère inclusif de la distribution complète des rentabilités dans la description du classement relatif des portefeuilles.

Le ratio tient compte des rentabilités inférieures et supérieures à un seuil de perte spécifique. En pratique, il place un seuil de rentabilité sur la distribution unitaire des rentabilités qui ont été accumulées en additionnant du côté gauche pour former la distribution cumulative ; $F(x)$.

Le rapport Oméga s'écrit sous la forme suivante :

$$\text{Omega} = \frac{\int_{-\infty}^{+\infty}(1-F(x))dx}{\int_{-\infty}^{+\infty}(F(x)dx)} \quad \text{Eq. 119}$$

Les rentabilités inférieures à un certain seuil sont considérées comme des pertes, et celles ci-dessus sont considérées comme des bénéfices. Il résulte de l'équation Omega qu'une valeur plus élevée d'Omega pour un seuil donné est préférée à une valeur inférieure pour un investisseur rationnel.

Ainsi, lorsque le ratio Oméga prend une valeur égale à un, cela représente la moyenne du portefeuille, puisqu'il s'agit du point d'équilibre en termes de moments. Le ratio Omega peut donc être utilisé pour créer des classements basés sur différents seuils de rentabilité. Les classements peuvent changer en fonction d'un seuil de perte perçu qui variera d'un investisseur à l'autre en fonction de son aversion au risque.

Le ratio Omega est non paramétrique et reflète tous les moments de la distribution, de sorte qu'un fonds avec un kurtosis excédentaire élevé sera classé plus bas qu'un autre sans kurtosis excessif.

Le ratio Dowd

L'analyse de performance peut également être basée sur d'autres mesures de risque, telles que la mesure de la valeur à risque (Value at Risk). C'est en fait l'objectif du ratio de Dowd qui s'écrit sous la forme suivante :

$$DR = \frac{E(Rp)-Rf}{VaR_p/V_p} \quad \text{Eq. 120}$$

Dowd (2005) introduit la valeur à risque comme mesure du risque, sa particularité est qu'elle mesure la perte de façon directe sans recourir à la notion de dispersion.

$$VaR = -\alpha\sigma_{Rp}N. \quad \text{Eq. 121}$$

où α désigne le degré de confiance, pour lequel la VaR est estimée, σ_{Rp} est l'écart type des rendements du portefeuille et N est l'encours du portefeuille[42].

---

[42] En raison du fait que les rentabilités sont généralement en voisinage de 0, l'espérance des rentabilités est supposée nulle dans le calcul de la perte.

La plupart des approches d'évaluation ou de mesure de la performance sont adossées à la comparaison entre la rentabilité excessive et le risque encouru. La différence entre les approches est la définition analytique du risque et le moment à retenir pour une mesure efficace et probante de la perte.

Application MATLAB

Sharpe Ratio

```
[returns,names]=xlsread('hfma_matlab_data.xlsx','10 Hedge Funds');
[rfreturn,rfname]=xlsread('hfma_matlab_data.xlsx','15 Factors');
rfaverage = mean(rfreturn(:,6)); %average risk-free rate
sr = sharpe(returns,rfaverage/12)*sqrt(12); %Sharpe ratio
```

Ratio information

```
[returns,names] = xlsread('hfma_matlab_data.xlsx','10 Hedge Funds');
[rfreturn,rfname] = xlsread('hfma_matlab_data.xlsx','15 Factors');
rfreturn = rfreturn(:,6); %get risk free-rates
rfaverage = mean(rfreturn); %mean risk-free rate
ir = inforatio(returns,rfreturn/12)*sqrt(12); %information ratio
```

Treynor Ratio

```
[returns,names] = xlsread('hfma_matlab_data.xlsx','10 Hedge Funds');
[market,marketname] = xlsread('hfma_matlab_data.xlsx','15 Factors');
[rfreturn,rfname] = xlsread('hfma_matlab_data.xlsx','15 Factors');
market = market(:,1); %get PSDX as market return benchmark
meanfund = mean(returns)*12; %mean fund return
meanmarket = mean(market)*12; %mean market return
rfreturn = rfreturn(:,6); %get risk-free rates
rfaverage = mean(rfreturn); %mean risk-free rate
%tr = zeros(10); %pre-allocate memory
for i=1:11;
   VCV = cov(returns(:,i),market); %VCV matrix
   fundvol = sqrt(VCV(1,1))*sqrt(12); %fund volatility
   marketvol = sqrt(VCV(2,2))*sqrt(12); %market volatility
   gearing = fundvol/marketvol; %gearing vs. market
   Bêta = VCV(1,2)/VCV(2,2); %fund Bêta
   cashBêta = Bêta*gearing; %cash Bêta
   tr(i) = (meanfund(i)-rfaverage)/Bêta; %Treynor ratio
end
```

Alpha de Jensen

```
[returns,names] = xlsread('hfma_matlab_data.xlsx','10 Hedge Funds');
[market,marketname] = xlsread('hfma_matlab_data.xlsx','15 Factors');
[rfreturn,rfname] = xlsread('hfma_matlab_data.xlsx','15 Factors');

market = market(:,1); %get PSDX as market return benchmark
meanfund = mean(returns)*12; %mean fund return
meanmarket = mean(market)*12; %mean market return
```

```
rfreturn = rfreturn(:,6); %get risk-free rates
rfaverage = mean(rfreturn); %mean risk-free rate
ja = portalpha(returns,market,rfreturn/12,'CAPM')*12; %Jensen's alpha
```

SORTINO RATIO

```
[returns,names] = xlsread('hfma_matlab_data.xlsx','10 Hedge Funds');
MAR = input('Input Minimum Acceptable Return (MAR) e.g. 5 for 5%: '); %input Minimum Acceptable Return (MAR)
md = mean(returns)*12-MAR; %Sortino numerator
sd = sqrt(lpm(returns*12,MAR,2)); %Sortino denominator
sor = md./sd; %Sortino ratio
```

Graphique de comparaison

```
c = categorical(names(1,1:11));
figure('NumberTitle', 'off', 'Name', 'Comaparaison de la performance selon différents ratios et indicateurs')
subplot(3,2,1)
bar(c,sr, 'r')
title('Performance selon le ratio Sharpe')
subplot(3,2,2)
bar(c,ir,'g')
title('Performance selon le Ratio de l''information')
subplot(3,2,3)
bar(c,tr,'b')
title('Performance selon le ratio de Teynor')
subplot(3,2,4)
bar(c,ja,'m')
title('Performance selon le Alpha de jensen')
subplot(3,2,5)
bar(c,sor,'y')
title('Performance selon le ratio de Sortino')
```

CHAPITRE VII. DE LA GESTION OBLIGATAIRE

"Un risque intrinsèque... une gestion mimétique...repartir pour régner."

Les obligations sont des titres de créances dépendant des taux d'intérêt sur le marché. À la différence des titres de propriété, les titres de créances ont des comportements différents des actions et des autres actifs objets de la finance moderne. La particularité des actifs de taux d'intérêt réside dans leurs caractéristiques qui imposent une gestion de portefeuilles différente.

La famille obligataire a généralement une durée bien déterminée et des taux de rémunération (coupon) fixés à l'avance. Les prix des obligations sont influencés par l'évolution des taux d'intérêt sur le marché et sont donc sujets au risque de taux d'intérêt à l'encontre des actions qui sont plus adossées au risque prix des actifs.

La rémunération des obligations est donc connue à l'avance et fait l'objet de transcription dans les contrats d'émission. Comparativement aux actions dont la rémunération est imprévisible (dividende), les obligations auront une autre approche de gestion de portefeuille tenant compte de cette spécificité. La dépendance au taux d'intérêt comme facteur de risque impose l'utilisation d'indicateur de mesure de risque de taux dans la formulation des modèles de gestion obligataire à savoir la duration et la convexité. La duration est un élément très important dans l'analyse obligataire permettant de mesurer la durée moyenne de modification des taux d'intérêt durant la vie de l'obligation. Par ailleurs, la convexité est une correction de la duration afin de tenir compte de la non-linéarité du comportement du prix obligataire.

Dans ce chapitre, nous proposons une présentation de la gestion obligataire et une analyse détaillée des points à en tenir compte lors de l'analyse des portefeuilles obligataires. Dans un premier temps, nous allons voir les caractéristiques fondamentales des obligations et la notion de prix. Ensuite, nous allons présenter la formation des taux d'intérêt, et ce en identifiant la courbe des taux. Un troisième point est consacré à la présentation de la technique d'immunisation de portefeuille qui constitue une méthode d'optimisation des portefeuilles obligataires.

Cartographie des obligations

Les obligations sont des titres de créances qui obéissent à la même logique que les emprunts obligataires. Dans la littérature financière, nous avons plusieurs formes d'obligations, dont les plus connues sont :

Les obligations à taux fixes ou vanille : ce sont des obligations classiques qui se distinguent par le versement d'un taux (intérêt fixe ou coupon) déterminé lors de l'émission du titre et une périodicité de versement généralement annuelle.

Les obligations à taux flottant : ces obligations donnent lieu à des coupons variables. Et leur variation dépend du taux de référence, à savoir celui du marché. A chaque échéance du coupon, la valeur de celui-ci sera calculée en fonction de ce taux du marché. Ceci permet d'annuler le risque de taux. Pour ce type d'obligations, l'émetteur et le souscripteur font le pari inverse sur une forte variation des taux d'intérêt. Si les taux montent, le gain sera en faveur du souscripteur et inversement dans le cas contraire.

Les obligations à zéro coupon : ces obligations ne génèrent pas de coupons durant toute leur durée de vie contrairement aux obligations classiques. Dans le but d'être plus attractif, l'ensemble de ces coupons est versé à l'échéance et doit être impérativement supérieur à la valeur nominale de l'obligation.

Les obligations convertibles en action existante (OCAE) : sont des obligations qui donnent droit et non l'obligation à son porteur de les convertir à des actions nouvelles de la société émettrice. Le prix auquel l'obligation est convertible est fixé au moment de l'émission et non au moment de conversion selon des modalités fixées a priori. Lorsque l'acheteur de cette obligation accepte la conversion, l'entreprise émettrice des OCAE incite ses actionnaires à revendre leurs actions au porteur d'obligation.

Les obligations remboursables en action (ORA) : sont des obligations ordinaires, qui se distinguent par un remboursement sous forme d'action et pas en espèce. L'opération d'échange se réalise à l'échéance de l'emprunt et non pas à tout moment contrairement au OCA.

Les obligations indexées sur l'inflation : ces obligations sont émises principalement par les gouvernements, elles se distinguent des obligations nominales, par le fait que les paiements qu'elles génèrent sont indexés sur un indice d'inflation (Exemple : prix à la consommation). L'indexation peut porter uniquement sur le capital, ou sur les coupons, afin de protéger le pouvoir d'achat de l'investisseur (risque d'inflation), tout au long de la durée de vie de l'obligation et lui assure un rendement réel, contrairement aux obligations non indexées qui génèrent un rendement nominal.

Au Maroc, le marché des obligations demeure très restreint, sauf le marché des BT. Les obligations ordinaires, avec 81 émissions depuis 2003, cette catégorie représente plus de 76% des émissions marocaines. Ce sont des obligations classiques qui sont les plus répandues à travers le marché. Les obligations subordonnées, avec 20 émissions sur les 10 dernières années, ces obligations sont émises principalement par les banques.

Obligations convertibles en action (OCA) : *Deux obligations ont été émises respectivement par le Groupe Alliances et la Compagnie Minière de Touissit (CMT). L'investisseur profite de la hausse sur l'action grâce à l'option de conversion tout en gardant le droit de conserver ces obligations. L'émetteur paie un taux d'intérêt relativement réduit, compte tenu de la clause optionnelle offerte.*

Obligations remboursables en actions (ORA) *: Deux obligations ont été émises l'une par Risma et l'autre par le Groupe Alliances. Les ORA permettent à l'émetteur de disposer de liquidités immédiatement, tout en remboursant le principal via une augmentation de capital à maturité, ce qui lui permet de disposer d'un délai pour s'organiser. L'investisseur, quant à lui, parie sur la hausse de l'action, tout en empochant des coupons avant de devenir actionnaire, toutefois il ne s'agit pas d'un choix (option) comme pour le cas des OCA.*

Obligations indexées *: L'émission de Somacovam a été la seule sur ce marché. Les coupons dépendaient de la performance d'un portefeuille de 20 actions internationales. Les coupons annuels ne sont versés que si toutes les actions n'ont pas baissé en dessous de 80% de leur valeur initiale, à une date de constatation donnée. Ce scénario ne s'est pas produit et l'obligation n'a pas payé de coupons optionnels à ce jour, représentant ainsi une expérience amère pour les investisseurs.*

Détermination des prix

La valeur actuelle d'une obligation est la somme des cash flows actualisés, incluant les coupons et le principal. Le prix des obligations conventionnelles à taux annuel est :

$$P = \frac{c}{1+r} + \frac{c}{(1+r)^2} + \cdots .. + \frac{M}{(1+r)^n}$$

$$P = \sum_{i=1}^{n} \frac{c_i}{(1+r)^i} + \frac{M}{(1+r)^n} \qquad Eq.\ 122$$

Avec c : est le coupon, r est le taux d'actualisation et M est le prix de remboursement.

Les obligations obéissent à une règle d'émission (et de remboursement) à déterminer dans le contrat :

- Au Pair lorsque le prix d'émission est égal à la valeur nominale ;
- Au-dessous du pair si le prix d'émission est en dessous de la valeur nominale ;
- Au-dessus du pair au moment où le prix de remboursement est supérieur à la valeur nominale.

La décortication de la formulation des prix obligataires permettra de comprendre le comportement des obligations par rapport aux facteurs de risque, qui est généralement le taux d'intérêt. En fait, le coupon, la maturité et aussi les modes d'émission et de remboursement sont généralement transcrits dans le contrat, seul le taux d'intérêt reste aléatoire et peut modifier la valeur intrinsèque de l'obligation.

À cet effet, pour comprendre les mouvements et les évolutions des prix des actifs, il est nécessaire d'étudier la relation entre les prix des obligations et les taux d'intérêt. Dans un premier temps, quelques règles sont à déduire de la formulation actuarielle des prix des obligations :

- Le taux d'intérêt et le rendement sont utilisés de manière interchangeable ;
- Le taux d'intérêt minimum qu'un investisseur devrait exiger est le rendement d'un titre du Trésor ;

- Le marché du Trésor est surveillé de près ;

- Pour l'évaluation de base, un taux d'intérêt unique est utilisé pour actualiser tous les flux de trésorerie, toutefois l'approche appropriée en matière d'évaluation utilise plusieurs taux d'intérêt, chacun spécifique à un flux de trésorerie et à une période de temps particulière.

Il est également à noter que les prix des obligations peuvent dévier par rapport à la valeur nominale (surcote ou décote) et ceci est dû aux différences potentielles entre le taux du coupon et le taux de rendement :

- Si le taux du coupon = rendement du marché $\Rightarrow$ le prix de l'obligation = la valeur nominale ;

- Si le taux du coupon < rendement du marché $\Rightarrow$ le prix de l'obligation < valeur nominale (décote) ;

- Si le taux du coupon > le rendement du marché $\Rightarrow$ le prix de l'obligation > valeur nominale (surcote).

Les émetteurs d'obligations ne paient pas d'intérêts de coupon tous les jours, mais sont généralement payés tous les six mois ou sur une fréquence annuelle. Par conséquent, il est rare qu'un acheteur achète ou vende une obligation à la date de paiement du coupon. Lorsque le temps s'est écoulé depuis le dernier paiement du coupon, le vendeur d'obligations veut généralement être payé pour les intérêts courus.

Les intérêts courus sont le montant qui a été gagné par le vendeur. Le montant payé par l'acheteur au vendeur de l'obligation est le prix convenu plus les intérêts courus. C'est ce que nous appelons le prix d'acquisition.

Lorsque le prix d'une obligation est calculé à l'aide de l'approche traditionnelle de la valeur actuelle, l'intérêt couru est incorporé dans le prix, c'est ce que nous appelons le prix total ou « d'acquisition ». Du prix total, les intérêts courus doivent être déduits pour déterminer le prix de l'obligation, appelé « Clean Price ».

Les intérêts courus (AI) sont la part proportionnelle du prochain paiement du coupon :

$$\boldsymbol{AI = \frac{t}{T} * PMT} \qquad \textit{Eq. 123}$$

Où : t est le nombre de jours entre le dernier paiement du coupon et la date de règlement ;

T est le nombre de jours dans la période de coupon ;

t/T est la fraction de la période de coupon qui s'est écoulée depuis le dernier paiement ;

et PMT est le paiement du coupon par période.

Pour le calcul des intérêts courus, il faut bien évidemment tenir compte des conventions de jours. Le tableau ci-dessous présente l'ensemble des conventions à usage dans les marchés mondiaux :

Réel/réel	Le nombre de jours dans une période et une année est le nombre réel de jours
1	30/360 SIA — La fraction d'année est calculée sur la base d'une année de 360 jours avec des mois de 30 jours.
2	réel/360 — Le nombre de jours dans une période est égal au nombre réel de jours, mais le nombre de jours dans année est de 360.
3	réel/365 — Le nombre de jours dans une période est égal au nombre réel de jours, mais le nombre de jours dans année est de 365 (même dans une année bissextile).
4	30/360 PSA — Le nombre de jours par mois est fixé à 30 (y compris février). Le nombre de jours dans une année de 360.
5	30/360 ISDA — Le nombre de jours par mois est fixé à 30, sauf en février où il s'agit du nombre réel de jours. nombre de jours dans une année est de 360.
6	30E /360 — Le nombre de jours par mois est fixé à 30, sauf en février où il est égal au nombre réel de jours. nombre de jours dans une année est de 360.
7	réel/365 japonais — Le nombre de jours dans une période est égal au nombre réel de jours, à l'exception des jo bissextiles (29 février) qui sont ignorés. Le nombre de jours dans une année est de 365 (même dans une année bissexti
8	ICMA réel/réel — Le nombre de jours au cours d'une période et d'une année est le nombre réel de jours e fréquence de composition est annuelle.
9	Réel/360 ICMA — Le nombre de jours dans une période est égal au nombre réel de jours, mais le nombre de jo dans une année est de 360 et la fréquence de composition est annuelle.
10	Réel/365 ICMA — Le nombre de jours dans une période est égal au nombre réel de jours, mais le nombre de jo dans une année est de 365 (même dans une année bissextile) et la fréquence de composition est annuelle.
11	ICMA 30/360 — Le nombre de jours par mois est fixé à 30, sauf en février où il est égal au nombre réel de jours la date de début ou de fin de la période est le 31 d'un mois, cette date est fixée au 30. Le nombre de jours dans une an est de 360 et la fréquence de composition est annuelle.
12	Réel/365 ISDA — La fraction du nombre de jours est calculée à l'aide de la formule suivante : (Nombre réel de jo dans la période qui tombent dans une année bissextile / 366) + (Nombre réel de jours dans la période qui tombent dans année normale / 365).
13	bus/252 — Le nombre de jours d'une période est égal au nombre réel de jours ouvrables. Le nombre de jo ouvrables dans une année est de 252.

Tableau 7. Convention de jours pour calcul des coupons

Obligations et taux d'intérêt

Les prix des obligations et les taux d'intérêt évoluent dans des directions opposées. Étant donné que le prix d'une obligation fluctue avec les taux d'intérêt du marché, le risque auquel sont confrontés les investisseurs est que le prix d'une obligation baisse si les taux augmentent. C'est ce que nous appelons le risque de taux d'intérêt, qui est le principal risque, auquel sont confrontés les détenteurs d'obligations.

Le facteur de risque le plus important dans la vie d'une obligation est le taux d'intérêt. La variation de ce dernier peut influencer le prix sur le marché et également affecter le risque de l'obligation. En pratique, la relation entre les taux d'intérêt le prix de l'obligation est mesurée via plusieurs indicateurs, dont les plus utilisés sont la duration et la convexité.

Duration

La duration d'un instrument est calculée en prenant la moyenne des maturités de flux de liquidités, où chaque maturité est pesée selon le rapport entre la valeur actuelle du flux de liquidités pour une maturité donnée et le prix (ou des cours en bourse) de l'instrument.

A calculer de cette façon, la duration représente un indicateur de risque qui tient compte de la vie résiduelle de l'instrument et de la valeur des coupons ou des revenus générés. Cette duration de Macauley, peut être énoncée analytiquement comme suit :

$$D = \sum_{t=1}^{T} t * \frac{\frac{CFt}{(1+t)^t}}{P} \qquad Eq.\ 124$$

La duration est en effet, la dérivée des prix par rapport à un changement infinitésimal du taux d'intérêt. Le calcul de la duration est basé sur la moyenne pondérée des maturités et est donc exprimé, généralement, en années.

En outre, plus la duration d'un instrument à taux fixe est importante plus la vie résiduelle de l'instrument concerné est longue et plus les coupons sont faibles. En effet, les obligations avec une plus grande duration sont ceux avec une plus longue vie résiduelle et un coupon modéré. Et dans le cas d'une obligation à flux unique, la durée est exactement la même que la vie résiduelle de l'obligation.

Une autre caractéristique principale doit être considérée concernant la duration d'un portefeuille. Nous pourrons facilement prouver que la duration d'un portefeuille n'est rien d'autre que la moyenne des durations des différentes obligations qui composent ce portefeuille.

Convexité

Pour améliorer la qualité de cette approximation, relative à la variation des prix des actifs, suite à la variation des taux, nous pouvons employer la convexité qui aide à apporter la modification des prix prévus, plus près de la réalité.

Considérons le développement de Taylor de la fonction des prix, suite à une variation des taux d'intérêt :

$$\boldsymbol{P(r_0 + \Delta r) = P(r_0) + \sum_{j=1}^{\infty} P^{(j)}(r_0) \frac{(\Delta r)^j}{j!}} \qquad \textit{Eq. 125}$$

L'approximation à l'ordre 1 permet d'obtenir la duration et celle du second ordre facilite l'extraction de la convexité, soit :

$$\boldsymbol{P(r_0 + \Delta r) = P(r_0) + P'(r_0)(\Delta r) + P''(r_0) \frac{(\Delta r)^2}{2}}$$

$$\boldsymbol{P(r_0 + \Delta r) = P(r_0) - P'(r_0) * MD * \Delta r + P''(r_0) \frac{(\Delta r)^2}{2}}$$

$$\boldsymbol{\frac{\Delta P}{P(r_0)} = -MD * \Delta r + \frac{P''(r_0)}{P(r0)} \frac{(\Delta r)^2}{2}} \qquad \textit{Eq. 126}$$

$$\text{où} \;:\; \boldsymbol{\frac{P''(r_0)}{P(r_0)} = MC = \frac{1}{(1+r)^2} \sum_{t=1}^{T} (t^2 + t) \frac{CF_t (1+r)^{-t}}{P}}$$

Dans ce sens, la variation des prix est égale :

$$\boldsymbol{\frac{\Delta P}{P(r_0)} = -MD * \Delta r + MC \frac{(\Delta r)^2}{2}} \qquad \textit{Eq. 127}$$

MD est la duration et MC est la convexité.

D'un point de vue théorique, si la duration indique la pente du rapport des prix/taux, la convexité indique par ailleurs, le changement affectant cette pente ou la vitesse de la chute des prix.

D'une façon générale, la courbe (relation prix et taux) est convexe et plus la convexité est forte, plus l'utilisation de la duration uniquement est sujette à biais. En effet, quand les taux du marché baissent, une convexité élevée produit une forte hausse du prix des obligations, et vice versa[43].

Obligations, taux spots et taux futurs

Les obligations ne sont pas uniquement des actifs qui permettent des politiques de placement, mais également des instruments qui peuvent aider à la modélisation des taux de court et de long terme. Le sens même d'existence des courbes des taux est en partie en lien avec la famille des produits obligataires. De même, pour définir le lien entre les taux d'intérêt et le prix des obligations, il est nécessaire de comprendre la formation des taux d'intérêt de court et de long terme.

Obligations zéro coupon

L'obligation zéro coupon est a priori une obligation théorique et par définition, c'est celle qui ne verse pas de coupon et peut être exprimée de la forme suivante :

$$\boldsymbol{P(t,T) = \frac{1}{(1+r(t,T))^n}} \qquad \textit{Eq. 128}$$

Le taux zéro coupon discret est :

$$\mathrm{r(t,T) = P(t,T)^{-\frac{1}{n}} - 1}$$

Et celui en temps continu :

$$\boldsymbol{P(t,T) = e^{-r(t,T)(T-t)}}$$

$$\boldsymbol{\log r\,(t,T) = -(\frac{1}{n})\,\log P\,(t,T)}$$

Considérons par ailleurs, un contrat à terme qui promet au temps « t » de payer un montant dans le futur à l'instant « T1 » et de recevoir un paiement en retour à l'instant « T2 » (sachant que T2 > T1). En fait, ce contrat n'est

---

43 D'un point de vue pratique, la duration et la convexité sont utilisées pour des variations très petites des taux d'intérêt. À ce titre, leurs usages dans les exercices de stress testing ou macro stress test restent limités et peut conduire à des erreurs importantes dans l'évaluation de la stabilité financière (Cihak, M. (2007).

qu'un contrat forward exercé sur une obligation à coupon zéro qui échoit en T2.

Il existe une façon de dupliquer ce contrat au temps t en achetant une obligation à coupon zéro qui échoit en T2 et en vendant une quantité de « x » unités de l'obligation qui échoit en T1. Cette procédure a comme coût initial :

$$P(t, T_2) - xP(t, T_1) = 0$$

Le prix de ce contrat à terme doit par définition avoir une valeur nulle (absence de possibilité d'arbitrage) à l'instant « T1 ». Par conséquent, x prend la valeur suivante :

$$x = \frac{P(t, T_1)}{P(t, T_2)}$$

A l'achat d'une obligation qui échoit en « T2 » au temps « T1 », le taux forward peut être obtenu de la manière suivante.

Nous savons que le prix forward d'une obligation à coupon zéro qui échoit en « T2 » au temps « T1 » est donné par :

$$\frac{\boldsymbol{P(t,T_2)}}{\boldsymbol{P(t,T_1)}} = \boldsymbol{e^{-f1(t_2-t_1)}} \qquad \textit{Eq. 129}$$

En prenant le logarithme de chaque membre de cette expression et après quelques arrangements mathématiques, nous obtenons l'expression du taux forward :

$$\boldsymbol{f(1,2) = -\frac{ln(P(t,T_2)) - ln(P(t,T_1))}{T2 - T1}}$$

$$\boldsymbol{ou - f(1,2) = \frac{r_2 * t_2 - r_1 * t_1}{t_2 - t_1}}$$

$$\boldsymbol{f(t) = \lim_{dt_1 \to 0} f(t, t + dt) = r(t) + \frac{\partial r(t)}{\partial t} t.} \qquad \textit{Eq. 130}$$

Hypothèses de formation des taux

Trois théories ont été proposées pour expliquer la structure de condition des taux d'intérêt, c'est-à-dire le rapport parmi des taux d'intérêt sur des obligations de différentes maturités réfléchit dans des modèles de courbe de rendement :

- La théorie d'espérances ;

- La théorie des marchés segmentés ; et
- La théorie de la meilleure qualité de liquidité.

Les théories de formation des taux d'intérêt permettent de justifier la différence entre les taux d'intérêt sur le court terme et ceux sur le moyen et le long terme. Selon la conception théorique les taux de long terme devraient toujours être supérieurs aux ceux de court terme et ceci selon trois conceptions.

La théorie d'espérance estime que les investisseurs ont toujours tendance à espérer avoir plus de rendement dans une durée d'investissement plus longue et selon la théorie d'arbitrage, l'espérance de gain dans une longue période est exactement la sommation des petites périodes qui la composent.

Par ailleurs, la théorie des marchés segmentés indique que les investisseurs ont tendance à segmenter le marché en deux blocs, à savoir ceux de court terme et ceux de long terme et pour permettre une présence dans les deux segments, le taux d'intérêt est le seul mécanisme d'incitation.

En dernier lieu la théorie de la qualité de liquidité suppose que les taux d'intérêt de court terme sont adossés à un risque de liquidité faible et donc les actifs sont facilement monétisés et donc le taux d'intérêt exigé serait très faible. Par ailleurs, les actifs sur le long terme sont moins liquides et donc le niveau du risque de liquidité est fort et exige une compensation en matière de taux d'intérêt. Ceci dit, les taux d'intérêt obéissent à une logique ascendante où les taux de long terme sont toujours supérieurs à ceux de court terme, sauf en situation de trappe à liquidité ou en situation de crise.

Les Bons du Trésor : particularités et fondements pour le cas marocain

Le Trésor a eu accès au Maroc aux circuits de financement du marché monétaire en 1983, en émettant, de manière permanente, des Bons du Trésor à 1 mois. Ces bons pouvaient être utilisés dans les avances aux taux d'escompte et ce, jusqu'en janvier 1985.

À compter du 22 janvier 1985, les avances à taux fixes de BKAM[44] sur le marché monétaire ont été remplacées par des concours à taux variables, où les Bons du Trésor à 1 mois ont été admis, en garantie de ces avances, au même

[44] Bank Al Maghrib : Banque Centrale du Maroc

titre que les effets de commerce réescomptables. Ce qui a commencé à donner de l'élan à ce genre d'actif sur le marché monétaire. En effet, la technique des adjudications des Bons du Trésor n'a été introduite, sur ce marché qu'à compter de 1989.

La procédure et les caractéristiques de ces adjudications ont subi plusieurs modifications, depuis leur institution, la plus récente a fait l'objet de la circulaire de BKAM n° 18/G/03 du 22/04/2003. Et dernièrement, il y a eu le nouvel arrêté du ministère des Finances (n°211-11 du 27 janvier 2011).

Caractéristiques des Bons du Trésor

L'adoption des adjudications des Bons du Trésor sur le marché monétaire a eu plusieurs objectifs, dont les plus importants :

- Dynamiser ce marché ;
- Stimuler la concurrence entre établissements prêteurs ;
- Réduire, conséquemment, le coût des Bons en pesant sur les taux ;
- Permettre au Trésor d'avoir accès à une source de financement importante, tout en bénéficiant de conditions avantageuses de taux et de durée ;
- Et plus récemment, encourager les établissements prêteurs à soumissionner, en rendant, négociables entre eux, les valeurs du Trésor émises dans le cadre de ces adjudications.

Réservé jusqu'en mars 1995 aux seules personnes morales résidentes, ce marché a été ouvert, depuis, à tous les opérateurs économiques ; personnes physiques et morales résidentes ou non résidentes (Article 2 de la circulaire).

Ces Bons du trésor ont une valeur nominale unitaire et minimale de 100.000 MAD sont émis pour :

- des maturités très courtes (entre 7 jours et 45 jours) ;
- des maturités courtes (13,26 52 semaines et 2 ans) ; et
- des maturités moyennes et longues (5, 10, 15, 20 et 30 ans).

Les Bons du Trésor souscrits par voie d'adjudications sont négociables de gré à gré. La périodicité des séances d'adjudications est :

- Tous les mardis, dans le cas des bons à 13 semaines, 26 semaines et 52 semaines ;

- Le deuxième et le dernier mardi de chaque mois, dans le cas des bons à 2 ans, 5 ans, 10 ans et 15 ans ;

- Le dernier mardi de chaque mois, dans le cas des bons à 20 ans et 30 ans.

Le nouvel arrêté de 2011 : Les adjudications se déroulent tous les mardis, sauf pour les bons à très courts termes qui peuvent être émis hors calendrier.

Généralement, les soumissions sont reçues sous formes anonymes par la direction du Trésor et des finances extérieures à travers le système de téléadjudication géré par BKAM (DOMC[45]).

La direction du Trésor et des finances extérieures fixe le taux ou le prix limite de l'adjudication. Seules les soumissions faites à un taux inférieur ou égal au taux limite ou à un prix supérieur ou égal au taux limite sont satisfaites. Les soumissions retenues sont servies aux taux ou aux prix proposés par les souscripteurs. BKAM en distingue deux catégories les organismes intervenants :

- Ceux qui peuvent formuler les offres pour leur propre compte et pour celui de leur clientèle ;

- Et ceux qui ne sont habilités à soumissionner que pour leur propre compte.

Les procédures relatives aux soumissions des Bons du Trésor

Les soumissions peuvent être exprimées en taux ou en prix. Les soumissions sont reçues en taux pour les bons de maturité inférieure ou égale à 26 semaines, et en prix pour les autres maturités (Article 5 arrêté 2011).

Les soumissions en taux : Pour ces offres, les établissements admis à présenter des soumissions ont la possibilité de proposer pour chaque catégorie de bons :

- Soit un seul montant (avec un seul taux) ;

---

[45] Direction des opérations de marchés et de changes.

- Ou encore, fractionner leurs propositions en plusieurs tranches assorties de taux différents ;

- Les taux doivent ressortir avec deux décimales.

Les soumissions en prix : C'est le cas lorsque le ministre des Finances annonce, à l'avance, son intention d'émettre, en prix, des Bons du Trésor assimilables. Les soumissions sont alors exprimées en prix à deux décimales.

L'assimilation consiste à rattacher une catégorie de bons à une ligne d'emprunt présentant les mêmes caractéristiques. Autrement dit, les nouveaux Bons du Trésor assimilables sont assortis des mêmes conditions d'échéance et de taux que les émissions auxquelles ils sont rattachés.

Exemple de cas d'assimilation :

- Le 1 janvier 2017, le trésor a émis des bons à 2 ans de 100.000 MAD, au taux nominal de 10% l'an et à échéance du 1 janvier 2019.

- Le 1 juillet 2017, le Trésor peut émettre par assimilation sur cette ligne des bons à 2 ans, au taux nominal de 10% l'an et à échéance du 1 Juillet 2019.

Les prix qui seront offerts par les soumissionnaires seront fonction du **taux de rendement escompté**. Trois cas de figure peuvent se présenter :

Au cas où les taux du marché ne s'écartent pas de 10%, le soumissionnaire, qui désire placer ses fonds à 10% par exemple, déterminera son prix comme suit :

$$\frac{10000}{(1+10\%)}+\frac{100000+10000}{(1+10\%)^2}=100.000$$

Dans le cas où les taux du marché sont inférieurs au taux de 10%, le soumissionnaire, qui désire placer ses fonds à 8% par exemple, déterminera son prix comme suit :

$$\frac{10000}{(1+8\%)}+\frac{100000+10000}{(1+8\%)^2}=103.700$$

Au cas où les taux du marché sont supérieurs au taux de 10%, le soumissionnaire, qui désire placer ses fonds à 11% par exemple :

$$\frac{10000}{(1+11\%)}+\frac{100000+10000}{(1+11\%)^2}=99.700$$

La technique d'assimilation permet ainsi de rattacher un titre nouvellement émis à une ligne d'emprunt initiale, présentant les mêmes caractéristiques (échéance et taux nominal).

Dans le cas d'espèce, les adjudications en plus du prix des bons (égal, au-dessus ou au-dessous du pair) qui leur auront été attribués, le montant des intérêts courus entrent le 1 janvier 2017 et le 1 juillet 2017 (182 jours), soit pour chaque bon :

$$i = \frac{180 * 10\% * 100000}{360} = 5060$$

La technique d'assimilation permet d'aligner les conditions des Bons nouveaux avec celles des anciens.

Ces différents titres, en présentant les mêmes caractéristiques, peuvent favoriser les transactions sur le marché secondaires et faciliter la gestion de la dette publique par le Trésor.

Procédures de dépôt des soumissions des Bons du Trésor

Les établissements admis à présenter des soumissions ou agréés en qualité d'IVT[46] sont tenus de formuler leurs offres au moyen de bordereaux conformes aux modèles prévus à cet effet par BKAM.

Ces bordereaux établis pour chaque maturité de bons sont déposés contre récépissé et sous pli cacheté à BKAM à Rabat au plus tard le mardi à 10h30. BKAM assure donc que :

- La technique d'adjudication soit à la Hollandaise ;
- L'ouverture des plis réalisée par BKAM, le mardi à 10h30 ;
- BKAM récapitulation des offres de souscription dans l'ordre croissant des taux proposés ;
- Le tableau correspondant avec soumissionnaires anonymes soit transmis à la DTFE[47].

---

[46] Intermédiaires en Valeurs du Trésor.

[47] Direction du Trésor et des Finances extérieures.

La DTFE peut, si les taux lui paraissent excessifs, renoncer à l'adjudication ou encore fixer un montant supérieur à celui envisagé lorsque les taux proposés s'avèrent être intéressants.

Les différents montants adjugés sont rémunérés aux taux proposés par les souscripteurs, et ce, même lorsque ces taux sont inférieurs à celui retenu par la commission.

Cette technique correspond à celle dite à la hollandaise qui diffère de la procédure à la française où les montants adjugés sont rémunérés de manière identique, à hauteur du taux limite retenu.

La Gestion des Bons du Trésor sur le court terme

Les Bons du Trésor inférieur à un an sont traités selon l'approche des taux proportionnels simples (365 jours) et du taux in fine (intérêts précomptés ou post comptés).

$$r_m = \left(\frac{CF}{P} - 1\right) * \frac{B}{T} \qquad \textit{Eq. 131}$$

Le marché monétaire est le marché pour les instruments d'emprunt à court terme avec une maturité allant jusqu'à un an. La fonction principale de ces instruments est d'aider à maintenir la liquidité.

Dans ce marché nous devons maîtriser quatre taux de rendement :

- Le taux d'escompte bancaire ;
- Le rendement sur la période de détention ;
- Le rendement effectif annuel ; et
- Le rendement du marché monétaire.

Taux d'escompte bancaire

Dans le marché monétaire, nous traitons souvent les instruments purs d'escompte. Le prix d'achat d'un instrument pur d'escompte est inférieur à sa valeur nominale. La différence entre la valeur nominale et le prix d'achat s'appelle l'escompte et c'est le seul bénéfice de l'investisseur.

Les Bons du Trésor sont cotés à la valeur de l'escompte en pourcentage de la valeur nominale[48]. En d'autres termes, ils sont cités sur une base d'escompte bancaire.

$$Y_d = \frac{F-P}{F} * \frac{360}{t} \qquad Eq.\ 132$$

La formule pour le rendement d'escompte bancaire est basée sur la convention d'annualisation de 30/360, qui est de dire que nous assumons que l'année a 12 mois de 30 jours chacun.

Noter que le rendement d'escompte bancaire ne reflète pas correctement le retour sur l'investissement. C'est parce que le rendement :

- est basé sur la valeur nominale de l'instrument et non pas sur son prix d'achat réel ;
- assume par an de 360 jours ; et
- annualise avec l'intérêt simple.

Rendement sur la période de détention.

Le rendement de période (HPY) est le retour sur un investissement gagné au cours de la vie de l'instrument restant après l'achat, y compris toutes les marges de financement additionnelles. C'est le taux de rentabilité.

Rendement annuel effectif

Le rendement annuel effectif (EAY) est un retour annualisé qui tient compte et suppose qu'un an est égal à 365 jours.

$$RAE = (1 + Rentabilite)^{\frac{365}{t}} - 1. \qquad Eq.\ 133$$

Le rendement annuel peut être expliqué comme l'intérêt que nous pourrions gagner sur un an si nos fonds étaient immédiatement réinvestis dans les mêmes conditions.

---

[48] *Le prix de vente est toujours inférieur à la valeur nominale pour les BTC pour que le rendement soit positif.*

Rendement marché monétaire (MM)

Le rendement de marché monétaire assume que l'année est de 360 jours et annualise à intérêt simple. Cependant, il est basé sur le prix d'achat de l'instrument et non le prix de vente dans le taux actuariel :

$$r_{MM} = (\frac{F}{P_0} - 1) \times \frac{360}{t} \quad Eq.\ 134$$

La courbe des taux

Définitions et généralités

La courbe des taux est une représentation des taux de rendement d'un actif (généralement des titres de créances) en fonction des maturités sur le marché. La courbe des taux est un outil central pour les gestionnaires et également pour les économistes pour plusieurs raisons.

La construction de la courbe des taux implique l'obtention des taux zéro coupon, ou des taux à terme, ou des fonctions d'actualisation d'un ensemble de prix d'obligations à coupons. Généralement, ceci exige d'adapter une forme fonctionnelle parcimonieuse qui est flexible en capturant des faits stylisés concernant la forme de la courbe des taux.

Une bonne méthode d'évaluation de structure de taux devrait répondre aux exigences suivantes :

- La méthode devrait assurer un ajustage de précision approprié des données ;
- Les taux prévus zéro coupon et les taux à terme devraient demeurer positifs ;
- Les fonctions prévues d'actualisation, et les taux zéro coupon et des taux à terme devront rester continus et lisses.

Méthodes de construction de la courbe des taux

Les approches de modélisation de la courbe des taux sont nécessaires pour suivre l'évolution des taux d'intérêt par rapport à leur maturité. La capacité de visualiser cette structure des taux d'intérêt permettra de faciliter le montage des stratégies de gestion des fonds sur les différents marchés.

En outre, la formalisation de la structure par termes des taux d'intérêt permettra de faciliter l'évaluation du risque de taux et aussi de mesurer les effets conjugués du déplacement de la courbe des taux d'intérêt. Les méthodes utilisées généralement pour la construction de la courbe des taux sont :

- la méthode du boostrapping ;
- les méthodes Cubic-Spline McCulloch (1971) et Vasicek et Fong (1982) ; et
- les méthodes fonctionnelles exponentielles de Nelson et le Siegel et al. (1987) et de Svensson (1994).

Approche du Boostrapping

La méthode du boostrapping consiste à extraire d'une manière itérative des rendements zéro coupon en utilisant un ordre des prix croissant d'obligations à coupons.

Pour illustrer cette méthode, considérons un ensemble « K » d'obligations qui payent des coupons semi-annuels. L'obligation de la maturité la plus courte est une obligation de six mois, qui par définition n'a aucun paiement de bon intermédiaire d'ici six mois, puisque des coupons sont payés deux fois par an.

Le prix de cette obligation est donné comme :

$$P_{(0.5)} = \frac{C_{0.5}}{e^{y_{(0.5)}(0.5)}} + \frac{F_{0.5}}{e^{y_{(0.5)}(0.5)}}$$

$$y_{(0.5)} = \frac{1}{0.5}\ln\left[\frac{F_{0.5} + C_{0.5}}{P(0.5)}\right]$$

Pour calculer le rendement zéro coupon d'une année, nous pouvons employer le prix d'une obligation à coupons d'une année comme suit :

$$P(1) = \frac{C_1}{e^{y_{(0.5)}(0.5)}} + \frac{F_1 + C_1}{e^{y_{(1)}}}$$

Où F1 est la valeur nominale à la maturité d'une année de l'obligation, C1 est le coupon semi-annuel, qui est payée à la fin de 0.5 an et d'un an, et y (1) est le rendement zéro coupon d'une année.

Nous obtenons par conséquent le rendement à un an zéro coupon :

$$\boldsymbol{y}_{(1)} = \boldsymbol{ln}\left[\frac{F_1+C_1}{P(1)-\frac{C1}{e^{y(0.5)(0.5)}}}\right] \qquad \textit{Eq. 135}$$

Puisque nous connaissons déjà le rendement de six mois, $y(0.5)$, ceci peut être substitué dans le rendement à un an. Cette approche est utilisée pour toutes les maturités de façon itérative.

Généralement, environ 15 à 30 maturités de boostrapping sont suffisantes pour produire la structure des rendements de coupon zéro.

Cette solution peut être généralisée sous forme matricielle. Ainsi, si nous considérons les obligations de « K » maturité ($T_1, T_2, \dots, T_K$), et les Cash flows (pour $I = 1{,}2.3, \dots, K$), alors les prix des obligations de K sont donnés par le système suivant :

$$\begin{pmatrix} P(t_1) \\ P(t_2) \\ . \\ P(t_k) \end{pmatrix} = \begin{pmatrix} CF_{1t_1} & 0 & . & . & 0 \\ CF_{2t_1} & CF_{2t_2} & . & . & 0 \\ . & . & . & . & . \\ CF_{2t_1} & CF_{kt_2} & . & . & CF_{Kt_K} \end{pmatrix} \begin{pmatrix} d(t_1) \\ d(t_2) \\ . \\ d(t_K) \end{pmatrix}$$

Noter que la partie supérieure de la matrice est nulle. Dans ce sens, nous pouvons calculer les facteurs d'actualisation (dt) en utilisant l'inverse de la matrice des Cash flows.

$$\begin{pmatrix} d(t_1) \\ d(t_2) \\ . \\ d(t_K) \end{pmatrix} = \begin{pmatrix} CF_{1t_1} & 0 & . & . & 0 \\ CF_{2t_1} & CF_{2t_2} & . & . & 0 \\ . & . & . & . & . \\ CF_{2t_1} & CF_{kt_2} & . & . & CF_{Kt_K} \end{pmatrix}^{-1} \begin{pmatrix} P(t_1) \\ P(t_2) \\ . \\ P(t_k) \end{pmatrix} \qquad \text{Eq. 136}$$

Avec $d(t)$ est le facteur d'actualisation :

$$d(t_i) = \frac{1}{(1+y)^t} = exp(-yt)$$

Cette solution exige que le nombre d'obligations égalise le nombre de dates de maturité des flux de liquidités. Ceci suppose que les obligations soient négociables sur toutes les maturités et cela est altéré par conséquent à une dynamique sur le marché obligataire sur le court, le moyen et le long terme.

La méthode Boostrapping est facile à mettre en place, toutefois elle demeure sujette à deux limites : d'une part, elle n'utilise pas des techniques d'optimisation, ce qui laisse prévaloir des erreurs idiosyncrasiques en cas de manque de liquidité et en cas d'imperfection des prix des obligations. D'autre part, la convergence mathématique de ce modèle est tributaire du nombre d'obligations qui doit être impérativement identique au nombre de maturité. Ces deux limites ont donné lieu à d'autres démarches de calcul et d'approximation de la courbe des taux via des approches plus robustes, faisant appel à des techniques économétriques avancées.

Approche Cubic-Spline

L'approche cubic-spline est une alternative à la méthode précédente puisqu'elle propose de tenir compte directement de la réalité des prix observés au lieu de supposer l'existence des obligations à zéro coupon.

Rappelons que le prix d'une obligation à maturité « T_m », s'écrit sous la forme suivante :

$$P(t_m) = \sum_{i:1}^{T} CF_i * d(t_i) + \varepsilon_i \qquad \text{Eq. 137}$$

Avec $d(t)$[49] est le facteur d'actualisation.

Puisque nous observons les prix des obligations avec des erreurs idiosyncrasiques, nous devons estimer une certaine forme fonctionnelle pour la fonction d'actualisation (d_t) qui réduit au minimum ces erreurs « ε ». Nous rencontrons deux insuffisances, notamment les fonctions d'actualisation peuvent être fortement non linéaires et les erreurs dans l'équation des prix peuvent augmenter avec la maturité des obligations, puisque les obligations de plus longue maturité ont les plus grands appels de marge.

[49] $d(t_i) = \frac{1}{(1+y)^t} = exp(-yt)$

En raison de cette volatilité des erreurs, l'évaluation de la fonction d'actualisation avec des approches, telles que la minimisation des moindres carrés fournit un ajustement très pauvre aux maturités courtes.

La méthode « *Cubic-Spline* » résout le premier problème en divisant la structure de taux à beaucoup de segments en utilisant une série de points qui s'appellent des points « k ». Cette segmentation est à même de linéariser la courbe des taux et facilite sa compilation fonctionnelle. Différentes fonctions de la même classe (polynôme, exponentiel, etc.) sont alors employées pour adapter la structure des taux sur ces petits segments.

Considérons un ensemble d'obligations « K » avec des maturités $T_1, T_2, \dots, T_K$. La gamme des maturités est divisée en intervalles définis par « $s-1$ » points de nœud, $T_2, \dots, T_{s-1}$, où $T_1 = 0$ et $T_{s-1} = T_K$. Un polynôme cubique de la fonction d'actualisation est défini donc par l'équation suivante :

$$\boldsymbol{d(t) = 1 + \sum_{i=1}^{s} \alpha_i g_i(t)} \qquad \textit{Eq. 138}$$

Où $g_1(t), g_2(t), \dots, g_s(t)$ définissent un ensemble de fonctions par morceaux cubiques de base « s » et $\{\alpha_1, \dots, \alpha_s\}$ sont des paramètres inconnus qui doivent être estimés économétriquement.

Puisque le facteur d'actualisation durant la période 0 et 1 est :

$$g_i(0) = 0 \qquad\qquad i = 1,2, \dots, s$$

La continuité et le lissage de la fonction d'actualisation dans chaque intervalle sont assurés par la forme fonctionnelle polynomiale de chaque $g_{i_{(t)}}$. La continuité et le lissage aux points du nœud sont donc assurés par les fonctions polynomiales définies sur les intervalles adjacents (T_{i-1}, T_i) et (T_i, T_{i+1}).

Ces contraintes mènent aux définitions suivantes pour l'ensemble des fonctions de base $\{g_1(t), g_2(t), \dots, g_s(t)\}$:

$$g_i(t)_{\ cas\ i<s} : \begin{Bmatrix} 0 \quad t < T_{i-1} \\ \frac{(t-T_{i-1})^3}{6(T_i-T_{i-1})} \quad T_{i-1} \leq t < T_i \\ \frac{(t-T_{i-1})^2}{6(T_i-T_{i-1})} + \frac{(T_i-T_{i-1})(t-T_i)}{2} + \frac{(t-T_i)^2}{2} \\ -\frac{(t-T_i)^3}{6(T_{i+1}-T_i)} \quad T_i \leq t < T_{i+1} \\ (T_{i+1} - T_{i-1})(\frac{2T_{i+1}-T_i-T_{i-1}}{6} + \frac{t-T_{i+1}}{2} \quad t > T_{i+1} \end{Bmatrix}$$

Eq. 139

$$cas\ i = s \ : \ g_i(t) = t$$

Sur la base du système de définition des fonctions en morceaux, nous pouvons réécrire le prix de l'obligation mûrissant à la date T_M comme suit :

$$P(t_m) = \sum_{j=1}^{m} CF_j\left(1 + \sum_{i=1}^{s} \alpha_i g_i(t_j)\right) + \varepsilon \qquad \text{Eq. 140}$$

En réarrangeant les limites, nous obtenons :

$$P(t_m) - \sum_{j=1}^{m} CF_j = \sum_{i=1}^{s} \alpha_i \sum_{j=1}^{m} CF_j g_i(t_j) + \varepsilon \qquad \text{Eq. 141}$$

L'évaluation de la fonction d'actualisation exige de chercher les paramètres inconnus, $\{\alpha_1, \alpha_2, \dots, \alpha_s\}$ pour réduire au minimum la somme des erreurs carrées pour toutes les obligations.

Puisque l'équation des prix est linéaire en ce qui concerne les paramètres $\{\alpha_1, \alpha_2, \dots, \alpha_s\}$, l'estimation peut être réalisée par une estimation (OLS) des moindres carrés ordinaires[50]. L'utilisation de cette approche suppose le respect strict des conditions d'estimations pour arriver à des paramètres efficaces.

Cette approche emploie le nombre « $s - 2$ » de segments de maturité, $s - 1$ nombre de « k » points et un nombre de « s » des fonctions polynômes cubiques. McCulloch recommande de choisir des points de nœuds, tels qu'il

[50] En cas de non-convergence des paramètres, d'autres approches peuvent être utilisées comme : les moindres carrés quasi généralisés ou les méthodes des moments ou les approches instrumentales.

y a approximativement un nombre égal des points de repère (nombre des maturités d'obligations) dans chaque segment de maturité.

En utilisant cette approche, si les obligations sont arrangées de façon croissante en termes de maturité, dans ce sens les points de nœuds sont donnés comme suit :

$$T_i = \left[\begin{pmatrix} 0 & i = 1 \\ t_h + \theta(t_{h+1} - t_h) & 2 \leq i \leq s-2 \\ t_k & i = s-1 \end{pmatrix} \right] \qquad \text{Eq. 142}$$

Où h est un nombre entier défini comme :

$$h = INT\left[\frac{(i-1)K}{s-2}\right] \qquad \textit{Eq. 143}$$

et le θ de paramètre est donné comme :

$$\theta = \left[\frac{(i-1)K}{s-2}\right] - h. \qquad \textit{Eq. 144}$$

McCulloch suggère également que le nombre de fonctions de base puisse être placé au nombre entier le plus proche de la racine carrée du nombre d'observations, soit :

$$s = \text{Round}\left[\sqrt{K}\right] \qquad \text{Eq. 145}$$

L'utilisation de la méthode Cubic Spline est simple, malgré les nombreuses étapes de calcul . Cependant, cette approche ne permet de résoudre que le premier problème d'estimation et de formulation de la courbe des taux, à savoir la non-linéarité. Pour la spécification et la divergence entre les prix observés et ceux estimés, surtout sur le long terme, il est nécessaire de recourir à d'autres méthodes d'approximation.

Approche Nelson et Siegel

Nelson et Siegel (1987) ont proposé un modèle exponentiel pour la modélisation de la courbe des taux. Un avantage du modèle est qu'il permet à la structure par terme des taux de se comporter asymptotiquement d'une manière lisse et continue.

En raison du comportement asymptotique de la courbe des taux, beaucoup d'universitaires et de praticiens préfèrent le modèle du Nelson et du Siegel aux modèles de Cubic-Spline et du Boostrapping. En plus de sa capacité à résoudre la question de non-linéarité, le modèle de Nelson et al. (1987) est capable d'assurer un ajustement même dans les maturités très longues.

Nelson et Siegel suggèrent une paramétrisation parcimonieuse de la courbe instantanée de taux à terme donnée comme suit :

$$f(t) = \alpha_1 + \alpha_2 e^{-t/\beta_1} + \alpha_3 e^{-t/\beta_2} \quad \text{Eq. 146}$$

Nelson et Siegel considèrent un cas spécial de ce modèle donné par :

$$f(t) = \alpha_1 + \alpha_2 e^{-t/\beta} + \alpha_3 \frac{t}{\beta} e^{-t/\beta}$$

Les taux zéro coupon sont compatibles aux taux à terme donnés par l'équation ci-dessus et qui peuvent être résolus en utilisant l'équation suivante :

$$\boldsymbol{y(t) = \alpha_1 + (\alpha_1 + \alpha_2)\frac{t}{\beta}(1 - e^{-t/\beta}) + \alpha_3 e^{-t/\beta}} \quad \textit{Eq. 147}$$

Le modèle de Nelson et Siegel est basé sur quatre paramètres. Ces paramètres peuvent être interprétés comme suit :

- $\alpha_1 + \alpha_2$ est le taux de court terme instantané, c'est à dire $\alpha_1 + \alpha_2 = y(0) = f(0)$.
- α_1 est le taux de base. Il donne la valeur asymptotique de la structure des taux de coupon zéro et des taux à terme instantanés, c'est à dire, $\alpha_1 = y(\infty) = f(\infty)$.
- La marge entre le taux de base et le taux court instantané est « $-\alpha_2$ », qui peut être interprété comme la pente de la courbe des taux.
- α_3 affecte la courbure de la courbe au-dessus des limites intermédiaires. Quand $\alpha_3 > 0$, la courbe atteint une valeur maximale menant à une forme concave, et quand $\alpha_3 < 0$, la courbe atteint la valeur minimale menant à une forme convexe.
- le $\beta > 0$, est la vitesse de la convergence de la courbe vers le taux de base. Une valeur plus basse de β accélère la convergence de la courbe vers ce taux, alors qu'une valeur plus élevée de β déplace l'inflexion de la courbe vers les plus longues maturités.

Un changement de α_1 peut être interprété comme un changement de taille, une variation de α_2 peut être interprétée comme un déplacement de la pente (bien que ce paramètre affecte également le changement de courbure légèrement), et un changement de α_3 peut être interprété comme un changement de la courbure de la courbe des taux.

Sur la base de la proposition des deux auteurs, la fonction d'actualisation peut s'écrire sous la forme suivante :

$$d(t) = \exp(-y(t) * t) = \exp^{(-\alpha_1 t - \beta(\alpha_1+\alpha_2)(1-e^{-t/\beta}) + \alpha_3 t e^{-t/\beta})}$$

En substituant cette forme fonctionnelle dans la formule d'évaluation d'une obligation, nous allons avoir une nouvelle formulation du prix des obligations par maturité :

$$P(t_m) = \sum_{i=1}^{m} CF_i * exp^{(-\alpha_1 t - \beta(\alpha_1+\alpha_2)(1-e^{-t/\beta}) + \alpha_3 t e^{-t/\beta})} + \varepsilon \quad \text{Eq. 148}$$

Où le t_m est la maturité d'obligation et le CF_i est le flux de liquidités de l'obligation à l'instant t_i.

Les paramètres dans l'équation peuvent être estimés en réduisant au minimum la somme des erreurs carrées :

$$Min_{\alpha_1,\alpha_2,\alpha_3,\beta} \sum \varepsilon_i^2$$

Sous les contraintes sur les paramètres :

$$\alpha_1 > 0$$
$$\alpha_1 + \alpha_2 > 0$$
$$\beta > 0$$

Où le ε est la différence entre le prix du marché des obligations et sa valeur théorique estimée par le modèle. La première contrainte exige que le taux de base demeure positif, la deuxième contrainte impose que le taux court instantané demeure positif et la troisième contrainte assure la convergence de la courbe aux taux de base.

Puisque la forme de la fonction est non linéaire, les quatre paramètres sont estimés en utilisant une technique d'optimisation non linéaire. Car les techniques d'optimisation non linéaire sont habituellement sensibles aux valeurs initiales des paramètres, ces valeurs doivent être bien choisies.

Immunisation du portefeuille obligataire

Comme nous l'avons signalé auparavant, les obligations et les titres de créances en général, sont différents des titres de propriété. Cela va de même pour les méthodes de gestion de portefeuilles susceptibles d'être utilisées. Les obligations sont sujettes au risque de taux d'intérêt et eu égard ce constat la méthode de gestion à utiliser visera à immuniser les actifs des variations des taux d'intérêt.

Une stratégie utilisée pour minimiser le risque de taux d'intérêt, et elle peut être utilisée pour financer des passifs uniques ou multiples. Le risque de taux d'intérêt comporte deux composantes : le risque de prix et le risque de taux de réinvestissement. Le risque de prix, également appelé risque de valeur marchande, fait référence à la diminution (augmentation) des prix des obligations, à mesure que les taux d'intérêt augmentent (baissent). Le risque de taux de réinvestissement fait référence à l'augmentation (diminution) du revenu de réinvestissement, à mesure que les taux d'intérêt augmentent (baissent).

Il est important de noter que le risque de prix et le risque de taux de réinvestissement provoquent des effets opposés. Supposons que nous ayons un passif qui doit être payé au bout de cinq ans et que nous souhaitons former un portefeuille d'obligations qui le financera entièrement. Toutefois, nous nous inquiétons de l'effet que le risque de taux d'intérêt aura sur la valeur finale de notre portefeuille. Nous devons acheter des obligations qui entraînent des effets de risque de prix et de risque de réinvestissement qui se compensent exactement. C'est ce que nous appelons l'immunisation classique.

L'immunisation classique est le processus de structuration d'un portefeuille obligataire qui équilibre tout changement de valeur du portefeuille avec le rendement du réinvestissement du coupon et des paiements de capital reçus pendant la période d'inversion. L'objectif est de former un portefeuille de sorte que :

- Si les taux d'intérêt augmentent, le gain de revenu de réinvestissement > perte de valeur du portefeuille ;

- Si les taux d'intérêt baissent, le gain de valeur du portefeuille > perte de revenu de réinvestissement.

Pour atteindre cet objectif, il est nécessaire de recourir à la duration. Si nous construisons un portefeuille dont la duration est égale à l'horizon de responsabilité, le risque de taux d'intérêt du portefeuille sera éliminé. En d'autres termes, le risque de prix compensera exactement le risque de taux de réinvestissement.

Pour immuniser efficacement un seul passif :

1. Sélectionnons une obligation (ou un portefeuille d'obligations) dont la duration effective est égale à la duration du passif ;

2. Définissons la valeur actualisée de l'obligation (ou du portefeuille d'obligations) égale à la valeur actualisée du passif.

Si la duration du portefeuille est inférieure à la duration du passif, le portefeuille est exposé à un risque de réinvestissement. Si les taux d'intérêt baissent, les pertes liées aux paiements de coupons et de capital réinvestis feraient plus que compenser les gains découlant de l'appréciation de la valeur des obligations en circulation. Dans ce scénario, les flux de trésorerie générés par les actifs seraient insuffisants pour respecter l'obligation visée.

Si la duration du portefeuille est supérieure à la duration du passif, le portefeuille est exposé à risque de prix. Si les taux d'intérêt augmentent, cela indiquerait que les pertes dues à la valeur de marché des obligations en circulation feraient plus que compenser les gains provenant des revenus supplémentaires générés par les paiements de capital et de coupons réinvestis. Dans ce scénario, les flux de trésorerie générés par les actifs seraient insuffisants pour respecter l'obligation visée.

Sans rééquilibrage, l'immunisation classique ne fonctionne que pour un changement instantané des taux d'intérêt une fois. En réalité, les taux d'intérêt fluctuent fréquemment, ce qui modifie la durée du portefeuille et nécessite un changement dans la stratégie d'immunisation. En outre, un simple changement dans la maturité entraîne une modification de la durée du portefeuille et de ses passifs cibles, mais généralement pas au même rythme.

Il ne faut pas oublier également que les portefeuilles cessent d'être immunisés pour un seul passif lorsque :

1. Les taux d'intérêt fluctuent plus d'une fois ;

2. Le temps passe.

Par conséquent, l'immunisation n'est pas une stratégie d'achat et/ou de conservation. Pour garder un portefeuille immunisé, il doit être rééquilibré périodiquement.

Rééquilibrage par la duration

Le principal facteur qui détermine les fluctuations des prix des obligations est l'évolution des taux d'intérêt et la duration est utilisée pour mesurer l'exposition individuelle des obligations et des portefeuilles aux variations des taux d'intérêt.

La contribution d'une obligation ou d'un secteur individuel à la duration du portefeuille est la pondération de l'obligation ou du secteur dans le portefeuille multiplié par sa duration.

$$Contribution = w_i D_i$$

$$w_i = \frac{Valeur\ Marché}{Total\ du\ portefeuille}$$

Par exemple, supposons que nous ayons une obligation d'entreprise de 10 ans dans un portefeuille géré activement[51]. L'obligation a une valeur marchande de 5 millions de MAD et une duration de 4,7 en valeur monétaire, et le portefeuille a une valeur totale de 20 millions de MAD. La contribution de l'obligation d'entreprise à la duration du portefeuille géré activement est :

$$Contribution = \left(\frac{5\ millions}{20\ millions}\right) * 4{,}7 = 1{,}175$$

Ajustement par duration

La duration, comme toute autre mesure de la durée, change à mesure que les taux d'intérêt changent. Par conséquent, le gestionnaire du portefeuille doit ajuster son portefeuille et pour ce faire, il existe deux étapes primordiales :

1) Dans un premier temps, il est nécessaire de calculer la nouvelle duration du portefeuille ;

2) Ensuite, il faut déterminer le ratio de rééquilibrage et l'utiliser pour déterminer le pourcentage de variation requis (c'est à dire les liquidités nécessaires) de la valeur du portefeuille.

---

[51] La notion de gestion active renvoie à la possibilité qu'un gestionnaire arrive à battre le marché et réaliser une surperformance comparativement à l'indice.

L'ajustement de la duration avec ce processus est mieux démontré via l'exemple dans le tableau suivant :

	Valeur	duration en année	Duration en MAD	Nouvelle valeur	Nouvelle duration
Obligation 1	1.000.000,00	5	5.000.000,00	958.500,00	4,10
Obligation 2	1.350.000,00	4,5	6.075.000,00	1.100.000,00	3,60
Obligation 3	965.000,00	3	2.895.000,00	725.000,00	2,20
Obligation 4	883.000,00	2,6	2.295.800,00	683.000,00	1,80
Portefeuille	4.198.000,00		16.265.800,00	3.466.500,00	

Tableau 8. Ajustement par la duration (Exemple)

Dans la conception globale de l'ajustement par la duration, supposons que la duration du portefeuille devra rester la même, quels que soient les changements qui affectent le marché.

Pour arriver à cet objectif, nous avons calculé la duration du portefeuille avant et après réévaluation des prix des obligations sur le marché. À l'aide des contributions nous avons pu obtenir les résultats suivants :

	Avant réévaluation	Après réévaluation
Duration du portefeuille	3,8746546	3,09079763

Le changement des valeurs des obligations et des prix a entraîné un changement dans le risque, suite aux modifications des durations. Ceci impose un ajustement du portefeuille. Le solveur et toute autre fonction d'optimisation permettront de résoudre le problème d'ajustement. Les résultats obtenus pour notre exemple sont :

	Nouvelle contribution	Valeur des obligations	Stratégie
Obligation 1	0,68	2.354.145,41	Achat
Obligation 2	0,27	951.527,08	Vente
Obligation 3	0,05	160.802,94	Vente
Obligation 4	0,00	24,57	Vente
Somme	1,00	3.466.500,00	

Tableau 9. Stratégie à mettre en place

L'utilisation de la stratégie d'ajustement via la duration permet au gestionnaire d'ajuster éventuellement son portefeuille suivant les fluctuations des marchés et au travers cette approche il pourra maintenir le même niveau de risque.

Écart de duration

Le Spread de duration mesure la sensibilité des émissions hors Bons du Trésor[52] à un changement de leurs spreads par rapport aux Bons du Trésor. Le calcul de l'écart de duration pour un secteur permet au gestionnaire de prévoir la performance future du secteur et de sélectionner des obligations supérieures pour représenter chaque secteur du portefeuille.

Le spread est calculé selon trois approches :

1. Nominal spread : soit la différence entre les deux taux de rendement ;

2. Le spread à volatilité nulle : mesure la variation en pourcentage du prix, compte tenu d'une variation de 1 fois et de 100 points de base de l'écart de volatilité nulle ;

3. L'écart ajusté des options : est déterminé à l'aide d'un arbre de taux d'intérêt binomial.

Considérons l'exemple de trois secteurs dans le tableau suivant :

[52] Bons du Trésor.

Secteur d'investissement	Poids	Spread de duration
Trésor	30	0
Banque	40	3,41
Entreprise	30	5,89

L'écart global de ce portefeuille est calculé selon l'approche des contributions :

$$\text{Spread Duration} = 0.3 * 0 + 0.4 * 3.41 + 0.3 * 5.89 = 3.13$$

Selon ce résultat, l'ajustement peut se faire selon l'écart de duration. Ainsi, si le taux de chaque secteur augmente de 100 points de base sans changement des rendements du Bons du Trésor, la valeur du portefeuille diminuera d'environ 3,13% et vice versa.

Immunisation par optimisation

Pour immuniser un portefeuille à un horizon de « H » années, nous pouvons utiliser la notion de vecteur de duration. Le principe de base est d'assimiler la duration d'un portefeuille obligataire à un portefeuille zéro coupon dans la duration est égale à la maturité des obligations. Nous avons déjà démontré que lorsque la duration coïncide avec la maturité des actifs, ces derniers deviennent neutres par rapport à la variation des taux d'intérêt et donc nous sommes en situation d'absence de risque.

Dans ce sens, les contraintes d'immunisation sont données comme suit :

$$D(1) = \sum_{t=t_1}^{t=t_N} w_t * t = H$$

$$D(2) = \sum_{t=t_1}^{t=t_N} w_t * t^2 = H^2$$

$$\vdots$$

$$\boldsymbol{D(n) = \sum_{t=t_1}^{t=t_N} w_t * t^n = H^n} \qquad \textit{Eq. 149}$$

L'idée est donc de parvenir à mettre en place un portefeuille dont la duration globale est égale à la duration d'un portefeuille zéro coupon.

Duration du portefeuille

La duration d'un portefeuille est obtenue par la moyenne pondérée de la duration des différentes obligations, où les poids sont les fractions investies dans chaque obligation.

Si $p_{i\ (i=1,2,\ldots,J)}$ est la proportion de l'investissement dans l'obligation « i », et $D_{i(m)(m=1,2,\ldots,M)}$ est le vecteur des durations des obligations, la duration du portefeuille est approximée par :

$$D(m) = p_1 * D_1(m) + p_2 * D_2(m) + \ldots + p_j * D_j(m) \quad \text{Eq. 150}$$

Avec :

$$\sum p_j = 1$$

Pour immuniser un portefeuille, les proportions de placements dans différentes obligations sont choisies, telles que la duration du portefeuille soit égale à la durée des placements conformément au système suivant :

$$\boldsymbol{D(1) = p_1 * D_1(1) + p_2 * D_2(1) + \cdots . + p_j * D_j(1) = H}$$

$$\boldsymbol{D(2) = p_1 * D_1(2) + p_2 * D_2(2) + \cdots . + p_j * D_j(2) = H^2}$$

.

.

.

$$\boldsymbol{D(n) = p_1 * D_1(n) + p_2 * D_2(n) + \cdots . + p_j * D_j(n) = H^n}$$

$$\boldsymbol{p_1 + p_2 + \ldots + p_j = 1.} \qquad \textit{Eq. 151}$$

- Si le nombre d'obligations « J » égale le nombre de contraintes « n + 1 », alors une solution unique existe pour les proportions p ;

- Si $(J < n+1)$, alors le système n'a aucune solution ;
- Si $(J > n+1)$ (qui est le cas le plus commun), le système des équations a un nombre infini de solutions.

Pour choisir une solution d'immunisation unique, nous optimisons la fonction quadratique suivante :

$$\boldsymbol{Min \sum p_j^2} \qquad \textit{Eq. 152}$$

La fonction contrainte objective est employée pour réaliser la diversification à travers toutes les obligations, et réduit les risques idiosyncrasiques qui ne sont pas capturés (par exemple, risque de liquidité) par les mouvements systématiques de la courbe des taux.

Une solution d'optimisation quadratique peut être obtenue en dérivant les conditions selon la méthode de Lagrange. La solution exige de multiplier l'inverse de la matrice carrée dimensionnelle de $\{J + M + 1\}$ avec un vecteur de colonne contenant $\{J + M + 1\}$ comme suit :

$$\begin{bmatrix} 2 & 0 & \dots & 0 & D_1(1) & D_1(2) & \dots & D_1(M) & 1 \\ 0 & 2 & \dots & 0 & D_2(1) & D_1(2) & \dots & D_1(M) & 1 \\ 0 & 0 & \dots & 0 & \vdots & \vdots & \vdots & \vdots & \vdots \\ \vdots & \vdots & \vdots & \vdots & \vdots & \vdots & \vdots & \vdots & \vdots \\ 0 & 0 & \dots & 2 & D_J(1) & D_J(2) & \dots & D_J(M) & 1 \\ D_1(1) & D_2(1) & \dots & D_J(1) & 0 & 0 & \dots & 0 & 0 \\ D_1(2) & D_2(2) & \dots & D_J(2) & 0 & 0 & \dots & 0 & 0 \\ \vdots & \vdots & \vdots & \vdots & \vdots & \vdots & \vdots & \vdots & \vdots \\ D_1(M) & D_2(M) & \dots & D_J(M) & 0 & 0 & \dots & 0 & 0 \\ 1 & 1 & \dots & 1 & 0 & 0 & \dots & 0 & 0 \end{bmatrix}^{-1} \times \begin{bmatrix} 0 \\ 0 \\ \vdots \\ \vdots \\ 0 \\ H \\ H^2 \\ \vdots \\ H^M \\ 1 \end{bmatrix} = \begin{bmatrix} P_1 \\ P_2 \\ \vdots \\ \vdots \\ P_J \\ \lambda_1 \\ \lambda_2 \\ \vdots \\ \lambda_M \\ \lambda_{M+1} \end{bmatrix} \qquad \textit{Eq. 153}$$

La création d'un portefeuille à duration identique à la maturité permet de rendre ce dernier insensible à l'évolution des taux d'intérêt. Le choix des poids à investir dépendra de cette conception d'annulation du risque du taux d'intérêt.

La technique d'immunisation des portefeuilles est largement utilisable dans les sociétés de gestion et des OPCVM, elle permet une neutralisation des risques surtout en situation de variation extrême des taux d'intérêt. Toutefois, cette approche exige un suivi rigoureux des taux entrant dans la composition du portefeuille pour maintenir sur le court et le moyen terme le rendement espéré du portefeuille obligataire.

Trading des obligations

Dans les pays où le marché monétaire et le marché obligataire sont très dominants, les techniques de trading des obligations sont très importantes pour conduire une gestion de portefeuille efficace.

Les obligations et les Bons du Trésor sont particuliers, ils nécessitent une compréhension de la dynamique du marché et aussi une capacité à prédire les taux d'intérêt.

Dans cette section, nous proposons quelques techniques de trading et de négociation des titres de créances. Les approches étudiées sont les plus usuellement utilisées sur la place financière et constituent donc les outils indispensables pour un gestionnaire de portefeuille. En effet, nous examinerons la technique de la rentabilité excessive et la technique du seuil de rentabilité.

Il existe une multitude de stratégies qui peuvent être suivies lors de la gestion d'un portefeuille obligataire. Par exemple, le gestionnaire peut adopter une approche complètement passive et ne pas avoir à prévoir quoi que ce soit. D'autre part, un gestionnaire qui a confiance en ses capacités de prévision et qui a des raisons de croire que les prévisions du marché sont incorrectes peut générer un rendement important grâce à sa gestion active.

Cinq formes de gestion obligataire à mettre en évidence :

1. Indexation pure ;
2. L'amélioration de l'indexation par l'appariement des principaux facteurs de risque ;
3. L'indexation améliorée par des inadéquations de facteurs de risque ;
4. La gestion active par des incohérences de facteurs de risque plus importantes ;
5. Et une gestion active à part entière.

Indexation pure des obligations

La stratégie la plus facile. Dans le cadre d'une stratégie d'indexation pure, le gestionnaire réplique toutes les dimensions de l'indice. Chaque obligation de l'indice est achetée et sa pondération dans le portefeuille est déterminée par sa pondération dans l'indice.

En raison de la diversité des liquidités et des disponibilités des relations entre les actifs (covariances), cette stratégie, bien que facile à décrire, est difficile et coûteuse à mettre en œuvre.

Il est au mieux difficile de surperformer un indice obligataire sur une base cohérente, surtout si nous tenons compte du risque et du rendement net.

L'indice typique du marché obligataire général contient : des milliers d'émissions avec des échéances, des taux de coupon et des couvertures du secteur obligataire très variables. Par conséquent, un gestionnaire de portefeuille obligataire devrait déménager d'une position d'indexation pure à une gestion plus active, uniquement lorsque les objectifs et les contraintes du client le permettent et que les capacités du gestionnaire le justifient.

Indépendamment de la stratégie employée, cette gestion devrait être jugée contre un banc de jugement, et le benchmark devrait correspondre aux caractéristiques du portefeuille.

Entre autres, il y a quatre considérations principales lors du choix d'un indice de référence :

- le risque de valeur marchande (short or long position) ;
- le risque de revenu ;
- le risque de crédit ;
- et le risque lié au cadre de responsabilité (ALM investisseurs institutionnels).

Pour une comparaison valable du rendement du portefeuille avec le rendement de l'indice de référence, l'indice de référence doit présenter le même rapport de risque que le rendement du portefeuille. Les profils de risque peuvent être mesurés selon plusieurs dimensions, telles que la duration, la duration du taux de référence (courbe des taux des Bons du Trésor), les contributions à la duration, les durations des écarts et les pondérations sectorielles.

Il existe, par ailleurs, trois approches de base de la réplication de l'indice, autres que la réplication simple :

1. l'échantillonnage stratifié ;
2. la minimisation des erreurs de suivi ; et
3. la réplication basée sur les facteurs.

Indexation par échantillonnage

Une technique d'échantillonnage souvent utilisée est l'échantillonnage stratifié selon des caractéristiques de risque connu, dont voici des exemples :

- duration ;
- taux de coupon ;
- maturité ;
- les secteurs (trésor, entreprises, etc.) ;
- notation de crédit.

La méthode d'échantillonnage stratifiée est parfois associée à une procédure d'optimisation (telle que la maximisation du rendement à l'échéance et la maximisation de la convexité).

Minimisation des erreurs de suivi

L'approche de minimisation de la variance utilise des données historiques pour estimer la variance de l'erreur de suivi (TE : Tracking Error) pour chaque indice, puis les utilise pour minimiser la variance totale de l'erreur de suivi.

La programmation quadratique est ensuite utilisée pour trouver le portefeuille optimal en termes d'erreur de suivi minimisée. La technique implique deux étapes distinctes : *l'estimation de la matrice de covariance de rendement et l'utilisation de cette matrice de covariance pour l'optimisation des erreurs de suivi.*

L'idée est de répliquer le plus fidèlement possible un rendement d'indice obligataire avec un portefeuille investi dans N obligations individuelles :

$$R_p = \sum_{i=1}^{n} w_i * R_i$$

Le programme d'optimisation est de la forme suivante :

$$\text{Min VAR}(R_p - R_B) = \sum_{i=i,j}^{N} w_i w_j \sigma_{iB} - 2\sum_{i=i,j}^{N} w_i \sigma_{iB} + \sigma_B{}^2 \qquad \text{Eq. 154}$$

Pour montrer l'utilité de l'approche de minimisation du TE, nous présentons un portefeuille de huit obligations et un indice dont la matrice de corrélation bilatérale est la suivante :

Tableau 10. Matrice des corrélations

	Benchmark	Obligation 1	Obligation 2	Obligation 3	Obligation 4	Obligation 5	Obligation 6	Obligation 7	Oblig 8
Benchmark	1,00								
Obligation 1	0,04	1,00							
Obligation 2	0,57	0,04	1,00						
Obligation 3	0,76	0,03	0,54	1,00					
Obligation 4	0,80	0,03	0,93	0,68	1,00				
Obligation 5	0,87	0,02	0,87	0,70	0,98	1,00			
Obligation 6	0,99	0,03	0,57	0,77	0,81	0,88	1,00		
Obligation 7	0,93	0,02	0,44	0,78	0,68	0,77	0,90	1,00	
Obligation 8	0,91	0,02	0,59	0,61	0,79	0,86	0,87	0,93	1,00

La matrice de covariance peut être également déterminée :

Tableau 11. Matrice des covariances

	1 Obligation	2 Obligation	3 Obligation	4 Obligation	5 Obligation	6 Obligation	7 Obligation	8 Obligation	9 Oblig
Benchmark	0,21	0,04	0,76	1,47	1,74	2,27	2,58	4,09	4,16
Obligation 1	0,04	0,77	0,03	0,04	0,04	0,04	0,05	0,06	0,06
Obligation 2	0,76	0,03	0,85	0,66	1,28	1,43	0,95	1,23	1,71
Obligation 3	1,47	0,04	0,66	1,77	1,34	1,67	1,85	3,16	2,55
Obligation 4	1,74	0,04	1,28	1,34	2,23	2,63	0,22	3,09	3,70
Obligation 5	2,27	0,04	1,43	1,67	2,63	0,32	2,84	4,21	4,84
Obligation 6	2,58	0,05	0,95	1,85	0,22	2,84	3,24	4,89	4,90

Obligation	4,09	0,06	1,23	3,16	3,09	4,21	4,89	9,17	8,88
Obligation	4,16	0,06	1,71	2,55	3,70	4,84	4,90	8,88	9,89

La première étape dans la détermination du portefeuille qui minimise le TE est d'estimer la matrice variance-covariance des titres qui composent le portefeuille.

Tableau 12. Matrice de la variance-covariance

Var-covariance	Obligation 1	Obligation 2	Obligation 3	Obligation 4	Obligation 5	Obligation 6	Obligation 7	Obligation 8
Obligation 1	0,77	0,03	0,04	0,04	0,04	0,05	0,06	0,06
Obligation 2	0,03	0,85	0,66	1,28	1,43	0,95	1,23	1,71
Obligation 3	0,04	0,66	1,77	1,34	1,67	1,85	3,16	2,55
Obligation 4	0,04	1,28	1,34	2,23	2,63	0,22	3,09	3,70
Obligation 5	0,04	1,43	1,67	2,63	0,32	2,84	4,21	4,84
Obligation 6	0,05	0,95	1,85	0,22	2,84	3,24	4,89	4,90
Obligation 7	0,06	1,23	3,16	3,09	4,21	4,89	9,17	8,88
Obligation 8	0,06	1,71	2,55	3,70	4,84	4,90	8,88	9,89

La minimisation du TE suppose la connaissance de la rentabilité du portefeuille de comparaison. Le benchmark peut être éventuellement le portefeuille marché ou l'indice ou carrément un autre portefeuille comparable. Dans l'exemple, nous supposons que la rentabilité du benchmark est de 5%. À ce titre, nous allons chercher les poids à investir dans chaque obligation afin que l'écart type de la différence de rentabilité soit à son minimum.

Ceci dit, nous allons estimer avant tout quelques indicateurs importants du portefeuille obligataire :

Tableau 13. Minimisation du TE

Variance Portefeuille obligataire	0,416
Variance du Benchmark	0,210

Corrélation (Portefeuille, Benchmark)	0,330
Covariance (Portefeuille, Benchmark)	0,097
Variance du TE (via optimisation)	**0,56869**

Dans la démarche de minimisation du TE il faut passer par trois étapes : la première consiste à déterminer la variance de la rentabilité du portefeuille obligataire et ceci en adoptant la même conception du modèle de Markowitz, où il faut inclure le principe de diversification. La seconde étape est de déterminer la covariance entre le portefeuille obligataire et le benchmark. La dernière étape est de calculer la variance du TE selon la formulation dans l'équation 152. Une fois la variance du TE est déterminée, il convient à ce titre de chercher les poids à investir dans les obligations de telle sorte à ce que la variance du TE soit à son minimum. Dans l'exemple ci-dessous, nous avons utilisé le solveur afin d'approximer le résultat attendu.

Figure 16. Poids des obligations qui minimisent le TE

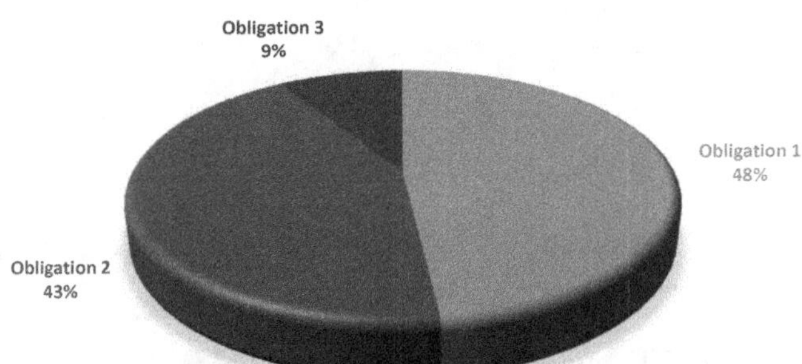

D'autres approches pour approximer la matrice de covariance sont possibles : approche par modèle diagonal et l'approche par le modèle APT. Ces deux modèles permettent de diagonaliser la matrice des variances covariances et ainsi ils facilitent la résolution du programme d'optimisation. Le recours à ces approches de diagonalisation dépend de la capacité d'estimation de la relation entre les facteurs systématiques et les rentabilités obligataires.

Réplication basée sur les facteurs

La réplication d'indice peut également être basée sur la décomposition des risques permise par un modèle factoriel. Autrement dit, nous pouvons suivre l'évolution des rentabilités selon une approche de sensibilité aux déterminants.

L'approche de réplication basée sur les facteurs consiste à estimer la relation entre l'indice est les facteurs macroéconomiques et financiers qui peuvent l'influencer. Et de même, il faut estimer la même relation entre chaque obligation et ces facteurs. Les coefficients déterminés permettront d'assurer une réplication du comportement de l'indice par rapport aux évolutions des conditions économiques et financières.

Fondamentalement, il s'agit d'estimer les formes linéaires suivantes :

$$R_{ti} = s_{1i}F_{t1} + s_{2i}F_{t2} + s_{3i}F_{t3} + \varepsilon_{ti}$$

$$R_{tP} = s_{1P}F_{t1} + s_{2P}F_{t2} + s_{3P}F_{t3} + \varepsilon_{tP}$$

Sachant que :

$$s_{jP} = \sum_{i=1}^{n} \omega_i s_{ji} \qquad \text{Eq. 155}$$

Pour tout actif « i » et pour chaque portefeuille benchmark « P ». avec « F » sont les facteurs décrivant les conditions macroéconomiques et financières.

Avant de procéder à ces estimations, il est nécessaire de mesurer la sensibilité de chaque obligation à l'indice dans son ensemble. Autrement dit, il est primordial de déterminer le coefficient de sensibilité Bêta de chaque obligation. Le choix des poids se fait en rapprochant les pondérations du portefeuille avec celui du benchmark en se référant donc aux sensibilités estimées.

Pour comprendre mieux cette approche, nous proposons un exemple très simple. Soit huit obligations dont l'estimation du modèle de marché nous permet d'avoir les résultats suivants :

Tableau 14. Coefficients de sensibilité

›ligation	1	2	3	4	5	6	7	8
›ta	0.021	0.361	0.695	0.821	1.071	1.216	1.930	1.963

Les différents coefficients décrivent la sensibilité des obligations aux évolutions de l'indice. Ainsi les coefficients dont la valeur est supérieure à 1 décrivent une forte dépendance et vice versa.

Supposons que l'indice est influencé par deux facteurs économiques F1 et F2 et dont les coefficients de sensibilité sont après une estimation efficace :

Tableau 15. Estimation du modèle factoriel (pour l'indice)

Constante	6,15
F1	-27
F2	-22

L'exercice d'estimation a été aussi réalisé pour l'ensemble des huit obligations avec la même approche et les coefficients présentés dans le tableau ci-dessous décrivent le comportement de chaque actif par rapport à l'évolution des deux facteurs.

Tableau 16. Estimation du modèle factoriel pour les obligations

	Bêta F1	**Bêta F2**
Benchmark	-27,086521	-22,265608
Obligation 1	-2,8137611	-1,084816
Obligation 2	-11,146198	-5,759743
Obligation 3	-19,985576	-13,46348
Obligation 4	-23,166247	-15,957687
Obligation 5	-28,730926	-22,180515
Obligation 6	-32,487836	-26,254243
Obligation 7	-50,810797	-48,548265
Obligation 8	-52,2	-50,5

Selon cette approche, nous devons chercher les poids à investir dans le portefeuille obligataire, de telle sorte que la sensibilité des titres aux variations des facteurs, soit équivalente à la sensibilité de l'indice ou du benchmark. Cela revient à chercher les poids qui respectent l'égalité dans l'équation 153. En utilisant le solveur sur Excel nous pouvons facilement résoudre ce programme et nous pourrons facilement obtenir les poids recherchés.

Figure 17. Poids optimaux pour la réplication factorielle

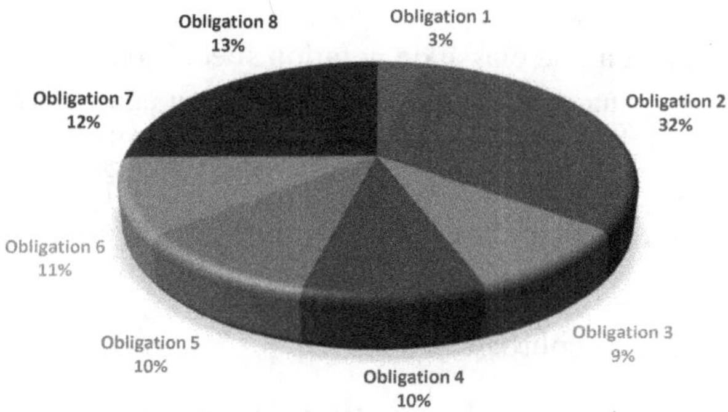

L'adoption de ce portefeuille ou le respect de ces poids permettra d'assurer un suivi plus rigoureux et plus anticipatif par rapport aux évolutions des facteurs de risques affectant le benchmark. De même, cette approche facilite la réalisation des exercices de simulation et les stress tests.

Gestion active

Les gestionnaires actifs de portefeuille partent de l'hypothèse qu'il existe des opportunités d'investissement et d'arbitrage, qui génèrent en moyenne un rendement supérieur au coût engagé pour les mettre en œuvre. En règle générale, il existe deux stratégies actives :

1. Trading sur les prévisions de taux d'intérêt, ce que nous appelons le market timing.

2. Négociation sur les inefficacités du marché, ce que nous appelons le Picking Bond.

Market Timing

Les gestionnaires de portefeuille via le market timing font clairement des paris sur les changements dans la courbe des taux ou sur un segment particulier de la courbe des taux. Nous distinguons trois Timings :

- Timing en fonction de l'absence de changement dans la courbe des taux ;

- Timing des paris en fonction du taux d'intérêt ;

- Timings basés sur les mouvements de pente et de courbure de la courbe des taux.

Ces paris s'appliquent à une classe de notation spécifique, par exemple, la structure de termes des taux sans risque de défaut. Il y a également des paris systématiques sur les indices obligataires représentatifs de différentes classes (Trésorerie, Corporate Investment Grade, High Yield) qui sont basés sur l'analyse économétrique (allocation de style tactique : TSA) qui constitue une forme moderne de stratégie de synchronisation des obligations.

Le chevauchement de la courbe des taux

Lorsqu'un investisseur investit dans un titre à revenu fixe d'une échéance différente de sa période de détention prévue, il est exposé soit *à un risque de réinvestissement, soit à un risque de capital.* Chevaucher (Riding) la courbe des taux est une technique que les gestionnaires de portefeuille à revenu fixe utilisent traditionnellement afin d'améliorer les rendements. Lorsque la courbe des taux est ascendante et est censée rester inchangée, elle permet à un investisseur d'obtenir un taux de rendement plus élevé en achetant des titres à revenu fixe dont les échéances sont plus serrées que la période de détention souhaitée et en les vendant pour profiter de la baisse des rendements obligataires, à mesure que les échéances diminuent avec le temps.

Un exemple très simple est à mettre en relief pour exprimer efficacement cette stratégie :

Maturité	Taux zéro Coupon	Prix t=0	Prix t=1
1	3,9	102,02	102,02
2	4,5	102,84	102,84
3	4,9	103,10	103,10
4	5,25	102,85	102,85
5	5,6	102,08	-

Tableau 17.Exemple d'application

Dans le tableau ci-dessus, nous avons des obligations à maturité différente et dont les taux de coupon diffèrent ainsi que leurs prix. Les prix sont observés sur deux temps à l'instant « t_0 » et à l'instant « t_1 ». Le chevauchement de la courbe consiste à acheter une obligation à maturité longue et la revendre, après une période, pour le prix d'une maturité inférieure avec un prix plus grand en raison du taux de coupon qui est généralement plus faible. Cette stratégie est retracée dans l'exemple ci-dessous : si un investisseur achète une obligation de 5 ans (taux du coupon est de 6%) dont le prix est de 102.08 et à taux de rendement de 5.6% et après un an il la revend à un prix de 102.85 (sa maturité est maintenant de 4 ans). Cette stratégie de chevauchement de la courbe permettra de faire gagner l'investisseur un taux de rendement de :

$$\text{Rendement} = \frac{102.85 - 102.08 + 6}{102.08} = 6.63\%$$

Une simple stratégie permettra de faire gagner un investisseur sans prendre beaucoup de risque, sauf qu'il est à noter que le chevauchement de la courbe nécessite que la courbe des taux soit toujours croissante et que les taux de rendement respectent les théories de formation des prix.

Timing sur le niveau des taux d'intérêt

Les stratégies basées sur l'évolution du niveau des taux d'intérêt sont très classiques. Elles sont basées sur la courbe du rendement à l'échéance en supposant qu'un seul facteur est à l'origine de tous les écarts de la courbe des taux, affecté uniquement par des décalages parallèles. Il y a deux mouvements possibles, un mouvement décroissant et un mouvement croissant.

Timing sur des changements spécifiques dans la courbe des taux

Nous savons, cependant, que la courbe des taux est potentiellement affectée par de nombreux autres mouvements que les changements parallèles. Il s'agit notamment des mouvements de pente et de courbure purs, ainsi que des combinaisons de mouvements de niveau, de pente et de courbure.

Un papillon est l'une des stratégies actives à revenu fixe les plus couramment utilisées par les praticiens. C'est la combinaison d'une barre (appelée les ailes du papillon) et d'une balle (appelée le corps du papillon). Le but de la transaction est d'ajuster les pondérations de ces composantes afin que la transaction soit neutre en espèces et ait une variation de prix égale à zéro.

Cette dernière propriété garantit une neutralité quasi parfaite des taux d'intérêt lorsque seuls de petits décalages parallèles affectent la courbure du rendement. En outre, le papillon, qui est généralement structuré de manière à afficher une convexité positive, génère un gain positif si d'importants décalages parallèles se produisent. Lorsque seuls des changements parallèles affectent la courbe des taux, la stratégie est structurée de manière à avoir une convexité positive. Un investisseur est alors certain de bénéficier d'un gain positif si la courbe des taux est affectée par un décalage parallèle positif ou négatif.

Analyse de scénarios

Lorsque nous prenons des décisions d'investissement actives, nous devons connaître la stratégie la plus bénéfique dans le scénario que nous anticipons. Par conséquent, nous devons également imaginer le résultat de nos paris, sans faire l'hypothèse de scénarios alternatifs. C'est ce que nous appelons l'analyse de scénarios.

L'analyse de scénario est généralement effectuée en deux étapes :

1. Tout d'abord, le gestionnaire de portefeuille spécifie quelques scénarios de la courbe de rendement pour un horizon donné et compare le taux de rendement total de sa stratégie dans chaque scénario.

2. Deuxièmement, le gestionnaire de portefeuille attribue des probabilités subjectives aux différents scénarios et calcule le taux de rendement total attendu pondéré, en fonction des probabilités pour sa stratégie et sa volatilité.

La construction d'une analyse de scénario valide n'est en fait pas un exercice facile. Il y a trois étapes principales à réaliser :

- Tout d'abord, recueillir le maximum d'informations sur le contexte macroéconomique, la politique monétaire des banques centrales, ainsi que des études économétriques concernant les variables financières clés, les opinions d'experts économiques du monde entier, etc.

- Ensuite, faire une synthèse de toutes ces informations et formuler des anticipations sur un horizon temporel donné.

- Enfin, traduire ces anticipations en un modèle de la courbe des taux (comme le modèle de Nelson et Siegel).

Décisions d'allocation stratégique

Ces stratégies visaient traditionnellement à répartir la richesse entre deux classes d'actifs, généralement entre les actions et les obligations. Ceci en tenant compte des facteurs financiers suivants :

- Rendement des Bons du Trésor à 3 mois. Fama (1981) et Fama et Schwert (1977) montrent que cette variable est négativement corrélée aux rendements boursiers futurs. Il sert d'indicateur des attentes de l'activité économique future ;

- Rendement du dividende (approximé par le rendement du dividende sur les actions). Il a été démontré qu'il est associé à une lente réversion moyenne des rendements boursiers au cours de plusieurs cycles économiques (Keim et Stambaugh, 1986, Campbell et Shiller, 1998, Fama et Français, 1989). Il sert d'indicateur de la variation temporelle de la prime de risque inobservable, car un rendement élevé du dividende indique que les dividendes ont été actualisés à un taux plus élevé ;

- Spread de défaut (approximé par les variations des observations mensuelles de la différence entre le rendement des obligations Baa à long terme et le rendement des obligations AAA à long terme). Cela capture l'effet de la prime par défaut. Les primes par défaut suivent les conditions du cycle économique à long terme : plus élevées pendant les récessions, plus faibles pendant les expansions (Fama et Français, 1998) ;

- Écart de terme (approximé par des observations mensuelles de la différence entre le rendement des Bons du Trésor à 3 mois et celui des Bons du Trésor à 10 ans) ;

- Volatilité implicite ;

- Volume du marché (approximé par les variations du volume mensuel du marché boursier) ;

- Facteur actions marocain (approximé par le rendement de l'indice du marché).

Il y a également d'autres facteurs économiques à retenir, à savoir :

- Inflation (approximé par l'indice des prix à la consommation) ;

- Masse monétaire (approximé par l'agrégat monétaire M1) ;

- Croissance économique (approximé par le produit intérieur brut trimestriel réel).

Rentabilité excessive

Bien que le rendement soit un élément clé du trading, ce n'est pas le seul élément et il n'est souvent pas l'élément le plus important. En effet, une des premières leçons dans stratégies de placements à revenu fixe est la distinction entre le rendement d'une obligation et sa rentabilité : en raison des fluctuations des marchés, les rendements peuvent différer considérablement des rentabilités.

De même, l'un des principaux enseignements de la gestion de portefeuille obligataire est que l'écart de rendement de l'obligation peut différer considérablement de sa rentabilité excessive. Pour identifier les facteurs qui contribuent aux rendements excédentaires, commençons par un exemple simple de trading d'obligations : L'investisseur achète l'obligation A et vend l'obligation B. Dans un souci de simplicité, nous allons négliger les coûts de transaction (fiscalité et autres commissions).

Sur un horizon d'un an, le rendement total de l'obligation A (TR) est égal à son coupon (CA) majoré du pourcentage de variation du prix $(\frac{\Delta PA}{P_A})$:

$$\mathrm{TR(A)} = \mathrm{CA} + \frac{\Delta \mathrm{PA}}{\mathrm{P_A}} \qquad \text{Eq. 156}$$

En introduisant la duration[53] de l'actif alors :

$$TR(A) = CA - DA * \Delta Y_A \qquad \text{Eq. 157}$$

Pour simplifier, supposons que l'obligation A est une obligation au pair, son coupon est égal au rendement du marché (Y) plus un spread (SA) :

$$\mathrm{CA} = \mathrm{Y_{(A,M)}} + \mathrm{S_A} \qquad \text{Eq. 158}$$

Par définition la différence du rendement est égale à :

$$\Delta \mathrm{Y_A} = \Delta \mathrm{Y_{(A,M)}} + \Delta \mathrm{S_A}$$

Alors le rendement total de l'obligation est de :

$$\mathrm{TR(A)} = \mathrm{Y_{(A,M)}} + \mathrm{S_A} - \mathrm{DA} * \left(\Delta \mathrm{Y_{(A,M)}} + \Delta \mathrm{S_A}\right). \qquad \text{Eq. 159}$$

Nous pouvons écrire la même formulation pour l'actif obligataire B :

$$\mathrm{TR(B)} = \mathrm{Y_{(B,M)}} + \mathrm{S_B} - \mathrm{DB} * \left(\Delta \mathrm{Y_{(B,M)}} + \Delta \mathrm{S_B}\right). \qquad \text{Eq. 160}$$

---

[53] La duration est la première mesure du risque du taux d'intérêt.

Lorsqu'un investisseur achète une obligation « A » et vend une obligation « B », le rendement excédentaire (ER) sur le swap effectué est égal à la différence dans les rendements totaux sur les deux opérations :

$$RE = TR(A) - TR(B)$$

$$RE = Y_{(A,M)} + S_A - DA * (\Delta Y_{(A,M)} + \Delta S_A) - Y_{(B,M)} + S_B - DB * (\Delta Y_{(B,M)} + \Delta S_B)$$

$$RE = Y_{(A,M)} - Y_{(B,M)} + S_A - S_B + (DB * (\Delta Y_{(B,M)} + \Delta S_B) - DA * (\Delta Y_{(A,M)} + \Delta S_A)). \quad \text{Eq. 161}$$

Ainsi, nous pouvons noter que le rendement excédentaire de l'échange d'obligations dépend de six facteurs :

- La pente de la courbe de référence : $Y_{(A,M)} - Y_{(B,M)}$
- La pente de la courbe des spreads : $S_A - S_B$
- Le changement de la courbe de référence : $DA * (\Delta Y_{(A,M)} + \Delta S_A))$
- Le changement de la courbe des spreads : DA (Δ SA - Δ SB)
- La trajectoire des taux de référence : (DB – DA) $\Delta Y_{(B,M)}$
- La trajectoire des spreads = (DB – DA) Δ SB

Dans le cas où les deux obligations ont des durations identiques, le trading devient plus usuel :

$$\text{DA} = \text{DB} = \text{D} \quad \text{et} \quad Y_{(A,M)} = Y_{(B,M)}$$

Alors la rentabilité excessive s'écrit de la forme suivante :

$$\text{RE} = (\text{SA} - \text{SB}) - \text{D}(\Delta\text{SA} - \Delta\text{SB}) \qquad \text{Eq. 162}$$

$$\text{RE} = \text{Spread} + \text{mouvement du marché}$$

Plutôt que de prévoir le mouvement du marché, sur le plan pratique les gestionnaires de portefeuille obligataires choisissent de simuler la variation potentielle du marché.

$$RE = (SA - SB) - D \sum m * (\Delta SA - \Delta SB) \qquad \text{Eq. 163}$$

Avec « m » est une probabilité à simuler. Pour démontrer l'utilité de cette approche de trading, nous prenons l'exemple suivant :

Tableau 18. Exemple de simulation des rentabilités excessives

Spread A et B	Duration	Changement des Spreads	RE	Probabilité	Chang Spread pond
		-0,004	0,023	10%	-0,0004
		-0,002	0,013	40%	-0,0008
0,003	5,00	0	0,003	25%	0
		0,004	- 0,017	15%	0,0006
		0,002	- 0,007	10%	0,0002
Rentabilité excessive simulée					0,0050

Pour développer une approche plus rigoureuse, il faut modéliser les données historiques des écarts de rendement et estimer les distributions de probabilité. Cette stratégie est valable à chaque fois qu'un gestionnaire de portefeuille essaie de vendre ou d'acheter des obligations sur le marché. La rentabilité excessive permettra de faire prévaloir le gain de toute opération de trading.

Seuil de rentabilité

Dans de nombreux cas, les investisseurs mesurent le risque d'un échange d'obligations en termes de seuil de rentabilité. Le seuil de rentabilité indique combien de spreads doivent changer afin que l'échange d'obligations ait un rendement excédentaire ou égal à zéro.

Ainsi, si nous voulons que l'échange soit neutre (égal à 0), nous pouvons écrire que :

$$\mathrm{RE} = (\mathrm{SA} - \mathrm{SB}) - \mathrm{D}(\Delta\mathrm{SA} - \Delta\mathrm{SB}) = 0$$

$$\mathrm{RE} = \mathrm{Spread} + \mathrm{mouvement\ du\ marche} = 0$$

Avec un réaménagement nous pouvons trouver facilement le point du seuil de rentabilité qui est noté également le « Breakevent » :

$$\mathrm{Breakevenet} = \mathrm{SR} = \frac{(\mathrm{SA}-\mathrm{SB})}{\mathrm{D}} \qquad \text{Eq. 164}$$

Pour faciliter la compréhension du seuil de rentabilité, supposons qu'un trader vend l'obligation B (Spread= 80Pb) et achète l'obligation A (Spread = 50Pb), dont la duration identique est de 5 ans, le seuil de rentabilité est donc égal à :

$$\mathrm{SR} = (\mathrm{SA} - \mathrm{SB})/\mathrm{D} = (80 - 50)/5 = 6\mathrm{Pb}$$

Ceci signifie que pour que l'achat et la vente soit neutres à 0, alors il faut que le spread entre A et B passe de 30 vers 36 Pb. Le calcul du seuil de rentabilité permet de faciliter le trading sur le marché pour une optimisation efficace et pourquoi pas un gain potentiel au moment des échanges.

Il est à noter que le SR pour un bon de trésor s'écrit sous la forme suivante :

$$SR = \frac{SA}{D} \qquad \text{Eq. 165}$$

Sur le très court terme (inférieur à un an) nous pouvons garder les mêmes formulations, sauf qu'il faut tenir compte des fractions de période, nous pouvons réécrire que :

$$\mathrm{SR} = (\mathrm{SA} - \mathrm{SB}) * \frac{\mathrm{M}}{12} * \frac{1}{\mathrm{D}} \quad \text{Eq. 166}$$

Les techniques de négociation et de gestion des actifs obligataires sont d'une utilité grandissante dans les pays où le marché boursier est à faible capitalisation flottante. Ces techniques permettent de faciliter la gestion des portefeuilles obligataires et aussi de mettre en place les stratégies adéquates.

Application MATLAB

Valorisation par intérêt simple des Bons du Trésor

```
Rate = 0.1;
Settle = '01-Oct-2018';
Maturity = '31-Mar-2018';

Type = 2; %(2 (default) | 1 = money market, 2 = bond-equivalent, 3 = discount rate)

Price = tbillprice(Rate, Settle, Maturity, Type);
```

Bons du Trésor rachat (Seuil de rentabilité : Break event)

```
Maturity = '26-Dec-2018'; % la fin du contrat ou maturité du BT
InitialDiscount = 0.0461;  % taux d'actualisation
PurchaseDate = '26-Sep-2018';   % date d'achat sur le marché secondaire
SaleDate = '26-Oct-2018';    % date de vente sur le marché secondaire
RepoRate = 0.0449;   % taux MM ou le taux coupon

% Le prix du bon au moment de l'achat
PriceOnPurchaseDate = tbillprice(InitialDiscount, PurchaseDate, Maturity, 3)

% les intérêts générés
RepoInterest = RepoRate*PriceOnPurchaseDate*days360(PurchaseDate,SaleDate)/360
```

```
CashFlow=PriceOnPurchaseDate+RepoInterest

% verification
% taux yield qui Ègalise le profit de la vente ‡ 0.
BreakevenDiscount = tbillrepo(RepoRate, InitialDiscount, PurchaseDate, SaleDate, Maturity)
name = 'Si';
X = [name,' le taux sur le marché arrive au seuil de ',num2str(BreakevenDiscount),' alors le gain procuré par la vente et le rachat de l''obligation est nulle.'];
disp(X)  % si à cette date le taux reste le même ou baisse la vente fait gagner.
Price = tbillprice(BreakevenDiscount, SaleDate,Maturity, 3);
```

Évolution des Yield dans la stratégie d'achat et de vente

```
Maturity = '26-Dec-2018';
InitialDiscount = 0.0461;
PurchaseDate = '26-Sep-2018';
SaleDate = '26-Oct-2018';
RepoRate = 0.0449;
BreakevenDiscount = tbillrepo(RepoRate, InitialDiscount, PurchaseDate, SaleDate, Maturity)
[BEYield, MMYield] = tbilldisc2yield([InitialDiscount; BreakevenDiscount],[PurchaseDate; SaleDate], Maturity)
```

Utilisation de la duration et de la convexité

```
Settle    = '19-Aug-1999';
Maturity  = ['17-Jun-2010'; '09-Jun-2015'; '14-May-2025'];
Face      = [100000; 100000; 1000000];
CouponRate = [0.07; 0.06; 0.045];
Yields = [0.05; 0.06; 0.065];

%% Calcul des prix
[CleanPrice, AccruedInterest] = bndprice(Yields, CouponRate, Settle, Maturity, 2, 0, [], [], [], [], [], Face);
Durations = bnddury(Yields, CouponRate, Settle, Maturity, 2, 0,[], [], [], [], [], Face);  % calcul de la duration
Convexities = bndconvy(Yields, CouponRate, Settle, Maturity, 2, 0,[], [], [], [], [], Face);  % calcul de la convexitÈ
```

Simulation d'impact

```
Prices  =  CleanPrice + AccruedInterest;
dY = 0.002; % Mouvement des taux dans le marché
PortfolioPrice  = 10000000;
PortfolioWeights = ones(3,1)/3;
PortfolioAmounts = PortfolioPrice * PortfolioWeights ./ Prices;  % nombre d'actif par obligations
PortfolioDuration  = PortfolioWeights' * Durations;
PortfolioConvexity = PortfolioWeights' * Convexities;
PercentApprox1 = -PortfolioDuration * dY * 100;
PercentApprox2 =  PercentApprox1 + PortfolioConvexity*dY^2*100/2.0;
```

```
    PriceApprox1  = PortfolioPrice + PercentApprox1 * PortfolioPrice/100;
    PriceApprox2  = PortfolioPrice + PercentApprox2 * PortfolioPrice/100;
    [CleanPrice, AccruedInterest] = bndprice(Yields + dY,CouponRate, Settle, Maturity, 2, 0, [], [], [], [],
[],Face);
    NewPrice = PortfolioAmounts' * (CleanPrice + AccruedInterest);
```

Immunisation du portefeuille

```
    Settle    = '19-Aug-1999';
    Maturity  = ['15-Jun-2005'; '02-Oct-2010'; '01-Mar-2025'];
    Face      = [500; 1000; 250];
    CouponRate = [0.07; 0.066; 0.08];
    Yields = [0.06; 0.07; 0.075];
    [CleanPrice, AccruedInterest] = bndprice(Yields,CouponRate,Settle, Maturity, 2, 0, [], [], [], [], [],
Face);
    Durations = bnddury(Yields, CouponRate, Settle, Maturity,2, 0, [], [], [], [], [], Face);
    Convexities = bndconvy(Yields, CouponRate, Settle, Maturity, 2, 0, [], [], [], [], [], Face);
    Prices  =  CleanPrice + AccruedInterest;
    A = [Durations'
      Convexities'
      1 1 1];
    b = [ 10.3181
      157.6346
      1];
    Weights = A\b;
    PortfolioDuration  = Weights' * Durations;
    PortfolioConvexity = Weights' * Convexities;
    PortfolioValue = 100000;
    HedgeAmounts  = Weights ./ Prices * PortfolioValue;
```

Courbe des taux par Boostrapping

```
    CurveSettle = datenum('8-Mar-2010');
    InstrumentTypes = {'Deposit';'Deposit';'Deposit';'Deposit';...
      'Futures';'Futures';'Futures';'Futures';'Swap';'Swap';'Bond';'Bond'};

    Instruments= [datenum('8-Mar-2010'),datenum('8-Apr-2010'),.003; ...
      datenum('8-Mar-2010'),datenum('8-Jun-2010'),.005; ...
      datenum('8-Mar-2010'),datenum('8-Sep-2010'),.007; ...
      datenum('8-Mar-2010'),datenum('8-Mar-2011'),.009; ...
      datenum('8-Mar-2010'),datenum('18-Jun-2011'),9840; ...
      datenum('8-Mar-2010'),datenum('17-Sep-2011'),9820; ...
      datenum('8-Mar-2010'),datenum('17-Dec-2011'),9810; ...
      datenum('8-Mar-2010'),datenum('18-Mar-2012'),9800; ...
      datenum('8-Mar-2010'),datenum('8-Mar-2015'),.025; ...
      datenum('8-Mar-2010'),datenum('8-Mar-2020'),.035; ...
      datenum('8-Mar-2010'),datenum('8-Mar-2030'),99; ...
      datenum('8-Mar-2010'),datenum('8-Mar-2040'),101];
    InstrumentCouponRate = [zeros(10,1);.045;.05];
    bootModel = IRDataCurve.bootstrap('Forward', CurveSettle, ...
    InstrumentTypes, Instruments,'InterpMethod','pchip',...
    'InstrumentCouponRate',InstrumentCouponRate);
    PlottingDates = datemnth(CurveSettle,1:30*12);
    plot(PlottingDates, getParYields(bootModel, PlottingDates),'r')
```

```
ylim([0 .06])
datetick
```

Courbe des taux Cubic Spline

```
Settle = repmat(datenum('30-Apr-2008'),[6 1]);
Maturity = [datenum('07-Mar-2009');datenum('07-Mar-2011');...
datenum('07-Mar-2013');datenum('07-Sep-2016');...
datenum('07-Mar-2025');datenum('07-Mar-2036')];

CleanPrice = [100.1;100.1;100.8;96.6;103.3;96.3];
CouponRate = [0.0400;0.0425;0.0450;0.0400;0.0500;0.0425];
Instruments = [Settle Maturity CleanPrice CouponRate];
PlottingPoints = datenum('07-Mar-2009'):180:datenum('07-Mar-2036');
Yield = bndyield(CleanPrice,CouponRate,Settle,Maturity);
CustomKnots = augknt(0:5:30,4);
SmoothingModel = IRFunctionCurve.fitSmoothingSpline('Zero',datenum('30-Apr-2008'),...
Instruments,@(t) 1000,'knots', CustomKnots);

% create the plot
plot(PlottingPoints,getParYields(SmoothingModel, PlottingPoints),'b')
hold on
scatter(Maturity,Yield,'black')
datetick('x')
```

Courbe des taux Nelson Siegle

```
Settle = repmat(datenum('30-Apr-2008'),[6 1]);
Maturity = [datenum('07-Mar-2009');datenum('07-Mar-2011');...
datenum('07-Mar-2013');datenum('07-Sep-2016');...
datenum('07-Mar-2025');datenum('07-Mar-2036')];

CleanPrice = [100.1;100.1;100.8;96.6;103.3;96.3];
CouponRate = [0.0400;0.0425;0.0450;0.0400;0.0500;0.0425];
Instruments = [Settle Maturity CleanPrice CouponRate];
PlottingPoints = datenum('07-Mar-2009'):180:datenum('07-Mar-2036');
Yield = bndyield(CleanPrice,CouponRate,Settle,Maturity);

NSModel = IRFunctionCurve.fitNelsonSiegel('Zero',datenum('30-Apr-2008'),Instruments);

NSModel.Parameters

% create the plot
plot(PlottingPoints,getParYields(NSModel, PlottingPoints),'r')
hold on
scatter(Maturity,Yield,'black')
datetick('x')
```

CHAPITRE VIII. DES MARCHES FINANCIERS : GÉNÉRALITÉS ET ENVIRONNEMENT DE GESTION DES ACTIFS

Adapté au cas marocain[54]

"une microstructure indispensable pour une complexité institutionnelle à maîtriser."

Clôturer cette première édition ne peut s'effectuer que par une ouverture sur la structure des marchés financiers. L'étude de la structure du marché est importante pour les gestionnaires de portefeuilles et des risques.

La première section examine plus en détail les marchés monétaire et boursier comme les principaux marchés financiers au niveau national et international.

Les gestionnaires des risques devraient s'intéresser à la structure du marché parce qu'elle affecte également d'autres aspects du risque, y compris le risque de crédit, les risques d'affaires et le risque opérationnel. En effet, le marché rassemble plusieurs acheteurs et vendeurs pour réduire au maximum les coûts de transaction. Ainsi, le marché fournit les meilleures conditions pour la gestion des risques financiers et pour le financement de l'économie.

La seconde section de ce chapitre est consacrée à l'analyse de l'environnement de la gestion des actifs avec et sans intermédiation. Cette section permettra aux « néophytes » de la finance de comprendre les soubassements juridiques, institutionnels et légaux de la gestion des actifs.

---

[54] La microstructure du système financier est universelle et pas uniquement marocaine. Toutefois, celle adoptée au Maroc est inspirée principalement du modèle francophone.

Les marchés financiers

Le rôle d'un système financier est de créer efficacement la liquidité pour des projets d'investissement qui promettent la rentabilité la plus élevée et qui maximisent l'allocation des ressources. Cependant, à la différence d'autres catégories de marchés, un système financier permet à des investisseurs de convertir les recettes courantes en consommation future. Il fournit également les ressources courantes pour des emprunteurs.

Sur le plan théorique, Robert Merton et Zvie Bodie (2004) ont défini six fonctions essentielles d'un système financier :

1. Moyens de paiement ;
2. Financement ;
3. Emprunt ;
4. Gestion des risques ;
5. La création de L'information[55] ;
6. Réduction des problèmes de conflits d'intérêts.

Le rôle primaire d'un système financier est d'approcher les agents économiques des ressources financières, soit d'une manière directe ou indirecte. Dans le premier cas, connu sous le nom de la « finance directe », les parties ayant des ressources financières excessives financent directement ceux en besoin financier. Le système financier sert de courtier, assortissant l'alimentation en fonds avec la demande correspondante. C'est ce qui se produit quand un petit actionnaire souscrit à l'augmentation du capital d'une compagnie cotée ou quand une banque place une émission d'obligations avec différents investisseurs.

Dans le deuxième cas, « financement indirect », les intermédiaires financiers, tels que des banques rassemblent à leur tour des fonds, sous forme de dépôts à vue, ou comptes d'épargne. Dans ce modèle, le système financier remplit la fonction de l'intermédiation. Cette activité s'appelle

[55] La fonction informationnelle est le noyau central dans le rôle du système financier. Dans notre vision, la capacité du système financier à hausser le degré informationnel des agents économiques, lui procure la plus grande légitimité d'existence dans le modèle économique actuel.

l'intermédiation, et est très différente du rôle d'un seul courtier dans le modèle de la finance directe.

Avec le financement direct, les montants qui circulent à travers le courtier (marché financier) n'apparaissent pas sur son bilan, parce que l'activité centrale est de mettre l'investisseur et l'émetteur en contact direct l'un avec l'autre. Seules les commissions de courtage et les commissions sont transcrites.

Dans l'intermédiation, la situation est très différente. L'intermédiaire indique toutes les ressources du côté des passifs de son bilan, indépendamment de leur nature. Du côté des actifs, l'intermédiaire indique tous les emplois des fonds, indépendamment de leur nature.

Quand les marchés financiers (primaires et secondaires[56]) sont sous-développés, l'économie se base principalement sur le financement par emprunt. Réciproquement, quand les marchés financiers sont suffisamment bien développés, des compagnies peuvent alors choisir d'augmenter leur financement par le recours aux marchés financiers et en usant de façon plus optimale dans l'épargne nationale.

Principes fondamentaux : Peut-être pour quelques années encore !

Dans les sciences économiques, un marché est un dispositif structurel qui rassemble des acheteurs et des vendeurs. Sur ce registre, le marché financier est un cadre structurel dans lequel des instruments financiers peuvent être achetés et vendus.

Les manuels précisent qu'un marché ne doit pas avoir une localisation physique, bien que dans la plupart des cas il en est ainsi. En fait, les marchés financiers offrent un des meilleurs exemples des acheteurs et des vendeurs, dont la rencontre se réalise de façon virtuelle.

Types de produits négociés

Normalement, le marché financier est utilisé pour faire référence à un marché où des produits financiers sont négociés. Sur le marché financier,

---

[56] Les marchés primaires sont les marchés d'émission et les marchés secondaires sont de négociation.

l'offre et la demande sont de forme spécifique, puisqu'elles se réfèrent à des actifs spécifiques de nature financière, dont les plus usuels sont :

- Dépôts en banque : constituent l'épargne nominative auprès des banques. Ils prennent deux formes : les dépôts à vue et les dépôts à terme ;

- Certificats d'épargne ou de dépôts : des actifs émis sur les marchés monétaires par les banques ;

- Bons du Trésor : des titres de créances émis par le Trésor pour financer les charges courantes de l'État ;

- Obligations d'État : des titres émis sur le long terme pour financer les projets structurants de l'État ;

- Obligation d'entreprises : les titres de créances qui financent les entreprises privées et constituent une forme de passif permanent ;

- Actions ordinaires : des titres de propriété qui confèrent à leur détenteur le droit de participer à la gestion des entreprises et aussi tous les autres droits pécuniaires ;

- Euro-obligations : une forme d'obligation émise à l'extérieur des frontières en monnaie locale du pays d'émission ;

- Produits dérivés (gestion des risques) : tous les actifs qui permettent de couvrir le risque d'un actif sous-jacent comme les options et autres.

En théorie, il existe plusieurs façons de classer les marchés financiers. Premièrement, en les divisant selon la négociabilité d'instruments en présence. Les actions, par exemple, une fois créées, elles peuvent être achetées et vendues sur les marchés organisés sans leurs émetteurs originels. Ces instruments qui peuvent être achetés et vendus entre des tiers sont connus comme valeurs mobilières. Les certificats de l'épargne, en revanche, ne peuvent pas être achetés de cette façon et vendus. Cette classification a aussi des implications juridiques dépendamment de la spécificité des actifs en question.

Deuxièmement, en distinguant les instruments qui sont établis avec un taux fixe (des obligations d'État, par exemple) des actifs dont le rendement varie selon des conditions de marché.

Une troisième approche est très populaire et consiste à distinguer les instruments financiers par maturité. C'est en fait la durée qui doit s'écouler avant que la demande de règlement soit exigible.

Généralement, le recours à la dernière distinction par maturité nous permet d'accepter la classification suivante des marchés dans une économie :

- Les marchés des capitaux :
- Marché des obligations ;
- Marché des actions ;
- Marché de l'immobilier ;
- Marché des euro-obligations.
- Les marchés monétaires :
- Marché interbancaire ;
- Marché des titres des créances négociables ;
- Marché de la banque centrale ;
- Marchés des euros devises.

Les marchés des capitaux sont les marchés dont la maturité est supérieure à un an et dont les capitaux sont destinés à financer l'économie. Par ailleurs, les marchés monétaires sont généralement à maturité courte et sont essentiellement destinés à gérer la liquidité sur les marchés. Toutefois, il devient de plus en plus difficile de maintenir toutes ces distinctions entre les compartiments du marché financier. L'innovation et les mutations des marchés en termes de restructuration et de développement ont affecté les principes de classification des marchés financiers et une classification nouvelle serait peut-être imposée dans les années à venir.

Les investisseurs : Le comportement des Prêteurs et emprunteurs

Dans n'importe quelle économie il y a les agents dont les revenus sont plus importants que leur consommation courante. La différence entre les revenus et la consommation courante constitue l'épargne. L'épargne pourrait être employée pour acheter des actifs réels (par exemple : terrains, machines, etc.) ou être drainée vers les marchés financiers.

Généralement, la différence entre l'épargne et l'investissement physique constitue l'excédent financier. C'est cet excédent qui est disponible pour le prêt. Nous pouvons dire que dans leur choix des actifs, les prêteurs chercheront à réduire au minimum le risque et à maximiser les rendements, tout en ayant à faire un arbitrage idéal en termes de liquidité des actifs.

Le rendement sur un actif financier peut prendre un certain nombre de formes. Il peut prendre la forme d'un paiement des intérêts à intervalles discrets. Ce paiement des intérêts peut être fixé au départ de l'emprunt ou il peut varier. Une autre forme que le rendement peut prendre est la participation. À la différence d'un taux d'intérêt, un paiement des dividendes est perçu dans cette situation.

Une troisième forme de rendement, qui peut être moins évidente, est le rendement qui vient d'une plus-value. De manière générale, plusieurs personnes et institutions détiennent des actions de compagnies, pas uniquement pour les dividendes, mais parce qu'elles s'attendent à ce que la valeur des actions s'accentue.

De même, que certains aient des produits qu'ils ne souhaitent pas dépenser entièrement dans la consommation courante, il y a des sociétés, des personnes et des services publics dont les régimes de dépense dépassent leurs revenus. Dans certaines circonstances, nous pouvons envisager des institutions en besoin puissent emprunter afin d'acquérir des actifs financiers.

Les motivations des prêteurs et des emprunteurs sont récapitulées dans le tableau ci-après. Les signes indiquent si le prêteur/emprunteur cherche à maximiser (+) ou à minimiser (-) les caractéristiques des actifs financiers.

Tableau 19. Les déterminants pour les investisseurs

Arbitrage	**Prêteur**	**Emprunteur**
Rentabilité	+	-
Risque	-	-
Coût de transaction	-	-
Liquidité	+	-

À l'encontre de ce que peut croire un agent économique simple, les investisseurs sur le marché financier sont dans l'obligation de faire un arbitrage entre plusieurs paramètres comme exposé dans le tableau ci-dessus. Généralement, les investisseurs se focalisent sur le risque et le rendement et oublient les deux autres facteurs qui peuvent constituer des barrières à l'entrée ou à la sortie du marché. Un autre facteur est à soulever concernant le temps où l'horizon du placement qui conditionne bien évidemment le taux de profit à générer.

En tenant compte de ces éléments décisionnels, les investisseurs à n'importe quel moment donné, doivent adopter un comportement soit de :

1. Couverture ;
2. Spéculation ;
3. Arbitrage.

Couverture

Quand un investisseur essaie de se protéger contre des risques, il est nécessairement dans une position de couverture. Le terme « couverture (hedging)» décrit une notion générale qui est à la base de certaines décisions d'investissement, par exemple, la prise de décision d'investissement et de financement à long terme. De même, une entreprise marocaine qui exporte des produits vers les États-Unis peut vendre des dollars contre des dirhams, se garantissant un taux bénéfique pour ses produits futurs. Autrement dit, elle protège son exposition aux fluctuations du taux de change. De même, un prêteur à moyen terme qui se refinance avec des ressources de la même maturité a également protégé son exposition au taux d'intérêt et à la liquidité.

Spéculation

Contrairement à la stratégie de couverture, qui élimine le risque en le transférant, la spéculation est l'acceptation du risque. Un spéculateur prend une position, quand il fait un pari sur la valeur future des actifs. S'il pense que son prix montera, il l'achète. S'il augmente, il remporte le pari, sinon, il perd. Ce comportement est absolument opposé à celui de la couverture.

Les traders sont les spéculateurs professionnels. Ils dépensent leurs monnaies dans des obligations, des actions ou des options qu'ils pensent s'apprécieront et ils les vendent quand ils pensent qu'ils sont sur le point de diminuer. Mais, l'investisseur est également un spéculateur, quand il prévoit des flux de liquidités de financement, il spécule au sujet du contrat à terme. Chaque investisseur spécule quand il investit, mais sa spéculation n'est pas nécessairement insouciante. Elle est fondée sur une conviction, un ensemble de qualifications, et une analyse des risques. La seule différence est que quelques investisseurs spéculent plus fortement que d'autres en assumant plus de risque.

Les académiciens critiquent souvent les marchés financiers en raison de la spéculation. Pourtant les spéculateurs jouent un rôle fondamental sur le marché, un rôle économiquement sain, en assumant les risques que d'autres participants ne veulent pas accepter. De cette façon, les spéculateurs réduisent au minimum le risque. En effet, une entreprise marocaine avec une créance en dollar, qui veut se protéger contre les risques liés à la variation de taux de change (c'est-à-dire une élévation de l'USD contre le MAD), peut transférer ce risque en achetant des dollars auprès d'un spéculateur voulant prendre ce risque. En achetant des dollars aujourd'hui, la compagnie connaît le taux de change auquel elle remboursera son emprunt. Elle a ainsi éliminé les risques liés à la variation de taux de change. Réciproquement, le spéculateur court le risque d'une fluctuation en valeur du dollar entre le moment où il vend les dollars à la compagnie et le moment où il les fournit.

Arbitrage

Un arbitragiste essaie de gagner en exploitant les petites divergences qui peuvent apparaître sur les différents marchés en déséquilibre. Par exemple, un arbitragiste notera que les actions d'une entreprise sont légèrement inférieures à Londres qu'à Bruxelles. Il achètera des actions à Londres et les vendra simultanément (ou presque ainsi) à un prix plus élevé à Bruxelles. Par l'achat à Londres, l'arbitragiste oriente le prix vers le haut à Londres et en les vendant à Bruxelles, il conduit le prix vers le bas. D'autres arbitragistes répètent alors le procédé, jusqu'à ce que les prix sur les deux marchés soient alignés parfaitement ou en équilibre.

En principe, l'arbitragiste n'assume aucun risque, quoique chaque transaction séparée implique un certain degré de risque. Dans la pratique, les arbitragistes prennent souvent une certaine quantité de risque pendant que leur comportement est sur la frontière entre la spéculation et l'arbitrage. Pour que l'arbitrage soit réussi, les valeurs mobilières fondamentales doivent être assez liquides pour que les transactions soient accomplies simultanément.

L'arbitrage est d'importance primordiale sur un marché. Par des opportunités de destruction, car il les découvre, l'arbitrage participe au développement des marchés en créant de la liquidité. Il élimine également les imperfections temporaires qui peuvent apparaître. Dès que le déséquilibre apparaît, les arbitragistes achètent et vendent des actifs et augmentent la liquidité du marché.

L'irrationalité de quelques investisseurs (théorie comportementale) n'engendre pas un réel impact, si les anomalies peuvent être rapidement corrigées par arbitrage et s'il y a un retour rapide à l'efficience. En plus, la présence des investisseurs irrationnels parmi des joueurs du marché ne signifie pas nécessairement que les marchés sont inefficaces.

Grâce à l'arbitrage, tous les prix des actifs s'alignent sur leur valeur fondamentale. L'arbitrage assure la fluidité entre les marchés et contribue à leur liquidité. C'est le comportement fondamental qui garantit l'efficience du marché.

Formes de marché

En pratique nous distinguons entre deux formes de marchés :

- **Marché organisé.** Sur ce marché les échanges financiers sont formalisés. Les droits de faire des transactions sont limités aux membres, et il y a des règles détaillées et explicites régissant la conduite.

- **Le marché de gré à gré (OTC[57]).** Se rapporte à n'importe quelle transaction sur le marché financier qui n'a pas lieu suite à un échange formel. L'avantage de l'OTC est que l'acheteur et le vendeur sont libres de négocier tous les détails contractuels.

La plupart des transactions sur les marchés ont lieu par des échanges formels. L'exception est le Nasdaq, qui est un marché OTC et les marchés de change, où la liquidité est plus abondante. À ce titre, il est à noter que le processus d'innovation financière est dépendant du marché OTC qui procure les conditions nécessaires pour une innovation indispensable pour la pérennité de la finance et de l'économie.

Efficience des marchés

Le rapport entre la création de la valeur et le prix exige une autre condition : l'efficience des marchés financiers. Un marché efficace est un marché dans lequel les prix reflètent à tout moment rapidement toutes les informations disponibles.

---

[57] Over The Counter.

Les termes « marché parfait » ou « marché d'équilibre » sont synonymes de « marché efficace ». Sur un marché efficace, les prix indiquent immédiatement les conséquences des événements passés et de toutes espérances au sujet des événements futurs. Car tous les facteurs connus sont déjà intégrés dans des prix, il est donc impossible de prévoir les variations futures du prix d'un instrument. Seulement la nouvelle information est à même de changer la valeur. C'est la caractéristique de la marche aléatoire.

Le système financier doit toujours être en efficience, de sorte que les prix convergent vers leurs valeurs intrinsèques. Plus spécifiquement, Eugène Fama (1970) a développé trois formes d'efficience :

1. L'efficience informationnelle se rapporte à l'habileté d'un marché à refléter entièrement et rapidement les nouvelles informations ;

2. L'efficience allocative implique que les marchés dirigent des ressources vers leur utilisation la plus productive ;

3. L'efficience opérationnelle concerne la possibilité de fonctionner avec le minimum de coût de transaction.

Les trois formes d'efficience sont indispensables pour assurer l'allocation optimale des ressources via les marchés financiers. Ces trois conditions permettent d'assurer une concurrence pure et parfaite et également un équilibre optimal sur le marché. Seules ces conditions sont à même d'assurer une solution aux paradigmes d'asymétrie informationnelle et aux comportements irrationnels. Cependant, l'efficience informationnelle demeure la plus importante dans les trois formes d'efficience. Et il revient à Fama (1963) de formaliser cette forme d'efficience en trois degrés à savoir : l'efficience faible, semi-forte et forte.

Capacité à prédire les prix (faible)

Sur un marché efficace au sens faible, il est impossible de prévoir les rentabilités futures. Les prix existants indiquent déjà toute l'information sur les prix, les volumes d'échange passés, les taux d'intérêt et les rentabilités.

Des gains de rentabilités peuvent être obtenus seulement si les investisseurs ont le privilège de l'information. Selon la forme faible d'efficience, les prix des actifs sont composés de trois éléments :

1. Le dernier prix disponible ;

2. La rentabilité prévue ;

3. Une composante irrégulière due à la nouvelle information.

Cette composante d'erreur irrégulière est indépendante des événements passés et imprévisible à l'avenir[58]. Quand les prix suivent ce modèle, ils suivent une marche aléatoire.

Réponses aux événements spécifiques (semi-forte)

Un marché efficace semi-fort intègre toute l'information publique. L'efficience semi-forte est supérieure à l'efficience faible parce qu'elle exige que des prix courants comprennent, à la fois, l'information historique et publique. Cette dernière, par exemple, est disponible dans :

- Des états financiers ;
- Des analyses des entreprises ;
- Des expertises et des avis des spécialistes.

Cette hypothèse peut être empiriquement évaluée en étudiant la réaction des prix du marché aux événements de l'entreprise (études d'événement). En fait, le prix d'une action réagit immédiatement à n'importe quel avis et à toute nouvelle information. Sur un marché efficace, aucun impact ne devrait être observable avant l'avis, ni pendant les jours suivant l'avis.

Information initiée et efficience forte

Sur un marché financier fortement efficace, les investisseurs avec l'information privilégiée ou d'initiés ou avec un monopole sur certaines informations ne peuvent pas influencer les prix des valeurs mobilières. C'est « la forme forte » de l'efficience. Ceci est vrai seulement quand les régulateurs du marché financier ont le pouvoir d'interdire et de punir l'utilisation d'information initiée.

Les marchés s'approchent de la théorie d'efficience quand :

- Les participants ont accès peu coûteux à toute l'information ;
- Les coûts de transactions sont bas ;
- Le marché est liquide ; et

---

[58] Aucun phénomène d'autocorrélation ne devrait être soulevé pour assurer une vraie marche aléatoire.

- Les investisseurs sont rationnels.

Les limites de l'efficience

La grande majorité des travaux sur l'efficience ont concerné les formes faibles et semi-fortes de l'efficience. Une technique employée couramment pour vérifier l'efficience faible est d'examiner la corrélation[59] des rentabilités quotidienne (corrélation périodique). L'existence d'une corrélation - indépendamment de son signe - implique que les rentabilités d'un jour sont influencées par celles d'hier. Ceci contredit l'efficience, qui présume que les prix suivent une marche aléatoire.

La théorie d'efficience semi-forte peut être vérifiée de deux manières : soit en adoptant les études d'événements qui examinent la réaction du marché aux avis des entreprises, soit via l'analyse de la performance de fonds communs de placement. L'analyse d'événement est basée sur l'évaluation de rentabilités anormales, selon l'hypothèse semi-forte d'efficience, la rentabilité anormale devrait être observable seulement le jour où l'information devient publique. Comme cité précédemment, toute l'information précédente devrait avoir déjà été intégrée dans des prix du marché. Le rendement durant la période constatée est ainsi influencé seulement par la nouvelle information inattendue.

Marchés monétaire et boursier

Dans ce paragraphe, nous présentons quelques généralités sur les marchés monétaire et boursier. Les éléments présentés sont indispensables pour les investisseurs qui veulent rentrer sur ces deux marchés. Il convient de rappeler que le marché monétaire demeure un marché de gestion de la liquidité, par ailleurs, le marché boursier est le marché qui finance l'investissement. Toutefois, comme nous l'avons présenté au début de cet ouvrage, l'existence des deux marchés mutuellement est nécessaire pour assurer le financement et la liquidité de l'économie.

---

[59] Il existe d'autres approches plus avancées pour vérifier l'efficience notamment, l'approche de l'exposant de Hurst, l'approche BDS et d'autres approches basées sur la théorie du Chaos (Walter, C., & Brian, É. (2008). Critique de la valeur fondamentale. Springer Science & Business Media).

Les marchés monétaires

Le terme « marché monétaire » se rapporte au réseau des sociétés, des institutions financières, des investisseurs et des gouvernements qui traitent les flux des capitaux à court terme.

Quand des activités ont besoin de liquidité au comptant, pendant deux ou trois mois, jusqu'à ce qu'un paiement important arrive, ou quand une banque veut investir l'argent que les déposants peuvent retirer à tout moment, ou quand un gouvernement essaie de couvrir la masse salariale face à d'importantes fluctuations saisonnières dans des recettes fiscales, les transactions à court terme de liquidité sur le marché monétaire permettent de satisfaire ces besoins.

Les marchés monétaires ont pris de l'ampleur ces dernières années en raison des phénomènes de désintermédiation. Jusqu'au début des années 80, des marchés financiers dans presque tous les pays ont été dirigés par des banques commerciales. Les épargnants et les investisseurs ont maintenu la plupart de leurs actifs dans les dépôts chez des banques. Sur ce registre, les banques étaient la source principale de crédit pour des entreprises et des consommateurs.

La déréglementation financière a fait perdre aux banques la part de marché dans la collecte des dépôts et l'octroi de prêts. Cette tendance a été encouragée par la législation, telle que l'acte de contrôle monétaire de 1980 aux États unis, qui a permis à des forces du marché, plutôt que des régulateurs, de déterminer des taux d'intérêt.

Les marchés monétaires sont le mécanisme qui réunit ces emprunteurs et investisseurs sans une intermédiation, comparativement coûteuse, des banques. Ils permettent aux emprunteurs pour répondre aux nécessités à court terme de liquidité et traiter des flux de liquidité de financement irréguliers sans recourir à des moyens plus coûteux de refinancement.

Il y a un marché monétaire pour chaque actif, parce que les taux d'intérêt varient d'un actif à l'autre. Ces marchés ne sont pas indépendants et les investisseurs et les emprunteurs choisissent les actifs selon des taux d'intérêt relatifs. Cependant, les réglementations limitent la capacité de quelques investisseurs de marché monétaire de traiter des instruments de devises étrangères, et la plupart des investisseurs de marché monétaire sont concernés, pour réduire au minimum n'importe quel risque de perte, en raison des fluctuations de taux de change.

Pour ces raisons, la plupart des transactions sur le marché monétaire se produisent dans la monnaie domestique. Les marchés monétaires n'existent pas dans un endroit particulier ou ne fonctionnent pas selon un seul ensemble de règles. En revanche, les emprunteurs et les prêteurs sont tous liés par des téléphones et des ordinateurs. Au centre de chaque réseau est la banque centrale dont les politiques déterminent les taux d'intérêt à court terme.

Généralités et définition

Il n'y a aucune définition précise des marchés monétaires, mais l'expression est habituellement appliquée aux achats et aux ventes des instruments d'emprunt d'une maturité inférieure à un an.

Les marchés monétaires sont ainsi liés aux marchés des obligations, dans lesquels les sociétés et les gouvernements empruntent et prêtent. Les investisseurs du marché monétaire prorogent le crédit, sans prendre n'importe quelle propriété dans l'entité ou n'importe quel contrôle de management.

Un marché monétaire fiable facilite le développement du marché des valeurs mobilières à plus long terme[60]. Les taux d'intérêt de court terme servent donc de repères aux instruments à plus long terme. Si les marchés monétaires sont en activité, ou « liquide », les emprunteurs et les investisseurs ont toujours l'option de s'engager dans une série de transactions à court terme, plutôt que dans des transactions à plus long terme, et ceci maintient habituellement des taux à plus long terme.

En l'absence des marchés monétaires pour régler des taux à court terme, les émetteurs et les investisseurs peuvent avoir moins de confiance que les taux à plus long terme seront rationnels. Pour cette raison, les pays avec les marchés monétaires moins actifs, tendent également à avoir les marchés obligataires moins actifs.

Le marché monétaire joue un rôle essentiel dans la transmission des décisions de politique monétaire, étant donné que les changements apportés aux instruments de politique monétaire affectent en premier lieu ce marché.

Un marché monétaire à la fois profond et intégré est le préalable indispensable à une politique monétaire efficace, car il permet une distribution

---

[60] La théorie de la segmentation.

équilibrée de la monnaie de banque centrale et le maintien d'un niveau homogène de taux d'intérêt à court terme[61].

Au sens large. Quelques auteurs décrivent le marché monétaire comme étant le marché qui englobe :

- Toutes les formes de prêts et d'emprunts à court terme ;
- Les échanges de titres financiers à court terme.

Il peut donc également être décrit comme marché des créances négociables et non négociables à court terme. La créance non négociable a seulement un marché primaire, par contre la créance négociable est établie sur le marché primaire et négocié sur le marché secondaire.

Au sens étroit, le marché monétaire est composé des titres négociables à court terme. Il y a deux catégories de titres négociables : les titres de créance établis par les prêteurs finaux (tels que l'effet de commerce et les Bons du Trésor), et les valeurs mobilières de dépôt de garantie qui sont établies par les intermédiaires financiers.

Selon cette définition le marché monétaire est le lieu où s'effectue la détermination de taux d'intérêt. Tous les taux d'intérêt ont leur genèse sur le marché monétaire, y compris les taux de long terme.

À ce titre, le taux d'intérêt sans risque d'une journée sur des obligations d'État est composé :

- Du taux risque neutre ;
- De l'inflation courante ;
- De la prime de liquidité.

Les taux sur les obligations et les actifs des autres institutions non gouvernementales sont plus élevés. Ainsi ces taux se composent de trois facteurs mentionnés ci-dessus plus une prime de risque de crédit[62].

---

[61] Un marché monétaire efficace par rapport à la politique monétaire est encore plus important pour les pays où la politique monétaire est basée sur une stratégie de stabilité de prix.

[62] Le risque de crédit fait référence au risque de défaut, au risque d'écart et le risque de downgrade.

L'extrémité inférieure de la courbe des taux d'une journée est fortement influencée par la banque centrale et par la manipulation de liquidité des banques.

En effet, par des opérations d'open-market, la banque centrale s'assure que les banques sont à tout moment en état de manque de liquidité[63]. Ainsi, la banque centrale a le contrôle sur le marché monétaire et particulièrement dans le court terme.

Il existe deux typologies de marchés interbancaires :

- Marché interbancaire des banques commerciales avec la banque centrale ;
- Marché interbancaire entre banques commerciales uniquement.

Ce dernier marché est l'endroit où des banques placent ou reçoivent des fonds d'autres banques. Des excédents sont placés au taux interbancaire, ce taux est étroitement lié au taux identifié par la banque centrale, parce que les banques s'efforcent de satisfaire leurs nécessités de liquidité sur ce marché, avant l'emprunt de dernier recours de la banque centrale au taux directeur.

Au marché monétaire interbancaire, aucun nouveau fond n'est créé, des fonds existants sont simplement renégociés. Par ailleurs, dans le marché de la banque centrale de nouveaux fonds sont créés. Ainsi le marché monétaire est composé du prêt et de l'emprunt des fonds à court terme, du marché interbancaire et de la création du crédit de restructuration par les banques (appuyées par la banque centrale).

Le prêt et l'emprunt des fonds à court terme ont lieu principalement par l'intermédiaire du système bancaire, les fonds de retraite et les organismes de placements collectifs interviennent également sur le marché monétaire. La banque est un élément important dans le marché monétaire et dans la politique monétaire : le taux directeur payé par les banques, en contrepartie de la monnaie, à la banque centrale, affecte les taux créditeurs et débiteurs.

Selon cette logique descriptive, nous pouvons dire que le marché monétaire est un :

[63] Sans porter préjudice aux taux interbancaires.

- marché primaire qui rassemble l'offre et la demande de fonds à court terme ;
- marché secondaire, sur lequel des instruments à court terme sont négociés ;
- marché interbancaire de la BC, où la politique monétaire est jouée et où les taux d'intérêt sont formés ;
- marché interbancaire pur et où le taux directeur un impact secondaire sur le TMP.

Structure du marché monétaire

Maintenant que nous avons traité le marché monétaire, il est approprié d'examiner la structure du marché monétaire, en particulier le marché secondaire. Comme tous les marchés de titres négociables, le marché monétaire est composé d'un marché primaire et d'un marché secondaire. Les marchés pour les instruments non négociables sont des marchés primaires. Les instruments négociables s'échangent sur le marché secondaire.

Les marchés monétaires autour du monde sont des marchés de gré à gré, et la raison de ceci est que le marché monétaire relie directement les banques, et les banques sont les intermédiaires financiers le plus solidement régulés.

Dans le marché monétaire primaire il y a deux méthodes d'émission (dans la plupart des pays) :

- Placement privé : le meilleur exemple est celui des émissions de certificats de dépôts par les banques.
- Offre (enchère) : comme les Bons du Trésor.

Dans le marché monétaire secondaire, les courtiers reçoivent des ordres des investisseurs pour faire des achats fermes. Les banques, cependant, s'occupent habituellement de la cotation.

Marché interbancaire

En pratique, il existe deux marchés interbancaires :

- Banque à banque centrale ;
- Marché interbancaire de banque à banque.

Comme expliqué plus haut, le marché interbancaire « banque à banque centrale » est un marché bidirectionnel : la condition de réserve en espèces des banques et les prêts bancaires centraux au secteur bancaire au taux directeur. C'est le point de départ de la politique monétaire et son influence sur les taux d'intérêt.

La banque centrale dans beaucoup de pays suit la politique de créer un manque de liquidité et d'adapter à ce manque des emprunts (sous forme de repos d'opérations de pension) au taux directeur pour couvrir le déficit.

Le taux directeur est déterminé par le conseil de politique monétaire (MPC) de la banque centrale basée sur une multitude de facteurs[64] expliqués dans les rapports de politique monétaire.

Le prêt aux banques à ce taux est le point de départ du mécanisme de transmission de politique monétaire. Il représente le coût de l'argent et exerce une influence puissante en premier lieu sur le marché interbancaire, sur les taux longs, les prix des actifs, le taux de change et ainsi de suite jusqu'à, finalement, aux développements des prix des actifs et des prix des biens et services.

Les instruments et actifs financiers

Les titres de créances négociables (TCN)

Les TCN sont représentatifs de droits de créances, émis au gré de l'émetteur, désignés sous la dénomination de « titres de créances négociables » et qui comprennent : les certificats de dépôt, les bons des sociétés de financement, les Bons du Trésor et les billets de trésorerie.

Les certificats de dépôt sont des titres émis par les banques et constatant l'engagement de leurs émetteurs de rembourser à une échéance déterminée une somme productive d'intérêts.

Les bons des sociétés de financement sont des titres émis par les sociétés de financement. Ces bons représentent un droit de créance portant intérêt pour une durée déterminée et sont négociables.

---

[64] Ces facteurs englobent l'ensemble des agrégats macroéconomiques et financiers qui transcrivent l'activité économique et financière du pays. Autrement dit, les facteurs devront être capables de décrire l'ensemble des canaux de transmission de la politique monétaire afin de cerner la relation complexe entre les taux d'intérêt et l'objectif final de la politique monétaire.

Les billets de trésorerie sont des titres émis par les personnes morales et les fonds de placements collectifs en titrisation, en représentation d'un droit de créance portant intérêt pour une durée déterminée et négociable.

Seules peuvent émettre les bons des sociétés de financement, les sociétés de financement habilitées à recevoir du public des fonds d'un terme supérieur à un an et respectant un rapport prudentiel maximum entre l'encours des bons émis et celui de leurs emplois sous forme de crédits à la clientèle, ledit rapport étant fixé par voie réglementaire.

Seuls peuvent émettre les billets de trésorerie, les émetteurs appartenant à l'une des catégories suivantes :

- Les sociétés d'actions disposant de fonds propres, sous forme de capital libéré, de réserves et de report à nouveau, d'un niveau au moins égal à cinq millions de dirhams ;
- Les établissements publics à caractère non financier disposant de fonds propres, sous forme de dotations de l'État, de réserves et de report à nouveau, d'un niveau au moins égal à cinq millions de dirhams ;
- Les coopératives ;
- Les Fonds de placement collectifs en titrisation.

Les titres de créances négociables sont stipulés au porteur. Toutefois, les billets de trésorerie émis par les Fonds de placements collectifs en titrisation peuvent être sous la forme nominative.

Les titres de créances négociables doivent avoir un montant unitaire et une durée qui sont fixés par voie réglementaire et une échéance fixe. Toutefois le montant unitaire ne peut excéder celui des Bons du Trésor émis par voie d'appel à la concurrence. Seuls les titres qui ont une durée initiale inférieure ou égale à un an peuvent donner lieu à des intérêts précomptés. Pour ceux qui ont une durée initiale supérieure à un an, les intérêts sont payables annuellement.

Les bons des sociétés de financement peuvent être garantis par un ou plusieurs établissements de crédit, eux-mêmes habilités à émettre des titres de créances négociables et à délivrer de telles garanties.

Les billets de trésorerie peuvent être garantis par un ou plusieurs établissements de crédit habilités à délivrer des garanties ou par une ou plusieurs personnes morales elles-mêmes habilitées à émettre des billets de trésorerie.

Les émetteurs de titres de créances négociables, autres que les banques, doivent domicilier leurs titres auprès des banques. Cette domiciliation ne peut être opérée que lorsque les banques se sont assurées que les émetteurs ont respecté les conditions d'émission et des textes pris pour son application.

Seuls peuvent procéder à l'inscription en compte des titres de créances négociables « Bank Al-Maghrib, la Caisse de Dépôt et de Gestion, les banques agréées conformément à la législation qui les régit, les Sociétés de financement et les Sociétés de bourse ».

Seuls sont habilités à placer où à négocier des titres de créances négociables, sous réserve que les dispositions législatives, réglementaires ou statutaires qui leur sont propres ne s'y opposent pas :

- les établissements de crédit ;
- la Caisse de Dépôt et de Gestion ;
- et les sociétés de bourse.

Bons du Trésor

Les Bons du Trésor sont des valeurs mobilières avec une maturité d'un an ou moins[65], établies par des gouvernements nationaux. Les Bons du Trésor sont généralement considérés les plus sûrs de tous les placements. Ils représentent une part importante du marché monétaire, comparés aux autres instruments financiers. Dans les cas où un gouvernement n'arrive pas convaincre les investisseurs d'acheter ses engagements à plus long terme, les Bons du Trésor peuvent être sa principale source de financement.

Emprunts interbancaires

Les prêts et emprunts à blanc s'appellent les emprunts interbancaires. Les emprunts durant une journée sont des emprunts sans garantie à court terme d'une banque à l'autre. Ils peuvent être employés pour aider la banque à financer des emprunts aux clients, mais souvent la banque utilise ses fonds pour réduire l'impasse (GAP) entre actif et passif.

Repos

Les opérations de pension, connues sous le nom de repos, jouent un rôle critique dans les marchés monétaires. Elles servent à maintenir le liquide des

---

[65] Actuellement les Bons du Trésor peuvent arriver à des maturités dépassant 30 ans.

marchés. Un repo est une combinaison de deux transactions. Dans la première, un courtier en valeurs mobilières, tel qu'une banque, vend des valeurs mobilières qu'il possède à un investisseur, acceptant de racheter les valeurs mobilières à un prix plus élevé spécifique à une date future. Ensuite, le repo consiste à racheter les valeurs mobilières une seconde fois.

Marché boursier

Les marchés boursiers fournissent des fonds pour le long terme. Les principaux instruments qui sont négociés sur ces marchés sont des obligations et des actions ordinaires. La majorité des obligations sont établies avec une vie projetée de plus de vingt ans, alors que les actions n'ont aucune maturité spécifique.

Le marché boursier ou la Bourse est un marché organisé où s'effectue l'échange de valeurs mobilières. Concrètement, la Bourse met en contact les entreprises à la recherche de fonds pour financer leurs investissements et les investisseurs disposant d'un excédent d'épargne qui souhaitent le placer dans des valeurs mobilières.

Créée en 1929, la Bourse de Casablanca a connu, depuis, plusieurs réformes. La première, en 1948, a attribué à la Bourse des valeurs la personnalité morale. La seconde, en 1967, a permis de la réorganiser juridiquement et techniquement et de la définir comme un établissement public.

Depuis 1993, la Bourse de Casablanca vit une seconde genèse, suite à la promulgation d'un ensemble de textes de loi, portant réforme du marché financier et à la création des cadres réglementaires et techniques indispensables à son émergence. Les éléments saillants de la réforme réglementaire sont chronologiquement les suivants :

- Juillet 1994 : création du Conseil déontologique des valeurs mobilières (CDVM), devenu actuellement l'Autorité Marocaine des Marchés des Capitaux (AMMC) ;
- Octobre 1994 : agrément des douze premières sociétés de Bourse ;
- Février 1995 : création de l'Association Professionnelle des Sociétés de Bourse (APSB) ;
- Août 1995 : création de la société gestionnaire, Société de la Bourse des Valeurs Mobilières ;

- Novembre 1995 : création des Organismes de placement collectif en valeurs mobilières « OPCVM » ;
- Décembre 1996 : amendement de la loi de 1993 et création du Dépositaire Central Maroclear ;
- Août 1998 : publication du Règlement général de la Bourse dans le Bulletin officiel ;
- Avril 2004 : amendement de la loi de1993 et création de nouveaux marchés.
- Avril 2009 : passage effectif de la Bourse Casablanca au mode gouvernance avec Conseil d'Administration et Direction Générale.

La réforme technique a démarré dès l'année 1997, avec notamment :

- La mise en place d'un système de cotation entièrement électronique afin d'assurer une certaine rapidité dans l'exécution des ordres et une transparence et sécurité pour l'investisseur ;
- L'institution de procédures de dénouement des opérations conformes aux standards internationaux avec un délai de j+3 (3 jours suivants le jour de la transaction) ;
- La délocalisation des stations de négociation. Ainsi, les sociétés de Bourse négocient à partir de leur siège en se connectant au serveur central de la Bourse ;
- Le démarrage du système de garantie de bonne fin des opérations ;
- Le lancement de nouveaux indices et l'adoption de la capitalisation flottante dans leur mode de calcul ;
- La mise en place de la version 900 du nouveau système de cotation, en mars 2008.

La Bourse de Casablanca dispose depuis avril 2004 de trois marchés de cotation. Les marchés actions, le marché obligataire et le marché des fonds.

Le Marché Principal cible les grandes entreprises, la consolidation des comptes est nécessaire pour les sociétés disposant de filiales, le marché de développement s'adresse aux entreprises de tailles moyennes présentant des perspectives d'évolution attractives, alors que le marché de croissance est réservé aux sociétés en forte croissance ayant un projet à financer.

Pour pouvoir accéder à ces marchés et lever les fonds nécessaires à leur développement, les entreprises doivent respecter au préalable certaines conditions d'admission.

Tableau 20. Conditions d'accès au marché des actions

	Marché principal	Marché de développement	Marché de croissance
Émission minimale en MMAD	75	25	10
Nombre de titres à émettre	250.000	100.000	30.000
Nombre d'exercice certifiés	3	2	1

Une fois admises à la cote, les sociétés doivent respecter, à tout moment, en plus de la condition principale (un flottant minimum exprimé en nombre de titres, identique au nombre minimum de titres à émettre mentionner dans le tableau ci-dessus), une condition dite additionnelle : des capitaux propres minimums de 50 MMAD pour les sociétés cotées sur le marché principal et un chiffre d'affaires annuel minimum de 50 MMAD pour celles cotées sur le marché Développement. Le séjour dans l'un des trois marchés n'est pas figé : une entreprise peut être transférée d'un marché à l'autre. La Bourse de Casablanca procède annuellement au reclassement des sociétés sur la base de ces critères de séjour.

Une entreprise peut également lever des fonds par endettement sur le marché boursier. La levée de fonds sur le marché obligataire ne nécessite pas l'ouverture du capital de la société émettrice. Pour se financer sur ce marché, l'entreprise doit respecter au préalable certaines conditions d'admission.

Tableau 21. Conditions d'accès au marché obligataire

	Marché obligataire
Émission minimale en MMAD	20
Maturité minimale	2 ans
Nombre d'exercices certifiés	2

Pour le marché de fonds, il est réservé aux Fonds de capital-risque et aux fonds de Placement collectif en Titrisation. Le montant minimum à émettre sur ce marché est de 20 MMAD.

La structure du marché boursier

La Bourse de Casablanca est un marché dirigé par les ordres par opposition aux marchés dirigés par les prix[66]. Ces ordres passent soit sur le Marché Central, soit sur celui de Blocs. La Bourse de Casablanca est structurée autour de deux marchés, le marché central et le marché de blocs.

Le marché central joue un rôle pilote dans le fonctionnement du marché boursier, dans la mesure où le prix des actions est déterminé sur le marché central, suite à la confrontation des ordres d'achat et de vente. En effet, l'ensemble des ordres de bourse sont centralisés dans un carnet d'ordres unique qui permet de confronter l'offre et la demande et d'établir un prix d'équilibre.

Pour résumer, la Bourse de Casablanca est un marché centralisé dirigé par les ordres par opposition au marché dirigé par les prix. Les ordres de taille importante émanant souvent des investisseurs institutionnels et qui risquent d'avoir un impact significatif sur le cours transitent par le marché de blocs.

Le marché de blocs est un marché de gré à gré, où sont négociés des blocs de titres dans les conditions de cours issues du marché central. Les opérations sur le marché de blocs doivent respecter, sauf cas très particuliers, les conditions suivantes :

- Porter sur un nombre de titres au moins égal à la Taille Minimum de Blocs (TMB), définie par la Bourse de Casablanca ;
- Être conclues à un cours inclus dans la fourchette des prix issue de la feuille du marché central.

Règlement général de la Bourse

---

[66] Le marché dirigé par les ordres est apparu à partir des années 80 dans les pays francophones où les investisseurs n'ont pas besoin de proposer un prix pour l'opération d'achat ou de vente. Par contre, dans le marché dirigé par les prix (toujours dominant dans les pays anglo-saxons) les investisseurs doivent établir un prix exact pour le dénouement de l'opération. Les marchés dirigés par les ordres ont une grande limite liée à la liquidité du marché parce que les ordres peuvent ne pas exister dans un sens ou dans un autre ne permettant pas d'établir un prix d'équilibre.

Les règles de fonctionnement du marché central et du marché de blocs sont clairement explicitées dans le Règlement général de la Bourse des valeurs. De plus, ce règlement[67] précise les règles relatives à l'inscription à la cote, le transfert et la radiation des valeurs mobilières, les offres publiques, les règles relatives à la protection des investisseurs, ainsi que le mode de contrôle des sociétés de bourse par la société gestionnaire.

Les intervenants du marché

La société gestionnaire, les sociétés de Bourse, l'Autorité Marocaines des Marchés des Capitaux (AMMC)[68] et le dépositaire central. Tels sont les intervenants qui rythment la vie du marché boursier.

La société gestionnaire

L'organisation, la gestion et le développement du marché boursier sont concédés à la Bourse de Casablanca, société anonyme à direction générale et à conseil d'administration ayant un capital, détenu à parts égales par les différentes sociétés de Bourse de la place.

La gestion du marché boursier est définie par un cahier des charges et concerne principalement l'organisation des introductions en Bourse, la gestion des séances de cotation, la diffusion des cours et indices, ainsi que l'administration d'un système de compensation et de garantie. Le périmètre et le contenu de ses actions sont définis, sous forme de règles de marché, dans le Règlement général de la Bourse des valeurs.

Les sociétés de Bourse

Au nombre de dix-sept, les sociétés de Bourse sont agréées par le ministre des Finances et de l'Économie et ont le monopole de la négociation en Bourse. Elles ont pour objet, outre la négociation en Bourse, la garde des titres, le placement des titres émis par les personnes morales, la gestion de portefeuilles en vertu d'un mandat, et le conseil de la clientèle.

L'Autorité Marocaine des Marchés des Capitaux (ancien CDVM)

---

[67] Le règlement général qui est actuellement en vigueur a été approuvé par arrêté du ministre de l'Économie et des Finances n°1268-08 du 7 juillet 2008 modifié et complété par l'arrêté du ministre de l'Économie et des Finances n° 1156-10 du 7 avril 2010.

[68] Ancien Conseil déontologique des valeurs mobilières (CDVM).

L'AMMC est un établissement public, doté de la personnalité morale et de l'autonomie financière. En tant qu'autorité de contrôle, elle a pour mission de veiller au bon fonctionnement, à la transparence, à l'intégrité et à la pérennité du marché des valeurs mobilières.

Elle est également chargée d'assurer la protection des épargnants. L'AMMC est administrée par un conseil d'administration, présidé par le ministre des Finances et composé du ministre de la Justice, du Wali de Bank Al Maghrib ou de leurs représentants. Il comprend également trois personnalités désignées par le ministre des Finances et de la Privatisation pour leur compétence dans le domaine économique et financier.

Le Dépositaire central - Maroclear

Maroclear est une société anonyme créée en 1997 en vertu de la loi n °35-96 afin d'assurer l'administration des titres pour le compte de ses affiliés et de gérer le système de règlement-livraison.

Ses principes de fonctionnement sont définis dans son Règlement général. Son capital est de 20 millions de MAD, il est détenu par l'État marocain et par BKAM à hauteur de 45%, par des intermédiaires financiers à raison de 25% et par des institutionnels à hauteur de 30%.

Ses principales missions consistent à assurer la conservation des valeurs mobilières par inscription en compte, en faciliter la circulation et en simplifier l'administration, mettre en pratique les procédures qui assurent aux affiliés l'exercice des droits attachés aux titres, exercer le contrôle sur la tenue de la comptabilité des titres des teneurs de compte, vérifier les équilibres comptables et assurer la codification des valeurs.

La protection des investisseurs

Outre l'AMMC, le Fonds de garantie clientèle, la garantie de bonne fin des opérations et la déclaration de franchissement de seuil sont instaurés pour protéger l'épargne investie.

La protection de l'épargne investie en valeurs mobilières et la garantie du bon fonctionnement du marché constituent le minimum requis pour tout investisseur en Bourse. Au Maroc, cela est assuré à plusieurs niveaux. En tant qu'autorité de contrôle, l'AMMC a pour mission de veiller au bon fonctionnement, à la transparence, à l'intégrité et à la sécurité du marché des valeurs mobilières. Elle est également chargée d'assurer la protection des épargnants et des investisseurs en veillant, notamment, à leur information par les personnes morales faisant appel publics à l'épargne.

Le Fonds de garantie clientèle

Le Dahir portant loi n °1-93-211 a institué un fonds de garantie destiné à indemniser la clientèle des sociétés de Bourse mises en liquidation. Ce fonds de garantie, auquel les sociétés de Bourse sont tenues de contribuer, est géré par l'AMMC. Les engagements couverts par la garantie portent sur la restitution aux clients des titres et espèces déposés auprès des sociétés de Bourse en liquidation, à hauteur de 200.000 MAD par client.

Le système de garantie de bonne fin des opérations

Le Dahir portant loi n °1-93-211 a également prévu la mise en place d'un système de garantie aux sociétés de Bourse qui permet de dénouer, durant un laps de temps déterminé, toutes les transactions réalisées sur le marché central et ce, quelle que soit la situation de leurs contreparties (défaut titres ou défaut espèces).

Ainsi, chaque société de Bourse constitue, auprès de la Bourse de Casablanca, des dépôts de garantie destinés à couvrir les positions nettes non encore dénouées, détenues dans le cadre des opérations réalisées sur le marché central.

La déclaration de franchissement de seuil

Pour une meilleure transparence de la structure du capital, tout actionnaire d'une société cotée à la Bourse de Casablanca est tenu de respecter l'obligation de déclarer tout franchissement de seuil comme prévu par les textes réglementaires en vigueur.

En effet, tout actionnaire qui franchirait, à la hausse ou à la baisse, les seuils de 5%, 10%, 20%, 1/3 ou 2/3 du capital d'une société cotée devra le notifier à la société cotée, à l'AMMC et à la Bourse de Casablanca.

Il devra également préciser ses intentions. Tout actionnaire ne déclarant pas un franchissement de seuil, à la hausse ou à la baisse, est passible d'une amende et risque également, lors d'un franchissement à la hausse non déclaré, de perdre le droit de vote pendant deux ans sur les actions excédant la fraction qui aurait dû être déclarée.

Valeurs mobilières et cotation des actifs

Les actifs sur le marché boursier sont généralement ordinaires pour deux raisons essentielles : premièrement, parce que le marché est organisé et deuxièmement pour faciliter l'accès des investisseurs dont parfois la culture financière reste très modeste. À ce titre, les valeurs mobilières classiques qui sont négociables sur le marché sont les actions et les obligations.

Valeurs mobilières

Les actions

L'action est un titre de propriété délivré à toute personne détenant une fraction de capital d'une société pour pouvoir constater ses droits d'associé. En effet, le capital d'une société par actions est divisé en actions donnant chacune à l'actionnaire un droit sur l'entreprise. Dans le cas des sociétés cotées, les actions composant le capital de la société sont librement négociables sur le marché boursier.

Les actions sont aujourd'hui dématérialisées. De par le passé, les actions échangées à la Bourse de Casablanca étaient matérialisées. Il s'agissait effectivement de titres physiques (documents papier) qui pouvaient être conservés chez le détenteur ou dans sa banque. Actuellement, l'ensemble des titres cotés sont dématérialisés et donc représentés par une simple inscription en compte au nom de leur propriétaire auprès d'un établissement agréé chargé de tenir les comptes : le dépositaire. Les actions peuvent être détenues selon deux modes :

- Les actions au porteur : le nom du propriétaire est connu de l'intermédiaire financier, mais n'est pas communiqué à la société émettrice. La plupart des actions en circulation à la Bourse de Casablanca sont au porteur ;

- Les actions nominatives : le nom de l'actionnaire est connu de la société, ce qui facilite la communication entre la société et ses actionnaires.

Être actionnaire dans une entreprise confère des droits, à savoir :

- Le droit au dividende : chaque année, et en fonction des entreprises et des résultats réalisés par ces dernières, une partie du bénéfice net est distribuée aux actionnaires. Le montant du dividende est voté par l'assemblée générale. Pour bénéficier du dividende, il convient généralement de détenir au moins une action le jour de sa mise en paiement ;

- Le droit de participer aux opérations : en cas d'opérations sur le capital, les actionnaires de la société bénéficient de droits préférentiels de souscription et d'attribution ;

- Le droit de regard sur la gestion de l'entreprise : les actionnaires ont droit à l'information sur les résultats et sur la vie de l'entreprise. En effet, ils peuvent à tout moment exiger les documents financiers de la société, son rapport annuel et toute information utile jugée non confidentielle ;

- Le droit de vote : lors des assemblées, les actionnaires doivent en tout état de cause être informés pour pouvoir exercer leur droit de vote, qui est souvent proportionnel aux nombres d'actions détenues. Il existe, dans certains cas, des actions à droit de vote double ;

- Le droit à une partie de l'actif net de l'entreprise : en cas de liquidation d'une société, les actionnaires peuvent recevoir une partie de son patrimoine après déduction des dettes au prorata des actions détenues.

Parallèlement aux actions ordinaires, il existe d'autres classes de titres de capital qui, comme les droits, peuvent être librement négociables en Bourse. A l'image des actions ordinaires, les actions à dividendes prioritaires et des certificats d'investissement permettent de renforcer les fonds propres de l'entreprise sans modifier la structure de son capital. Elles peuvent être librement négociables à la Bourse de Casablanca.

Une société peut émettre des actions à dividendes prioritaires sans droit de vote (ADP), si les statuts de l'entreprise le prévoient. L'action à dividende prioritaire ne permet pas à son détenteur de voter aux assemblées générales. Toutefois, la loi sur les sociétés anonymes leur donne la possibilité de se réunir en assemblée spéciale. L'avantage pour un actionnaire de disposer d'ADP est que le dividende versé est souvent largement supérieur à celui des actions ordinaires.

Une société anonyme peut décider de fractionner les actions existantes ou les nouvelles actions créant des certificats d'investissement (droits pécuniaires) et des certificats de droits de vote. Le certificat d'investissement est, de façon schématique, une action, mais sans droit de vote.

De ce fait, le détenteur d'un certificat d'investissement ne peut pas participer aux assemblées générales ordinaires et extraordinaires, puisqu'il n'a pas la possibilité de voter. Cependant, il garde tous les autres droits des actionnaires, à savoir le droit à l'information, notamment la possibilité de consulter les documents sociaux de l'entreprise, le droit au dividende, les droits de souscription et les droits d'attribution. La création des certificats d'investissement est décidée par l'AGE sur proposition du conseil d'administration, du directoire ou encore des commissaires aux comptes. Toutefois, leur proportion ne peut être supérieure au quart du capital.

Comme les actions à dividende prioritaire et les certificats d'investissement, les droits d'attribution et les droits de souscription sont également négociables à la Bourse de Casablanca :

- Le droit d'attribution : émis à l'occasion d'une augmentation de capital par attribution d'actions gratuites, ce droit, comme son nom l'indique, permet aux actionnaires de l'entreprise d'obtenir des titres gratuitement. Pour ceux qui ne souhaitent pas acquérir de nouvelles actions, le droit d'attribution est librement cessible sur le marché boursier.

- Le droit de souscription ; dans le cas des augmentations de capital en numéraire, l'émetteur peut privilégier les anciens actionnaires en leur accordant le droit de souscrire en priorité à l'opération. Concrètement, un droit de souscription est détaché de l'action ancienne. Ce droit est négociable en Bourse durant la période de souscription. Il donne à son détenteur la priorité de souscrire aux actions nouvelles émises dans le cadre de l'augmentation de capital en numéraire. Son détenteur peut soit le vendre, soit participer à l'opération.

Les obligations

Il s'agit d'un titre de créance négociable représentant la part d'un emprunt émis par les entreprises privées, mais également par les entreprises publiques ou encore par l'État.

Ainsi, le détenteur d'une obligation n'est pas un associé comme c'est le cas pour les actions, mais un créancier de l'institution qui l'a émise. Il est assuré du remboursement de son prêt selon les modalités arrêtées dans la note d'information qui est visée par l'AMMC. Les obligations ont une caractéristique commune : le remboursement du montant du prêt (le principal) et le paiement d'un intérêt au créancier. Cet intérêt n'est pas obligatoirement fixe. Nous distinguons :

1. Les obligations à taux fixe : Elles donnent droit au versement d'intérêts d'un montant identique durant toute la vie du titre, quelle que soit l'évolution des taux, et ce, jusqu'à son remboursement final ;

2. Les obligations à taux variable : Elles ont un coupon dont le montant n'est pas déterminé en valeur absolue à l'émission. L'émetteur fixe seulement son mode de calcul par rapport à un taux de référence sur le marché monétaire ou obligataire ;

3. Les obligations zéro coupon : Il s'agit d'obligations qui ne délivrent pas périodiquement de coupon. Le coupon est capitalisé à chaque période et génère par la suite des intérêts.

Il existe plusieurs méthodes de remboursement des obligations émises, notamment :

- Le remboursement par annuités constantes : le détenteur de l'obligation reçoit à chaque période, en plus du coupon, une partie du principal. Ainsi, le montant (coupon et remboursement) est le même tout au long de la période ;

- Le remboursement par séries égales : à chaque période, le détenteur de l'obligation perçoit une fraction identique du capital ;

- Le remboursement in fine : la totalité du principal est remboursée le dernier jour de l'échéance.

Les obligations sont cotées généralement en pourcentage de leur valeur nominale et au pied de coupon (comme nous l'avons vu précédemment). Elles peuvent dans certains cas être cotées en unité monétaire sur décision de la Bourse. Le cours des obligations n'inclut pas la fraction de l'intérêt annuel écoulé, c'est pourquoi la cotation est appelée au pied de coupon.

Notons que le mode de cotation en pourcentage du nominal (pied du coupon) permet de comparer tous les emprunts, quels que soient leur nominal, leur mode de rémunération et leur date d'émission. Les obligations sont cotées au fixing avec une marge de variation de 2% par rapport au cours de référence.

Cotation en bourse

Pour passer un ordre, il faut au préalable être titulaire d'un compte auprès d'une banque ou d'une société de Bourse. C'est l'intermédiaire (Société de bourse) qui se charge de l'exécution de l'ordre, ainsi que de la tenue du compte, de l'encaissement des coupons et de l'envoi d'un avis d'opérer, stipulant l'exécution de l'ordre de Bourse.

Libellé un ordre en bourse

L'ordre peut être passé par écrit (fax ou ordre signé) ou par téléphone (suivi d'une confirmation écrite). Il doit comporter les coordonnées, la date, le sens de l'opération (achat ou vente), le nom ou le libellé de la valeur, le nombre de titres et le cours d'exécution, la durée de validité de l'ordre, ainsi que le numéro du compte concerné.

Le prix est l'un des éléments les plus importants, lors de la passation d'un ordre. Il existe trois catégories d'ordres : à la meilleure limite, à prix limité et au « Market Order ».

L'ordre à la meilleure limite : c'est la nouvelle appellation de l'ordre au prix du marché. Il n'est assorti d'aucune indication de cours. Pour l'acheteur, le prix sera égal au prix de la meilleure offre de vente et pour le vendeur, le prix sera égal au prix de la meilleure offre d'achat. Il peut être exécuté totalement ou partiellement, dans ce dernier cas, le reliquat est transformé en ordre à prix limité au cours d'exécution de la première tranche.

Pour l'ordre à prix limité, c'est le client qui spécifie le prix maximum auquel il est disposé à acheter et le prix minimum auquel il est disposé à vendre. L'ordre à prix limité permet de maîtriser le prix d'exécution.

L'ordre au marché (appelé aussi l'ordre au market order) permet de répondre au besoin d'exécution rapide. Il est destiné et prêt à être exécuté aux différents prix sur le carnet d'ordre. Il permet donc de saisir rapidement les opportunités du marché. Il peut être exécuté soit totalement, si la quantité de la contrepartie est disponible, soit partiellement, dans ce dernier cas, il reste toujours dans le carnet d'ordres sans indications de prix avec la mention « ATP ».

Il existe actuellement d'autres variétés d'ordres, établis afin de sécuriser les investisseurs sur le marché boursier et pour assurer une meilleure gestion du risque au niveau de la place, il s'agit notamment de :

L'ordre à seuil de déclenchement : est un ordre d'achat ou de vente pour lequel le donneur d'ordre souhaite intervenir sur le marché dès qu'un prix, qu'il a préalablement choisi, appelé « prix de déclenchement », est atteint. Quand ce seuil est atteint, il se transforme en ordre « ATP ». Cet ordre assure, par conséquent, une exécution maximale de l'achat ou de la vente, mais ne permet pas de maîtriser le prix.

L'ordre à plage de déclenchement : est identique à un ordre à seuil de déclenchement, mais il comporte, aussi, une deuxième limite de prix qui fixe :

- Le prix maximum à ne pas dépasser à l'achat ; ou bien,
- Le prix minimum en deçà duquel l'ordre n'est pas exécuté à la vente au moment de son déclenchement.

En cas de déclenchement, l'ordre « à plage de déclenchement » se transforme en un ordre limité[69]. L'ordre doit être assorti d'une des validités temporelles suivantes :

- À jour : l'ordre n'est valable qu'une seule journée, il expire à la fin de la séance, s'il n'est pas exécuté ;
- A révocation : cet ordre est valable jusqu'à la fin du mois calendaire ;
- A durée déterminée : c'est un ordre avec une date limite de validité, qui doit être strictement comprise entre 1 et 30 jours calendaires ;
- Par session : l'ordre est valable pour la session pendant laquelle il est saisi. Ce genre de validité est admissible si la séance de bourse est organisée selon plusieurs sessions. Ce mode de validité n'est pas encore entré en vigueur.

Un ordre de Bourse passe nécessairement par les étapes suivantes : d'abord un ordre d'achat ou de vente est envoyé à l'intermédiaire financier, si c'est une banque, celle-ci enregistre ledit ordre et le transmet à la société de bourse.

Le négociateur de la société de bourse achemine ledit ordre vers le marché boursier. Lorsque l'ordre est exécuté, un avis d'opéré est transmis au souscripteur. En cas d'ordre d'achat, le compte titres est crédité et le compte espèces est débité en j+3 (j étant le jour de la transaction). En cas d'ordre de vente, le compte titres est débité et le compte espèces est crédité dans les mêmes délais.

Les groupes de cotation

Les modes de cotation

La cotation électronique des valeurs mobilières peut se faire selon l'un des modes ci-après :

- **Le multi fixing** : la cotation au multi fixing permet de réaliser plusieurs fixings au cours d'une même séance de Bourse.
- **Le continu** : la cotation en continu se traduit par la confrontation de tous les ordres au fur et à mesure de leur prise en charge par le système de

---

[69] Les ordres à déclenchement et à plage de déclenchement ne sont pas encore entrés en vigueur.

cotation, et, le cas échéant, par la détermination d'un cours instantané pour chaque valeur.

Il est à rappeler que le mode de cotation au fixing existait à la Bourse de Casablanca et se traduisait par la confrontation de tous les ordres préalablement introduits par les sociétés de Bourse dans le système de cotation électronique et, le cas échéant, par la détermination d'un cours unique pour chaque valeur. En fonction de la liquidité des valeurs, plusieurs fixings peuvent être réalisés par séance de bourse.

La Répartition des valeurs par mode de cotation se fait sur la base des statistiques semestrielles relatives au marché central, selon des critères de liquidité déterminés par la Bourse de Casablanca, qui sont : le volume moyen de transactions par séance, le nombre moyen de titres traités par séance, le nombre de séances où la valeur a été traitée (fréquence de cotation) et le nombre moyen de contrats enregistrés par séance.

La répartition des valeurs entre chaque mode de cotation est révisée au moins semestriellement et publiée au Bulletin de la Cote. Toute modification apportée au mode de cotation d'une valeur fait l'objet d'une publication au Bulletin de la Cote, au moins cinq jours de Bourse avant son application. Le mode de cotation d'une valeur est arrêté lors de sa première introduction.

A chaque critère de liquidité correspondant un coefficient de pondération. Pour chaque valeur, une note finale est calculée. Elle correspond à la somme des notes attribuées aux quatre critères ci-dessus, pondérées par les coefficients correspondants. Le résultat est classé par ordre décroissant des notes. Plus la note finale est élevée, plus la valeur est liquide. Ce mode de calcul permet de déterminer les groupes de cotation des valeurs au continu, au multi fixing.

La séance de bourse

Depuis le 1er février 2005, la Bourse de Casablanca a défini de nouveaux horaires de cotation. La séance de Bourse démarre à 9h00 et se termine à 15h35. Ainsi les principales phases de cotation sont définies selon le mode de cotation des valeurs.

Dans le cadre du programme de modernisation de la Bourse de Casablanca initié en 1996, la cotation à la criée a cédé la place en 1998 à un système de cotation entièrement électronique conforme aux standards internationaux.

Depuis janvier 2001, la Bourse de Casablanca a équipé les sociétés de Bourse de stations de négociation leur permettant d'effectuer leurs transactions dans leurs propres locaux, via le système de cotation électronique.

Heure	**Continue**	**Multi fixing**
Début	09h00	09h00
1ère ouverture	10h00	11h00
2ème ouverture	-	13h00
3ème ouverture	-	15h00
Préclôture	15h25	-
Clôture	15h30	-
Cotation au dernier cours	15h30-15h35	-
Fin de séance	15h35	15h35
Surveillance		

Tableau 22. Timing de cotation au Maroc

La phase de préouverture 9h - 10h : Pendant cette phase, les sociétés de bourse transmettent au système de cotation électronique des ordres à partir des équipements mis à leur disposition. Les ordres introduits sont automatiquement enregistrés dans la feuille de marché sans provoquer de transactions. Ils peuvent être modifiés ou annulés. Ces ordres sont classés en respectant deux règles de priorité : le prix (prix de marché ou prix limité) puis le temps (tous les ordres sont horodatés). Un cours théorique d'ouverture est calculé et diffusé en permanence à chaque fois qu'un ordre est introduit, modifié ou annulé.

La phase d'ouverture 10h : A l'ouverture, la confrontation de tous les ordres en présence sur la feuille de marché permet de dégager un cours d'ouverture. Pendant cette phase, il n'est plus possible d'introduire, d'annuler ou de modifier un ordre. Pour les valeurs cotées au multi fixing, il y aura au maximum trois cours par journée. Quant aux valeurs traitées au continu, l'introduction de tout nouvel ordre, pendant la séance, peut provoquer immédiatement une ou plusieurs transactions. Ainsi, plusieurs cours peuvent être dégagés par jour et par valeur, et ce jusqu'à la préclôture de la séance. Quant aux valeurs cotées au fixing, il y avait un seul cours par journée.

La phase de séance 10h - 15h-25: Après l'ouverture et jusqu'à la préclôture, les ordres sont exécutables en continu. La cotation en continu se traduit par la confrontation de tous les ordres au fur et à mesure de leur prise en charge par le système de cotation électronique et, si cette confrontation le permet, par la détermination d'un cours instantané pour chaque valeur et la réalisation des transactions.

La phase de préclôture 15h25 - 15h30 : À l'issue de cette phase, durant laquelle les ordres peuvent être introduits sans qu'il y ait de transaction, un fixing de clôture est calculé pour chaque valeur traitée, qui sera le cours de référence de la séance suivante. Pour chaque transaction réalisée par une société de Bourse, celle-ci reçoit automatiquement un message d'exéçution lui indiquant la quantité réitérée exécutée, le cours d'exécution et l'identité de sa contrepartie.

Les variations maximales des cours autorisées pendant une même séance sont calculées à partir du cours de référence. Le seuil fixé par la Bourse de Casablanca est de l'ordre de 6% à la hausse et à la baisse. Lorsque l'état des offres et des demandes conduit au franchissement des seuils fixés par la Bourse, celle-ci réserve la cotation de la valeur jusqu'à la séance de Bourse suivante. La Bourse de Casablanca opère un contrôle strict des transactions. Elle est ainsi habilitée, si elle l'estime nécessaire à l'intérêt du marché, à suspendre provisoirement les transactions sur une valeur ou à limiter les fluctuations de cours.

La phase de clôture 15h30 : A l'heure de clôture, il est procédé pour chaque titre à la confrontation des ordres préalablement enregistrés et, si cette confrontation le permet, à la cotation d'un cours de clôture. A cet instant, il n'est plus possible d'introduire, de modifier, ni d'annuler les ordres préalablement saisis.

La phase de cotation au dernier cours (Trading At Last) 15h30 - 15h35 : cette phase intervient après le fixing. C'est une phase de cotation au dernier cours traité, ou à défaut au cours de référence, pendant laquelle il est possible d'entrer des ordres et de les exécuter au dernier cours et à ce cours seulement.

Pendant la phase de cotation au dernier cours, les ordres compatibles sont appariés instantanément à l'aide de l'algorithme FIFO (basé sur la priorité temporelle). Entrée en vigueur depuis le 2 novembre 2009, cette phase est appliquée uniquement aux valeurs cotées en continu.

La phase d'intervention surveillance : Pendant cette période, il n'est plus possible, pour les sociétés de bourse, de saisir des ordres, d'annuler, ni de modifier les ordres préalablement saisis. La surveillance des marchés peut toutefois intervenir sur le système de cotation pour créer, annuler ou modifier des transactions et annuler des ordres. L'enchaînement des différentes phases d'une journée de bourse varie selon le mode de cotation (continu ou fixing) et les modalités retenues pour chaque groupe.

Le principe des seuils de variation de cours

Le principe des seuils consiste à fixer des niveaux maximum et minimum, que le cours d'une valeur cotée en Bourse ne peut dépasser pendant une même séance de Bourse. En effet, lors d'une même séance, les cours évoluent dans un couloir de cotation que la Bourse limite à la hausse, en fixant un seuil maximum dit seuil haut, et à la baisse, en fixant un seuil minimum dit seuil bas. Les seuils haut et bas sont calculés pour chaque séance de Bourse sur la base d'un pourcentage appliqué au cours de référence de la valeur, qui est généralement le cours de clôture de la séance précédente. La fixation des seuils haut et bas permet à la Bourse de Casablanca d'encadrer le marché et d'éviter des mouvements trop volatils des cours.

Pour les valeurs cotées à la Bourse de Casablanca, l'AMMC fixe les seuils haut et bas à ± 6% pour les actions et ± 2% pour les obligations. Néanmoins, pour les valeurs nouvellement introduites, et afin de leur permettre une plus grande marge d'évolution, ces seuils sont ramenés à ± 10% pendant les cinq premières séances de cotation. : Dans le cas des réservations des titres à la hausse ou à la baisse, la Bourse de Casablanca procède automatiquement à la réservation du titre et programme une autre ouverture de la valeur sans modifier les seuils.

Si le titre réservé à la hausse ou à la baisse n'arrive pas durant la séance à trouver son équilibre dans le couloir de cotation du jour, les ordres relatifs à ce titre ne sont pas exécutés. Toutefois, le dernier seuil franchi (seuil haut en cas de réservation à la hausse ou seuil bas en cas de réservation à la baisse) sera le nouveau cours de référence auquel la Bourse de Casablanca appliquera la variation ± 6% pour le calcul du couloir de cotation de la nouvelle séance de Bourse.

Environnement de la gestion des actifs au Maroc

Institué par le dahir portant loi n° 1-93-213 du 21 septembre 1993, le secteur de la gestion d'actif s'est développé de manière significative depuis sa création en 1995. Ainsi l'encours sous gestion a été multiplié par 9 depuis 2000, passant de 35 milliards à 450 milliards de MAD, à fin 2019.

Sur le plan législatif, nous entendons par gestion de portefeuilles la gestion d'instruments financiers, tels que définis dans l'article 2 de la loi n 044-12 relative à l'appel public à l'épargne. Dans la gestion de portefeuille, nous avons :

- La gestion collective via les organismes de placement collectifs (OPC) ;

- La gestion de portefeuilles individuels de personnes physiques ou morales.

L'activité de gestion des actifs collectifs ne peut être faite que par les sociétés de gestion et dont l'activité principale et habituelle consiste à gérer des portefeuilles d'instruments financiers et qui ont reçu un agrément de la part de l'AMMC ou les organismes publics habilités à exercer, directement ou indirectement, l'activité de gestion de portefeuilles.

Les sociétés de gestion doivent avoir été préalablement agréées avant d'exercer l'activité de gestion des actifs (GA). L'agrément est délivré par le ministre chargé des Finances, après avis de l'Autorité Marocaine des Marchés des Capitaux (AMMC).

Seules peuvent être agréées en tant que société de gestion, les sociétés constituées sous forme de société anonyme, ayant leur siège social au Maroc et ayant pour principal objet social la GA. À la constitution, le capital social des sociétés de gestion doit être entièrement libéré et ne peut être inférieur à un minima fixé par I'AMMC. Les actions représentatives du capital social de la société de gestion doivent avoir la forme nominative. La société de gestion doit pouvoir justifier à tout moment d'un niveau de fonds propres suffisant dont le seuil et les modalités de calcul sont fixés par I'AMMC.

Le retrait d'agrément est prononcé par le ministre chargé des finances, soit à la demande de la société de gestion de portefeuilles pour le compte de tiers, soit sur proposition d'AMMC lorsque ladite Société de Gestion :

- ne remplit plus les conditions au vu desquelles l'agrément lui a été octroyé ;

- n'a pas fait usage de son agrément dans un délai de six mois, à compter de la date de notification dudit agrément ;

- n'exerce plus son activité depuis au moins six mois ;

- à titre de sanction disciplinaire.

Les sociétés de gestion et les Organismes publics sont tenus d'adresser à l'AMMC et de publier un rapport financier dont le contenu, la périodicité, les modalités et les formes sont fixés par l'AMMC.

Les sociétés de gestion et les Organismes publics informent leurs clients des conditions de gestion de leurs portefeuilles. Le contenu, la fréquence et les modalités d'information des clients sont fixés par l'AMMC.

Les Sociétés de gestion et les Organismes publics sont tenus de respecter des règles déontologiques et de pratique professionnelle destinées à garantir la protection des investisseurs et la régularité des opérations et à prévenir les conflits d'intérêt.

Toute société de gestion dûment agréée est tenue d'adhérer à une association professionnelle dénommée « Association des sociétés de gestion de Portefeuilles pour le compte de tiers (ASGP) ».

Les sociétés de gestion et les Organismes publics exerçant en partie ou en totalité une gestion de portefeuilles individuels sont assujettis au paiement d'une commission annuelle au profit de l'AMMC. Cette commission ne peut excéder 0,25 pour cent des actifs gérés, au titre de l'activité de gestion de portefeuilles individuelle, avec un plafond de cent mille (100 000) MAD par mandat de gestion. Le taux de cette commission, ainsi que ses modalités de calcul et de versement, sont fixés par l'AMMC.

Rôle des OPCVM dans la gestion des actifs

Les organismes de placement collectif en valeurs mobilières (OPCVM) sont des portefeuilles de valeurs mobilières gérés par des professionnels et détenus collectivement (sous forme de parts ou d'actions) par des investisseurs particuliers ou institutionnels. Ils sont habilités à collecter l'épargne, aussi modeste soit-elle, en vue d'être investie sur le marché financier selon une politique de placement bien définie.

Définition et concepts de base

Tout OPCVM ne peut être constitué sans l'accord préalable de l'Autorité Marocaine du Marché des Capitaux (AMMC). De plus l'OPCVM bénéficie d'une réglementation spécifique, notamment en matière d'encadrement de sa politique de placement et de ses obligations comptables et d'informations à l'égard des investisseurs. (Ratios prudentiels, mis à la disposition du public d'une note d'information visée par l'AMMC et mise à jour, publication dans un journal d'annonces légales d'un rapport annuel et d'un rapport semestriel).

Les OPCVM sont des supports permettant d'investir l'épargne collectée en valeurs mobilières. La notion de collectivité présente trois avantages :

- Les OPCVM sont accessibles à tous, y compris aux petits épargnants ;

- L'investissement du petit épargnant est aussi bien géré que celui de l'épargnant plus important.

- Tous ensemble, ces investissements représentent une somme fort conséquente qu'il est alors possible de gérer dans des conditions optimales de performance (accès au marché financier) et de sécurité (diversification des risques).

Les OPCVM, dont la gestion est assurée par des professionnels, investissent les sommes qui leur sont confiées sur le marché financier, dans l'optique de les faire fructifier. Ces investissements sont constitués d'un ensemble de valeurs mobilières, actions, obligations et Bons du Trésor pour l'essentiel.

Nous distinguons deux grandes familles juridiques d'OPCVM :

1. les SICAV (Sociétés d'Investissement à Capital Variable)

2. et les FCP (Fonds Communs de Placement).

Il n'y a pas de différence dans leur mode de fonctionnement, seule leur nature juridique est différente.

Les Sociétés d'investissement à capital variable

La SICAV est une société d'investissement à capital variable, constituée pour la gestion d'un portefeuille de valeurs mobilières et de liquidités, qui émet des actions au fur et à mesure des demandes de souscription.

Ainsi, tout investisseur qui achète ses actions devient actionnaire. Un statut qui confère à son détenteur le droit de vote aux assemblées générales, le droit à l'information, le droit au versement des dividendes Les SICAV est soumis aux dispositions de la loi sur les sociétés anonymes et à celles sur les OPCVM.

Les Fonds communs de placement

Le FCP est une copropriété de valeurs mobilières et de liquidités, dont les parts sont émises et rachetées à tout moment à la demande de tout souscripteur ou porteur de parts. Ce dernier ne dispose d'aucun des droits conférés à un actionnaire. La gestion du FCP est assurée par une société de gestion qui agit au nom des porteurs de parts et dans leur intérêt exclusif.

Figure 18. Répartition des OPCVM au Maroc (2020)

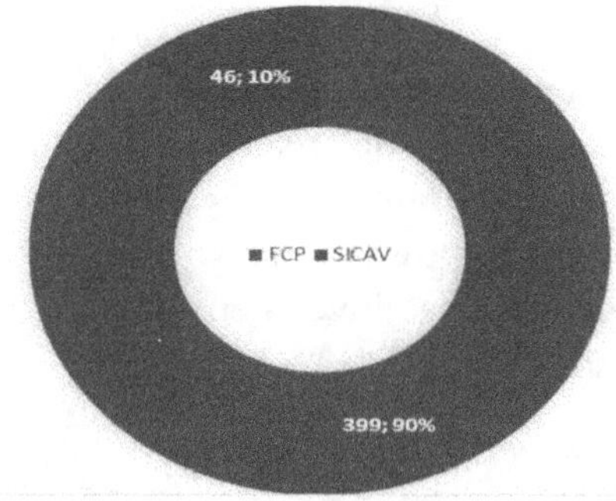

Au Maroc, les FCP sont dominants avec 399 organismes, ce qui représente plus de 90% du marché des OPCVM. Les SICAV restent minoritaires, soit 10% du marché. La préférence en faveur des FCP est expliquée par la souplesse juridique et de gestion de cette copropriété.

Typologie : une lecture éclectique

Les OPCVM sont classés, selon la politique d'investissement adoptée, en cinq catégories distinctes : les OPCVM « actions », les OPCVM « Obligations », les OPCVM « monétaires », les OPCVM « contractuels » et les OPCVM « diversifiés ». L'appartenance à une catégorie entraîne le respect en permanence de certains critères de placement.

OPCVM Actions

Les OPCVM « actions » : sont en permanence investis à hauteur de **60%** au moins de leurs actifs, hors titres d'« OPCVM actions » et liquidités, en actions, en certificats d'investissement et en droits d'attribution ou de souscription inscrits à la cote de la Bourse des valeurs. De plus, sont aussi considérés comme des OPCVM actions, ceux investis à 100% (hors liquidité) dans d'autres OPCVM actions.

OPCVM Obligations

Les OPCVM « Obligations » : peuvent opter pour une stratégie d'investissement « à court terme », ou « à moyen et long terme ». Les OPCVM « obligations court terme » : sont en permanence investis à hauteur de 90% au moins de leurs actifs, hors titres d'OPCVM « obligations court terme » et liquidités, en titres de créances exclusivement. Les OPCVM « obligations moyennes et long terme » : sont en permanence investis à hauteur de 90% au moins de leurs actifs, hors titres d'OPCVM « obligations moyennes et long terme » et liquidités, en titres de créances.

OPCVM Monétaires

Les OPCVM « monétaires » : sont ceux dont la totalité de l'actif (hors titres d'« OPCVM monétaire », de créances représentatives des opérations de pension qu'ils effectuent en tant que cessionnaires et de liquidités), est en permanence investi **en titres de créances.** De plus, au moins 50% de l'actif susvisé doit être en permanence investi en titres de créances de durée initiale ou résiduelle inférieure à un an.

OPCVM Contractuels

Les OPCVM « contractuels » : sont les OPCVM dont l'engagement de l'établissement de gestion du FCP ou de la SICAV, selon le cas, porte contractuellement sur un résultat concret exprimé en termes de performance et/ou de garantie en montant investi par le souscripteur. Les fonds contractuels ont pour objet d'investir dans tous les instruments financiers tout en s'engageant sur un résultat déterminé, en contrepartie, ces fonds exigent du souscripteur des engagements portant sur le montant investi ou la durée de détention des titres desdits OPCVM.

OPCVM Diversifiés

Les OPCVM « diversifiés » : sont les OPCVM qui n'appartiennent ni à la classe des « OPCVM actions », ni à la classe des « OPCVM obligations », ni à la classe des « OPCVM monétaires », ni à la classe des « OPCVM contractuels ».

Figure 19. Structure des OPCVM par types d'actifs

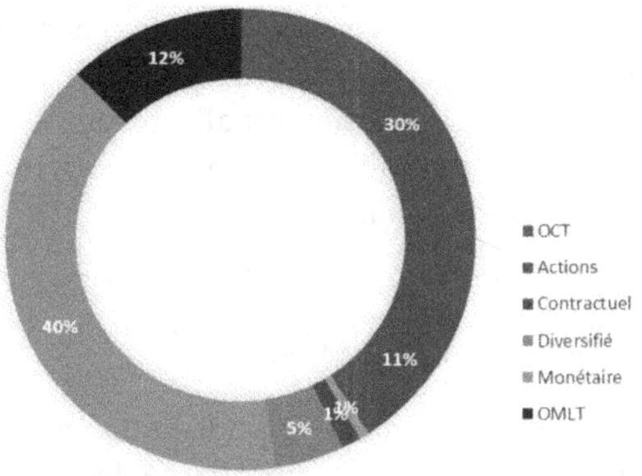

Les investissements et les actifs des OPCVM sont en majorité des actifs de court terme sur le marché monétaire. Les actifs monétaires (T.C.N) représentent plus de 40% des portefeuilles des OPCVM et les obligations de court terme représentent plus de 30%. En somme les actifs à risque faible et sur le marché monétaire dominent les portefeuilles des OPCVM. Par ailleurs les actifs risqués de long terme sur le marché boursier ne constituent que 22% des actifs détenus pas les OPCVM.

Cette structure d'investissement et cette décomposition des aversions de risque des OPCVM démontrent que le comportement de ces institutions est avéré par rapport au risque et également cela constitue un indicateur quant à l'attitude spéculative des OPCVM. En fait, le sous-investissement sur le marché boursier est un indicateur proxy de l'insuffisance du financement de l'investissement au Maroc.

Le cadre institutionnel

Plusieurs acteurs interviennent dans la vie d'un OPCVM :

- La société de gestion
- Le dépositaire
- Le réseau bancaire
- L'AMMC
- Le Commissaire aux comptes
- La société de bourse
- Maroclear

La société de gestion

La société de gestion est chargée de la gestion administrative, comptable et financière de l'OPCVM. Conformément au Dahir portant loi n° 1-93-213 relative aux Organismes de Placement collectif en Valeurs mobilières : ne peuvent exercer les fonctions d'établissement de gestion que les personnes morales remplissant les conditions suivantes :

- Avoir pour objet exclusif la gestion d'OPCVM ;

- Avoir son siège social au Maroc ;

- Disposer d'un capital social, dont le montant ne peut être inférieur à un niveau minimum fixé par le ministre chargé des finances, sur proposition de l'AMMC ;

- Présenter des garanties suffisantes (en termes d'expérience des dirigeants, financiers, technologiques) ;

- La société de gestion peut être définie comme toute société commerciale, ayant pour objet exclusif la gestion d'OPCVM. Cette société de gestion devrait avoir tous les moyens nécessaires pour mener à bien cette fonction. L'organisation du gestionnaire doit permettre l'exercice de l'activité dans le respect de la réglementation en vigueur et des bonnes pratiques professionnelles.

Elle doit être conçue en particulier de manière à permettre :

- D'exercer les activités avec diligence et impartialité dans l'intérêt exclusif des porteurs de parts et des actionnaires ;

- De prévenir les conflits d'intérêts ;

- D'assurer l'autonomie des gérants et la séparation des métiers, et notamment entre le back-office, le middle office, la gestion et le commercial, en précisant les responsabilités, les prérogatives et le champ d'action de chacun ;

- D'assurer la confidentialité des informations relatives aux porteurs de parts et actionnaires.

La société de gestion doit être dirigée par des personnes possédant l'honorabilité et la compétence nécessaires, ainsi que l'expérience adaptée à leurs fonctions. L'une au moins de ces personnes doit être un mandataire social habilité à représenter la société dans ses rapports avec les tiers, et exerçant son activité à temps plein au sein de la société. Le gestionnaire doit disposer de collaborateurs dont les compétences sont adaptées à ses activités et sont régulièrement mises à jour pour suivre le développement du marché. L'effectif du gestionnaire doit être compatible avec le niveau d'activité (nombre d'OPCVM et volumes gérés notamment) et avec les perspectives de développement dudit gestionnaire.

Tout gestionnaire est tenu d'avoir en permanence un contrôleur interne rattaché directement à la direction générale. Ce dernier doit exercer ses fonctions indépendamment des autres fonctions et ne peut cumuler d'autres fonctions en parallèle, à l'exclusion de la fonction de déontologue. L'organisation des locaux du gestionnaire doit être pensée de manière à faciliter la transmission de l'information entre ses différents départements.

Le local et les moyens techniques de la société de gestion doivent être dédiés exclusivement à la société de gestion et ne peuvent être partagés avec aucune autre activité. Les bureaux des gérants doivent être physiquement séparés des autres fonctions internes, et leur accès doit être sécurisé. En ce qui concerne les départements du gestionnaire doivent être équipés de logiciels professionnels ou applications fiables dédiés et utiles à l'accomplissement des fonctions du front, middle, back office ou autres.

Le gestionnaire est tenu de procéder à l'entretien et au renouvellement régulier du matériel et des applications informatiques afin d'assurer leur fiabilité et leur compatibilité avec les exigences réglementaires et les meilleures pratiques du marché.

Figure 20. Structure de propriétés des sociétés de gestion au Maroc

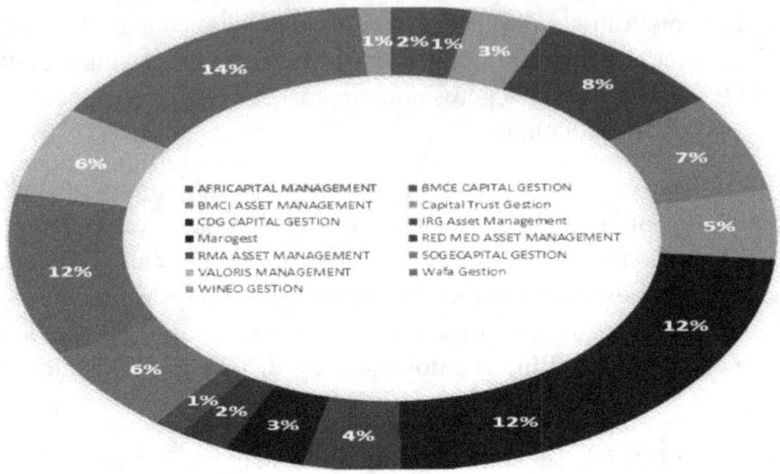

La plupart des sociétés de gestion des OPCVM sont des filiales des banques marocaines. Cela est très bénéfique, en raison des expertises des établissements de crédit et corrobore le recours à la notion de banque universelle au Maroc.

L'établissement dépositaire

Il assure la garde des actifs de l'OPCVM, reçoit les souscriptions et effectue les rachats d'actions ou de parts. Il exécute les ordres de la société de gestion concernant les achats et les ventes de titres, ainsi que ceux relatifs à l'exercice des droits de souscription et d'attribution attachées aux valeurs comprises dans les actifs des OPCVM.

L'établissement dépositaire s'assure, en permanence et a posteriori, du respect par la société de gestion des règles prudentielles, de la classification, de l'orientation d'investissement et de la politique de placement, telles que spécifiées dans la note d'information.

Figure 21. Les Établissements dépositaires

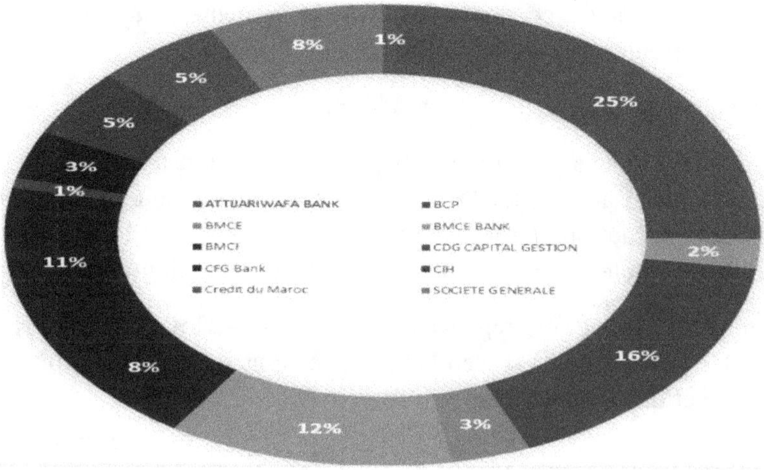

La fonction d'établissement dépositaire peut être exercée par les personnes morales suivantes, ayant leur siège social au Maroc :

- Les banques agréées conformément à la législation qui les régit ;
- La Caisse de Dépôt et de Gestion ;
- Et les établissements ayant pour objet le dépôt, le crédit, la garantie, la gestion de fonds ou les opérations d'assurance et de réassurance. Ces établissements doivent figurer sur une liste arrêtée par le ministre chargé des finances, après avis de l'AMMC.

Les réseaux de commercialisation

La commercialisation des OPCVM, c'est-à-dire la recherche de nouveaux souscripteurs, est traditionnellement assurée par : les banques à travers le réseau d'agences que détiennent les sociétés de gestion elles-mêmes.

Le commissaire aux comptes

L'établissement de gestion d'un FCP ou le conseil d'administration d'une SICAV désigne un commissaire aux comptes pour trois exercices. Il doit être choisi parmi les experts comptables inscrits à l'ordre des experts comptables.

En l'absence de cet ordre, il devra être choisi parmi les experts comptables diplômés.

Le commissaire aux comptes d'un OPCVM a pour mission permanente de vérifier les livres et les valeurs de l'OPCVM et de contrôler la régularité et la sincérité des comptes de ce dernier. Il vérifie également la sincérité des informations afférentes à la situation financière.

La société de bourse

La société de bourse a pour objet principal le conseil et le démarchage de la clientèle pour l'acquisition ou l'aliénation de valeurs mobilières, l'exécution des transactions sur les valeurs mobilières inscrites à la Bourse des Valeurs pour le compte de la clientèle, ainsi que l'animation du marché.

Les sociétés de bourse sont régies par le Dahir portant loi n°1-93-211relatif à la Bourse des Valeurs du 21 septembre 1993, et sont agréées par le ministère de l'Économie et des Finances, après avis de l'AMMC.

Fonctionnement d'un OPCVM

Les FCP et SICAV sont disponibles auprès des réseaux bancaires et des sociétés de gestion d'OPCVM. Le prix d'achat correspond à la valeur liquidative (VL) de l'OPCVM majorée d'une « commission de souscription ». Le prix de vente correspond à la valeur liquidative de l'OPCVM minorée, le cas échéant, d'une « commission de rachat ».

La VL de l'OPCVM est la valeur de la part d'un FCP ou de l'action d'une SICAV. Cette valeur est obtenue en divisant le montant global du portefeuille de valeurs mobilières et des autres avoirs détenus par le FCP ou la SICAV, valorisé à la valeur de marché et diminué des dettes (actif net), par le nombre de parts ou d'actions émises.

$$\boldsymbol{VL} = \frac{\textit{Actif net (montant du Portefeuille+avoirs -dettes)}}{\textit{Nombre de parts ou actions émises}} \qquad Eq.\ 167$$

Le graphique ci-dessous indique en 2020 les valeurs liquidatives par classe d'actifs sur le marché. Il est évident que les actifs monétaires ont les plus grandes VL et ceci dépend premièrement de la valeur d'entrée dans ce marché.

Figure 22. La valeur liquidative au Maroc (2020)

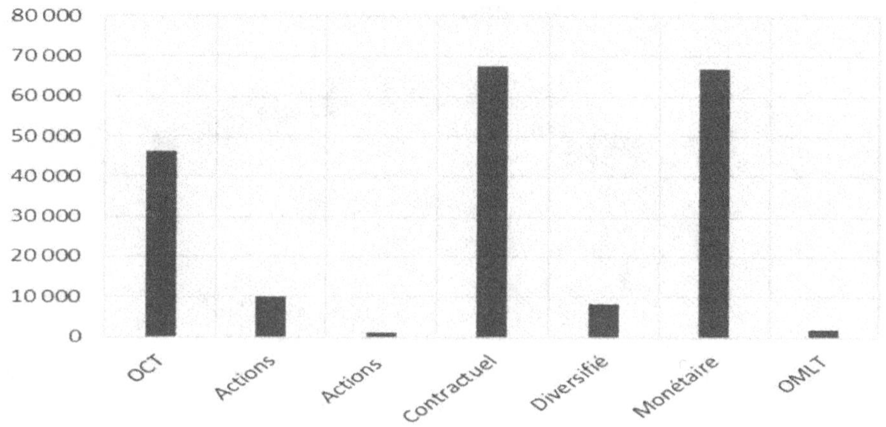

La note d'information précise la fréquence de publication de la VL retenue par l'OPCVM. En principe, elle peut être publiée de façon hebdomadaire ou quotidienne. La valeur liquidative retenue comme référence pour la détermination du prix de souscription ou de rachat des parts ou actions est la première valeur liquidative calculée après l'heure limite de centralisation mentionnée dans la note d'information. Le délai d'achat ou de vente ne peut dépasser la fréquence de calcul de la valeur liquidative (une journée pour les OPCVM à VL quotidienne) mentionnée dans la note d'information.

L'investisseur qui souhaite transmettre un ordre de souscription ou de rachat devra prêter attention à l'heure à laquelle il doit avoir transmis son ordre. L'heure limite de passation des ordres signifie l'heure d'arrivée chez le centralisateur.

Les investisseurs doivent donc se renseigner sur la date et l'heure limite de passation de l'ordre à leur intermédiaire, afin que l'ordre soit pris en compte lors de l'établissement de la prochaine valeur liquidative.

Figure 23.Fréquence de calcul de la VL par OPCVM

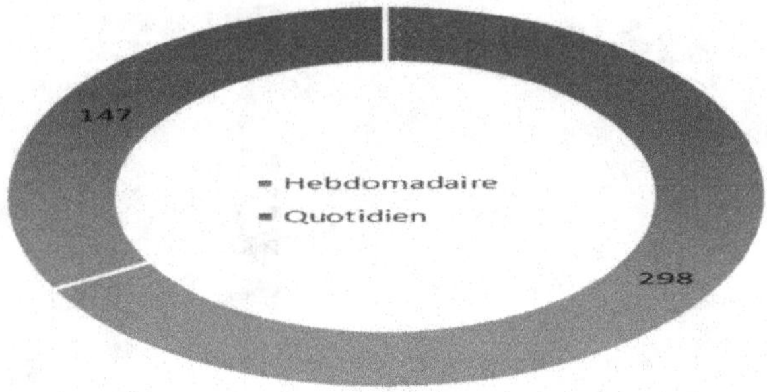

Avant d'investir dans un OPCVM, il faut connaître les frais à payer. Il se peut qu'il y ait des frais de souscription lors de l'achat des parts ou actions et des frais de rachat lors de leur revente.

Les commissions et coûts cachés

Les commissions de souscription ou « droits d'entrée »

C'est un montant (généralement exprimé en pourcentage maximum) qui s'ajoute à la valeur liquidative de l'OPCVM, que l'investisseur doit payer à chaque fois qu'il achète des parts ou des actions d'OPCVM.

Les frais de souscription sont payés lors de l'achat et viennent donc augmenter le prix d'achat.

Figure 24. Commission d'entrée dans les OPCVM

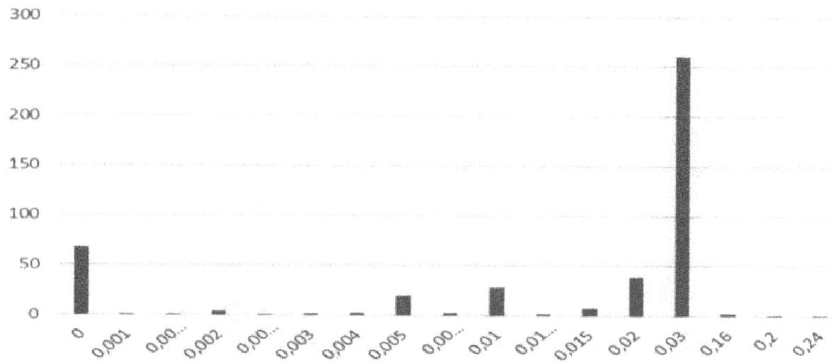

Les commissions de Rachat

Ils fonctionnent sur le même principe que les frais de souscription, mais s'appliquent à la revente des parts ou actions. Les droits de sortie viennent diminuer la valeur de rachat des parts ou actions.

Figure 25.Commission de rachat dans les OPCVM

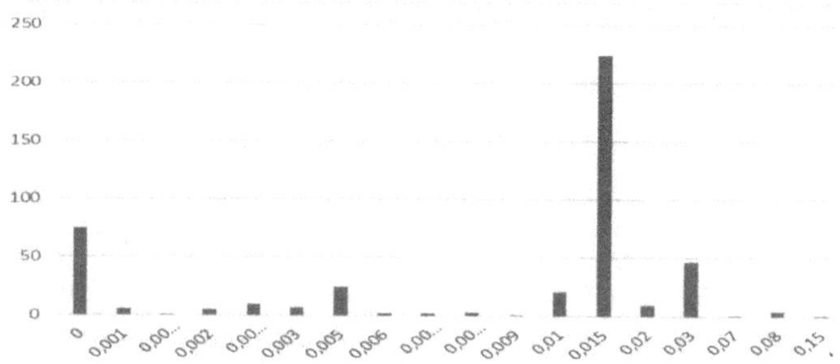

Les frais de gestion

Ils rémunèrent le service de la gestion collective, entre autres, le travail du gérant du fonds, le coût de fonctionnement et de distribution de l'OPCVM. Ils représentent un pourcentage de l'actif du fonds et sont prélevés directement sur cet actif à chaque valorisation de l'OPCVM (c'est-à-dire au moment du calcul de chaque valeur liquidative). Ils sont calculés au prorata temporis.

Il peut être prévu une commission de surperformance, celle-ci rémunère la société de gestion, dès lors que l'OPCVM a dépassé les objectifs fixés (les indices de référence par exemple), elle est donc, par définition, variable. Dès lors que l'objectif est dépassé, une partie de la surperformance est prélevée au profit de la société de gestion, pour sa bonne gestion et l'investisseur ne percevra que le solde, après prélèvement de cette surperformance.

Figure 26.Commission de gestion par les OPCVM

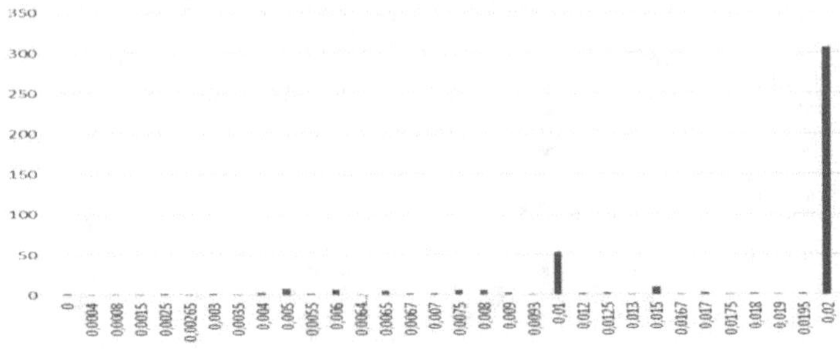

Les commissions appliquées par la Bourse des valeurs de Casablanca :

Ces commissions se décomposent essentiellement de frais de négociation, payés par l'acheteur et le vendeur en bourse, fixés à 0.10% HT du montant de la transaction pour les opérations portant sur les titres de capital cotés. Et pour les opérations portant sur les titres de créance cotés, elle est de 0,050% HT du montant de l'opération, plafonnée à 5 KMAD HT à payer par l'émetteur et par les souscripteurs.

Les commissions d'AMMC

Le taux maximum de la commission annuelle devant être acquitté par les OPCVM au profit du Conseil déontologique des valeurs mobilières est fixé à 0,25%, hors taxe de leur actif net. La commission est calculée et provisionnée lors de l'établissement de chaque valeur liquidative, sur la base de l'actif net constaté, déduction faite des parts ou actions d'autres OPCVM détenues en portefeuille et gérées par la société de gestion de l'OPCVM. Les versements à l'Autorité Marocaine du Marché des Capitaux se font sur une base trimestrielle.

Frais du dépositaire

Les conditions d'exercice de la mission de l'établissement dépositaire de tout OPCVM sont définies par une convention entre la SICAV ou l'établissement de gestion et l'établissement dépositaire. Et parmi les aspects devant être mentionnés dans cette convention, la rémunération de l'établissement dépositaire qui précise :

1. Le montant ou le taux de la rémunération ainsi que la base de son calcul ;

2. Les services couverts par ladite rémunération ;

3. La ventilation de la rémunération par service fourni, le cas échéant ;

4. Les modalités de son règlement (périodicité) ;

5. Les honoraires du Commissaire aux comptes. (par négociation) ;

6. Les commissions de Maroclear : une commission d'admission et une commission de gestion. La commission d'admission est établie sur le nombre et la valeur des titres inscrits sur chaque compte émission ;

7. La commission de gestion est une commission fixe annuelle perçue sur chaque compte émission. Elle est de 4000 MAD pour les SICAV et FCP.

Le cœur même des OPCVM et que la gestion est dévolue à des professionnels ce qui permet :

- La diversification ;

- La liquidité : Un OPCVM est par définition liquide puisque son capital est variable, il est facile d'acheter (souscrire) ou vendre (demander le rachat) des parts ou actions du fonds. Les épargnants peuvent généralement vendre (ou acheter) des parts quotidiennement ou hebdomadairement, selon les conditions du fonds, à un prix calculé par le gestionnaire ;

- Un cadre légal et réglementaire : Pour garantir la confiance des investisseurs, la législation marocaine a prévu un cadre réglementaire propre aux OPCVM reposant avant toute chose sur la sécurité de l'épargnant. À cette fin, les textes législatifs régissant les OPCVM édictent un ensemble de règles que le gestionnaire et le dépositaire, organes principaux dans la vie de l'OPCVM, sont tenus de respecter ;

- Des frais facturés à l'investisseur : Les frais facturés à l'investisseur (coûts de souscription, de gestion, de rachat) sont facilement identifiables et permettent donc une comparabilité entre les OPCVM ;

- Une diversité de produits : Permettant de trouver la réponse à un objectif et à un niveau de risque que l'investisseur choisit par avance.

CONCLUSION GÉNÉRALE

"Vieux foin est difficile à enflammer, plus difficile à éteindre."

De Miguel de Cervantès

Il est difficile de plumer une conclusion, lorsqu'il s'agit d'un ouvrage pédagogique qui se veut explicatif de notions complexes, comme celles de la finance de marché. Néanmoins, toute chose devrait un certain moment prendre fin. En effet, ce voyage au cœur de la finance avait pour objectif initial de parvenir à expliquer les contours d'un domaine très complexe, mais tout au long de cette croisière, nous nous sommes rendus compte que les sept océans de cette discipline sont davantage obscurs et la recherche n'est qu'à son début et il reste plusieurs questions à soulever et encore plus de réponses à formuler.

La finance de marché et la finance d'entreprise ont fait couler beaucoup d'encre et comprendre l'ensemble des éléments et les théories en présence demeurent un chemin semé d'embûches. En plus du degré quantitatif des questions soulevées par ce champ disciplinaire, le carrefour théorique s'est élargi considérablement, après le développement des théories de l'information durant les années 60 et 70. L'introduction du comportement humain dans les mécanismes de raisonnement permet à la finance de s'éloigner davantage du modèle économique classique et quasiment perdre son attachement aux hypothèses fondamentales de la vision néoclassique. Dans le même sillage, le rapprochement qui a été opéré entre la physique, les mathématiques et la finance ont rendu plus complexes les questions à traiter dans ce champ disciplinaire et actuellement nous avons l'habitude de considérer le comportement dans les marchés et dans les organisations assimilables à des comportements de particules (Processus stochastiques).

Cette première édition ne se veut guère exhaustive, mais représente les fondamentaux indispensables pour comprendre la finance de marché et une partie de la finance d'entreprise. Au long des huit chapitres, nous avons essayé d'expliquer la démarche de la gestion de portefeuilles sur les différents marchés. L'approche adoptée dans ce livre cherche à expliciter les contours des modèles et débattre autour de leurs hypothèses sous-jacentes. En effet, un modèle de gestion de portefeuilles n'est valable qu'à l'intérieur de son paradigme hypothétique. La remise en cause des hypothèses, parfois fortes, serait à même de réduire l'intérêt et l'utilité de ces modèles.

Certes, la finance de marché et la gestion de portefeuille, en particulier, se sont retrouvées emprisonnées dans le quasi-paradigme espérance-variance qui continue de dominer la conception mentale des gestionnaires de portefeuilles. Nous assistons à un réductionnisme du comportement humain et une croyance accrue en l'objectivité de leurs comportements. Malgré le développement de la finance comportementale et l'introduction de la subjectivité de la valeur fondamentale des actifs financiers, les pratiques et les recherches continuent à croire en la prédominance de la gestion moderne des portefeuilles. Il est bien évident que sortir de ce paradigme dominant reste une tâche délicate pour deux grandes raisons : la première est relative à l'hypothèse d'homogénéité des comportements dont la finance a besoin pour des questions de modélisation et la seconde raison est liée à la difficulté de parvenir à un modèle décrivant de façon exacte le comportement humain sur les marchés financiers.

Demeurant convaincus de la nécessité d'approfondir davantage les réflexions sur les méthodes et les approches de gestion de portefeuilles, les travaux de recherche devraient actuellement s'attarder sur les questions de modélisation de comportement des agents et reprendre les débats sur les fonctions d'utilité dans l'incertain. Notre point de vue est que les germes d'incomplétude des modèles de la gestion de portefeuille résident dans le choix des fonctions d'utilité et la réduction du comportement humain à des paramètres statistiques et probabilistes qui sont parfois trompeurs et réducteurs de la réalité économique et financière.

Références

Akerlof, G. A. (1970). The market for "Lemons": Quality uncertainty and the market mechanism. *The Quarterly Journal of Economics*, *84*(3), 488. https://doi.org/10.2307/1879431

Allais, M. (1979). The so-called Allais paradox and rational decisions under uncertainty. *Expected Utility Hypotheses and the Allais Paradox*, 437-681. https://doi.org/10.1007/978-94-015-7629-1_17

Ang, J. S. (1975). A note on the E, SL portfolio selection model. *The Journal of Financial and Quantitative Analysis*, *10*(5), 849. https://doi.org/10.2307/2330276

Athayde, G. M., & Flôres, R. G. (2003). Incorporating skewness and kurtosis in portfolio optimization. *Advances in Portfolio Construction and Implementation*, 243-257. https://doi.org/10.1016/b978-075065448-7.50011-2

Bachelier, L. (1900). Théorie de la spéculation. *Annales scientifiques de l'École normale supérieure*, *17*, 21-86. https://doi.org/10.24033/asens.476

Ben Salah, H., Chaouch, M., Gannoun, A., De Peretti, C., & Trabelsi, A. (2016). Mean and median-based nonparametric estimation of returns in mean-downside risk portfolio frontier. *Annals of Operations Research*, *262*(2), 653-681. https://doi.org/10.1007/s10479-016-2235-z

Black, F. (1972). Capital market equilibrium with restricted borrowing. *The Journal of Business*, *45*(3), 444. https://doi.org/10.1086/295472

Breeden, D. T., Gibbons, M. R., & Litzenberger, R. H. (1989). Empirical test of the consumption-oriented CAPM. *The Journal of Finance*, *44*(2), 231. https://doi.org/10.2307/2328589

Buffon, G. L., & Nadault de Buffon, H. (1860). Correspondance inédite de Buffon,. https://doi.org/10.5962/bhl.title.60008

Cihak, M. (2007). Introduction to applied stress testing. SSRN Electronic Journal. https://doi.org/10.2139/ssrn.973989

Csörgő, S. (2001). Nicolaus Bernoulli. *Statisticians of the Centuries*, 55-63. https://doi.org/10.1007/978-1-4613-0179-0_11

Dietz, P. O. (1966). Pension fund investment performance—What method to use when. *Financial Analysts Journal*, *22*(1), 83-86. https://doi.org/10.2469/faj.v22.n1.83

Dowd, K. (2005). Measuring market risk. https://doi.org/10.1002/9781118673485

Edelman, D. (2008). Maximum Drawdown value at risk. *SSRN Electronic Journal*. https://doi.org/10.2139/ssrn.1102371

ELTON, E. J., GRUBER, M. J., & BLAKE, C. R. (1995). Fundamental economic variables, expected returns, and bond fund performance. *The Journal of Finance*, *50*(4), 1229-1256. https://doi.org/10.1111/j.1540-6261.1995.tb04056.x

Estrada, J. (2004). Mean-semi variance behavior: An alternative behavioral model. *Journal of Emerging Market Finance*, *3*(3), 231-248. https://doi.org/10.1177/097265270400300301

Estrada, J. (2007). Mean-semi variance optimization: A heuristic approach. *SSRN Electronic Journal*. https://doi.org/10.2139/ssrn.1028206

Fama, E. F. (1963). Mandelbrot and the stable Paretian hypothesis. *The Journal of Business*, *36*(4), 420. https://doi.org/10.1086/294633

Fama, E. F. (1963). Mandelbrot and the stable Paretian hypothesis. *The Journal of Business*, *36*(4), 420. https://doi.org/10.1086/294633

Fama, E. F. (1970). Efficient capital markets: A review of theory and empirical work. *The Journal of Finance*, *25*(2), 383. https://doi.org/10.2307/2325486

Farrell, J. A. (1997). Two by James A. Farrell. *The English Journal*, *86*(3), 40. https://doi.org/10.2307/820643

Farrell, J. L. (2010). Asset allocation under extreme uncertainty. *The Journal of Portfolio Management*, 101116231243007. https://doi.org/10.3905/jpm.2010.2010.1.010

Feller, W. (1943). Generalization of a probability limit theorem of Cramer. *Transactions of the American Mathematical Society*, *54*(3), 361. https://doi.org/10.2307/1990252

Gilster, J. E. (1983). Capital market equilibrium with divergent investment horizon length assumptions. *The Journal of Financial and Quantitative Analysis*, *18*(2), 257. https://doi.org/10.2307/2330922

Goodwin, T. H. (1998). The information ratio. *Financial Analysts Journal*, *54*(4), 34-43. https://doi.org/10.2469/faj.v54.n4.2196

Gregoriou, G. N., & Gueyie, J. (2003). Risk-adjusted performance of funds of hedge funds using a modified Sharpe ratio. *The Journal of Wealth Management*, *6*(3), 77-83. https://doi.org/10.3905/jwm.2003.442378

Harlow, W. (1991). Asset allocation in a downside-risk framework. *Financial Analysts Journal*, *47*(5), 28-40. https://doi.org/10.2469/faj.v47.n5.28

Harry Markowitz. (n.d.). *The Portfolio Theorists*. https://doi.org/10.1057/9780230362307.0024

Hogan, W. S., & Warren, J. M. (1972). Errata: Computation of the efficient boundary in the E-S portfolio selection model. *The Journal of Financial and Quantitative Analysis*, *7*(5). https://doi.org/10.2307/2329961

Iacono, J. M. (2005). Bernoulli, Daniel (1700-1782). *Van Nostrand's Scientific Encyclopedia*. https://doi.org/10.1002/0471743984.vse1030

Jean, W. H. (1971). The extension of portfolio analysis to three or more parameters. *The Journal of Financial and Quantitative Analysis*, *6*(1), 505. https://doi.org/10.2307/2330125

Jensen, J. L. (1906). Sur Les fonctions convexes et Les inégalités entre Les valeurs moyennes. *Acta Mathematica*, *30*(0), 175-193. https://doi.org/10.1007/bf02418571

Jensen, M. C. (1969). Risk, the pricing of capital assets, and the evaluation of investment portfolios. *The Journal of Finance*, *24*(5), 959. https://doi.org/10.2307/2325693

Kahneman, D., & Tversky, A. (1979). On the interpretation of intuitive probability: A reply to Jonathan Cohen. *Cognition*, *7*(4), 409-411. https://doi.org/10.1016/0010-0277(79)90024-6

Kataoka, S. (1963). A stochastic programming models. *Econometrica*, *31*(1/2), 181. https://doi.org/10.2307/1910956

Kiss, O. (2002). Mathematical heuristic — Lakatos and Pólya. *Appraising Lakatos*, 243-254. https://doi.org/10.1007/978-94-017-0769-5_13

Lee, C. F. (1976). Investment horizon and the functional form of the capital asset pricing model. *The Review of Economics and Statistics*, *58*(3), 356. https://doi.org/10.2307/1924958

Leibowitz, M. L., & Henriksson, R. D. (1989). Portfolio optimization with shortfall constraints: A confidence-limit approach to managing downside risk. *Financial Analysts Journal*, *45*(2), 34-41. https://doi.org/10.2469/faj.v45.n2.34

Leonard, R. (n.d.). von Neumann, Morgenstern, and the creation of game theory. *von Neumann, Morgenstern, and the Creation of Game Theory*, xi-xii. https://doi.org/10.1017/cbo9780511778278.021

Levhari, D., & Levy, H. (1977). The capital asset pricing model and the investment horizon. *The Review of Economics and Statistics*, *59*(1), 92. https://doi.org/10.2307/1924908

Lintner, J. (1965). Security prices, risk, and maximal gains from diversification. *The Journal of Finance*, *20*(4), 587. https://doi.org/10.2307/2977249

M. de Athayde, G. (2001). Building a mean-downside risk portfolio frontier. *Managing Downside Risk in Financial Markets*, 194-211. https://doi.org/10.1016/b978-075064863-9.50012-8

Mamoghli, C., & Daboussi, S. (2008). Capital asset pricing models and performance measures in the downside risk framework. *SSRN Electronic Journal*. https://doi.org/10.2139/ssrn.1139307

Mamoghli, C., & Daboussi, S. (2008). Performance measurement of hedge funds portfolios in a downside risk framework. *SSRN Electronic Journal*. https://doi.org/10.2139/ssrn.1274821

Mamoghli, C., & Daboussi, S. (2008). Portfolio optimization in a downside risk framework (Optimisation de Portefeuille dans Le cadre du downside risk). *SSRN Electronic Journal*. https://doi.org/10.2139/ssrn.1237322

Markowitz, H. (1956). The optimization of a quadratic function subject to linear constraints. *Naval Research Logistics Quarterly*, *3*(1-2), 111-133. https://doi.org/10.1002/nav.3800030110

Markowitz, H. (2009). *Harry Markowitz: Selected works*. World Scientific.

Markowitz, H. M. (1989). Mean—Variance analysis. *Finance*, 194-198. https://doi.org/10.1007/978-1-349-20213-3_21
Markowitz, H. M. (1989). Mean—Variance analysis. *Finance*, 194-198. https://doi.org/10.1007/978-1-349-20213-3_21
Markowitz, H. M., & Todd, G. P. (2000). *Mean-variance analysis in portfolio choice and capital markets*. John Wiley & Sons.

Markowitz, H., Todd, P., Xu, G., & Yamane, Y. (1993). Computation of mean-semi variance efficient sets by the critical line algorithm. *Annals of Operations Research*, *45*(1), 307-317. https://doi.org/10.1007/bf02282055

McCulloch, J. H. (1971). Measuring the term structure of interest rates. *The Journal of Business*, *44*(1), 19. https://doi.org/10.1086/295329

Merton, R., & Bodie, Z. (2004). The design of financial systems: Towards a synthesis of function and structure. https://doi.org/10.3386/w10620

Merton, R. C. (1973). An Intertemporal capital asset pricing model. *Econometrica*, *41*(5), 867. https://doi.org/10.2307/1913811

Mossin, J. (1966). Equilibrium in a capital asset market. *Econometrica*, *34*(4), 768. https://doi.org/10.2307/1910098

Nelson, C., & Siegel, A. (1986). undefined. https://doi.org/10.3386/w1789

Ozga, S. A., & Arrow, K. J. (1966). Aspects of the theory of risk-bearing. *Economica*, *33*(130), 251. https://doi.org/10.2307/2552628

Pearl, J. (1984). Some recent results in heuristic search theory. *IEEE Transactions on Pattern Analysis and Machine Intelligence*, *PAMI-6*(1), 1-13. https://doi.org/10.1109/tpami.1984.4767470

Portfolio selection: Markowitz mean-variance model. (n.d.). *Springer Reference*. https://doi.org/10.1007/springerreference_72591

Pratt, J. W. (1976). Risk aversion in the small and in the large. *Econometrica*, *44*(2), 420. https://doi.org/10.2307/1912743

Pólya, G. (1957). *A new aspect of mathematical method.*

Quiggin, J. (1985). Subjective utility, anticipated utility, and the Allais paradox. *Organizational Behavior and Human Decision Processes*, *35*(1), 94-101. https://doi.org/10.1016/0749-5978(85)90046-9

Reyniers, D. J. (1998). *Computational Economics*, *11*(3), 205-220. https://doi.org/10.1023/a:1008645908106

ROY, A. D. (1951). Some thoughts on the distribution of earnings 1. *Oxford Economic Papers*, *3*(2), 135-146. https://doi.org/10.1093/oxfordjournals.oep.a041827

Roy, A. D. (1952). Safety first and the holding of assets. *Econometrica*, *20*(3), 431. https://doi.org/10.2307/1907413

Salah, H. B., Gannoun, A., & Ribatet, M. (2018). A new approach in non-parametric estimation of returns in mean-downside risk portfolio frontier. *International Journal of Portfolio Analysis and Management*, *2*(2), 169. https://doi.org/10.1504/ijpam.2018.092642

Shadwick, B. A., & Shadwick, W. F. (2002). On the computation of option prices and sensitivities in the Black–Scholes–Merton model. *Quantitative Finance*, *2*(2), 158-166. https://doi.org/10.1088/1469-7688/2/2/307

Sharpe, W. F. (1963). A simplified model for portfolio analysis. *Management Science*, *9*(2), 277-293. https://doi.org/10.1287/mnsc.9.2.277

Sharpe, W. F. (1963). A simplified model for portfolio analysis. *Management Science*, *9*(2), 277-293. https://doi.org/10.1287/mnsc.9.2.277

Sharpe, W. F. (1994). The Sharpe ratio. *The Journal of Portfolio Management*, *21*(1), 49-58. https://doi.org/10.3905/jpm.1994.409501

Sortino, F., Van der Meer, R., Plantinga, A., & Kuan, B. (2010). Beyond the Sortino ratio. *The Sortino Framework for Constructing Portfolios*, 23-52. https://doi.org/10.1016/b978-0-12-374992-5.00003-x

Spence, M. (1973). Job market signaling. *The Quarterly Journal of Economics*, *87*(3), 355. https://doi.org/10.2307/1882010

Svensson, L. E. (1994). Estimating and interpreting forward interest rates: Sweden 1992-1994. *IMF Working Papers*, *94*(114), 1. https://doi.org/10.5089/9781451853759.001

Thierry JOFFREDO. (2019). Une analyse génétique de l'"Introduction à l'analyse des lignes courbes algébriques" de Gabriel Cramer (1750). *Revue d'histoire des mathématiques*, *25*(2), 235-289. https://doi.org/10.24033/rhm.226

Treynor, J. L. (1961). Market value, time, and risk. *SSRN Electronic Journal*. https://doi.org/10.2139/ssrn.2600356

VASICEK, O. A., & FONG, H. G. (1982). Term structure modeling using exponential splines. *The Journal of Finance, 37*(2), 339-348. https://doi.org/10.1111/j.1540-6261.1982.tb03555.x

von Neumann Morgenstern (expected) utility theory. (n.d.). *Springer Reference*. https://doi.org/10.1007/springerreference_6315

Walter, C., & Brian, É. (2008). Critique de la Valeur fondamentale. Springer Science & Business Media.

Watkins, G. P., & Knight, F. H. (1922). Knight's risk, uncertainty and profit. *The Quarterly Journal of Economics, 36*(4), 682. https://doi.org/10.2307/1884757

Williamson, O. E. (1979). Transaction-cost economics: The governance of contractual relations. *The Journal of Law and Economics, 22*(2), 233-261. https://doi.org/10.1086/466942

Table des matières

Revue « Marché et Organisations »

Promouvoir la recherche originale sur les relations de plus en plus étroites entre le marché et les organisations. Les acteurs économiques de taille, de puissance et de pouvoir différents dont les intérêts peuvent être convergents, complémentaires ou, le plus souvent, antagoniques, ont tendance à organiser les marchés. La raison du marché, pourtant, est la référence stratégique pour l'entreprise ainsi que pour les institutions publiques de décision économique.

Numéros parus :

N°1 : Artisanat. La modernité réinventée, 2006
N°2 : La petite entreprise, elle a tout d'une grande. De l'accompagnement aux choix stratégiques, 2006
N°3 : Tourisme et Innovation. La force créative des loisirs, 2007
N°4 : Le travail. Formes récentes et nouvelles questions, 2007
N°5 : Les universités et l'innovation. L'enseignement et la recherche dans l'économie des connaissances, 2007
N°6 : Entrepreneuriat et accompagnement. Outils, actions et paradigmes nouveaux, 2008
N°7 : Développement durable des territoires. Economie sociale, environnement et innovations, 2008
N°8 : Développement durable et responsabilité sociale des acteurs, 2009
N°9 : Gouvernance : exercices de pouvoir, 2009
N°10 : Le travail collaboratif. Une innovation générique, 2009
N°11 : Economie sociale et solidaire. Nouvelles trajectoires d'innovations, 2010
N°12 : Relations à la marque et marques de la relation. Regards croisés sur le management relationnel de la marque, 2010
N°13 : Les contrats au service de la recherche ?, 2011
N°14 : Le potentiel économique de l'Afrique subsaharienne, 2011
N°15 : Management de la distribution, 2012
N°16 : Territoire Vert. Entreprises, Institutions, Innovations, 2012
N°17 : Eco-conception, conception et innovation. Les nouveaux défis de l'entreprise, 2013
N°18 : Intelligence économique : entreprises et territoires, 2013
N°19 : La finance globale. Un monde fini, 2013
N°20 : La crise du « développement », 2014
N°21 : La Chine innove. Politiques publiques et stratégies d'entreprise, 2014
N°22 : Go East! Nouvelles Economies de Marché, 2015
N°23 : L'économie du changement, 2015
N°24 : Le temps des artisans. Permanences et mutations, 2015
N°25 : Innovations de proximité et esprit d'entreprise, 2016
N°26 : L'avenir des économies du Maghreb : entre inertie structurelle et envie de rupture, 2016/3 (n° 27)
N°27 : Le sport aux frontières du marché du travail, 2016
N°28 : Dynamiques internationales des entreprises, 2017
N°29 : L'univers du risque, 2017
N°30 : Les petites entreprises dans l'histoire industrielle, 2017
N°31 : Economie sociale et *social business* ? Au défi d'entreprendre et se financer, 2018
N°32 : Éducation et fertilisation des économies africaines, 2018
N°33 : L'entrepreneuriat innovant dans les pays du Maghreb, 2018
N°34 : L'entrepreneuriat scientifique : institutions et innovation, 2019
N°35 : Le champ économique de la culture, 2019
N°36 : Economie sociale et solidaire ? Modèles d'innovation et modes de gouvernance, 2019
N°37 : Rethinking Luxury Business, 2020
N°38 : La santé connectée. Nouvelles technologies et réorganisation des soins, 2020
N°39 : Options stratégiques et systèmes complexes d'innovation, 2020
N°40 : Les services : intégration des systèmes productifs et lien social, 2021
N°41 : Crise pandémique, crise globale. Réalité et controverses théoriques, 2021
N°42 : La crise de la covid-19. Le marché et les organisations en perspective, 2021
n°43 : (Re)faire système. *Bug & reset*, 2022
n°44 : Aléas du marché et management du risque, 2022
n°45 : Le renouveau du transport et de la logistique : les systèmes d'information, 2022

Collection « L'esprit économique »

fondée par Sophie Boutillier et Dimitri Uzunidis en 1996

Dernières parutions

► ***Série Economie et Innovation***

B. LAPERCHE, M. LIMA, E. SEULLIET, B. TROUSSE (dir.), *Les écosystèmes d'innovation. Regards croisés des acteurs clés*, 2019.
S. MONNERIE, *L'économie digitale révolutionne le monde. Innovation et total design*, 2019.
T. MICHAUD, *Le projet spatial européen, entre pragmatisme et imagination*, 2020.
J.-P. SCHMITT, N. RAVIDAT, *Management conjoint de la technologie et de la personne. Pour performer et croitre*, 2020.
Y. EL YAHYAOUI, *Economie des plateformes numériques. Captation de la valeur, pouvoir de marché et communs collaboratifs*, 2021.
G. DUTHIL, *Handicap et insertion professionnelle*, 2022.

► ***Série Le Monde en Question***

A. SGHAIER, *La finance islamique. Aspects critiques de la finance conventionnelle*, 2021.
H. AGOURRAME, *La règlementation bancaire internationale. Genèse, évolution et impact sur le « business model » des banques*, 2021.
A. AMINE, C. GALLOUJ, *Consommateurs et pratiques de consommation au Maroc*, 2021.
T. MARINOVA, *Economie sociale et solidaire dans les pays des Balkans. Bulgarie, Roumanie, Serbie : quels enseignements ?* 2021.
T. GARCENOT, *La finance contre le dérèglement climatique. Politiques monétaires et enjeux géopolitiques de la finance verte*, 2021.
A. VALLERAY, *Mondialisation mon amour. Avatars d'une utopie*, 2021.
I. BEN ABDELKADER, *La microfinance dans la région du Moyen-Orient et de l'Afrique du nord (MENA). Aperçu global et enjeux actuels*, 2022.
C. GALLOUJ, *Grande distribution alimentaire au Maroc. Acteurs et stratégies*, 2022.

► ***Série Krisis***

J.-C. MOREL, *La nécessaire valorisation de la richesse ou intégrer le capital humain au bilan*, 2020.
V. LAURE VAN BAMBEKE, *La valeur du travail humain. Essai sur la refondation de l'expression monétaire de la valeur-travail*, 2021.
A. FONTAINE, *L'économie est l'opium du peuple. Une fausse science*, 2021.
A. RODRIGUEZ-HERRERA, Travail, valeur et prix. Reprise et clôture d'un débat centenaire (1885-1985) a la lumière des textes marxiens, 2021.
R. DELORME, *La complexité autrement. Une réponse nouvelle à la pandémie et à d'autres phénomènes sociaux complexes*, 2022.
V. YEFIMOV, *L'ordre social monétaire. L'économie discursive défit le courant dominant et l'économie narrative*, 2022.

► **Série *Clichés***

S. BOUTILLIER, D. UZUNIDIS (dir.), *La Russie européenne. Du passé composé au futur antérieur*, 2008.
R. VOLPI, *La négociation. Pain, paix, liberté*, 2009.

► ***Série Cours Principaux***

G. DUTHIL, *Economie publique et métamorphoses sociales*, 2019.
R. SANTENAC, *Le cycle des crises financières. Une étude approfondie des causes, des impacts et de la fréquence*, 2020.
B. LANDAIS, *Macroéconomie efficace. Croissance et crises*, 2020.
A. MBULI LANDU, *Le memo d'un comptable. Approche par le SYSCOHADA révisé*, 2021.
M. EL KARRIM, *Introduction à l'économétrie appliquée*, 2022.

► ***Série L'économie formelle***

H. AMAAZOUL, *Responsabilité sociétale des entreprises et performance financière. Étude appliquée aux entreprises marocaines*, 2021.
M. BERTONECHE, *Chroniques économiques de notre temps*, 2021.
E. CARREY, H. LANDIER, *Après la guerre contre la Covid : de l'économie financière a l'entrepreneuriat social*, 2021.
J. LATREILLE, *Sale temps pour l'économie marchande*, 2021.
J. LATREILLE, *Escronomistes ! Ces théories qui abîment le monde*, 2022.

Structures éditoriales du groupe L'Harmattan

L'Harmattan Italie
Via degli Artisti, 15
10124 Torino
harmattan.italia@gmail.com

L'Harmattan Hongrie
Kossuth l. u. 14-16.
1053 Budapest
harmattan@harmattan.hu

L'Harmattan Sénégal
10 VDN en face Mermoz
BP 45034 Dakar-Fann
senharmattan@gmail.com

L'Harmattan Cameroun
TSINGA/FECAFOOT
BP 11486 Yaoundé
inkoukam@gmail.com

L'Harmattan Burkina Faso
Achille Somé – tengnule@hotmail.fr

L'Harmattan Guinée
Almamya, rue KA 028 OKB Agency
BP 3470 Conakry
harmattanguinee@yahoo.fr

L'Harmattan RDC
185, avenue Nyangwe
Commune de Lingwala – Kinshasa
matangilamusadila@yahoo.fr

L'Harmattan Congo
219, avenue Nelson Mandela
BP 2874 Brazzaville
harmattan.congo@yahoo.fr

L'Harmattan Mali
ACI 2000 - Immeuble Mgr Jean Marie Cisse
Bureau 10
BP 145 Bamako-Mali
mali@harmattan.fr

L'Harmattan Togo
Djidjole – Lomé
Maison Amela
face EPP BATOME
ddamela@aol.com

L'Harmattan Côte d'Ivoire
Résidence Karl – Cité des Arts
Abidjan-Cocody
03 BP 1588 Abidjan
espace_harmattan.ci@hotmail.fr

Nos librairies en France

Librairie internationale
16, rue des Écoles
75005 Paris
librairie.internationale@harmattan.fr
01 40 46 79 11
www.librairieharmattan.com

Librairie des savoirs
21, rue des Écoles
75005 Paris
librairie.sh@harmattan.fr
01 46 34 13 71
www.librairieharmattansh.com

Librairie Le Lucernaire
53, rue Notre-Dame-des-Champs
75006 Paris
librairie@lucernaire.fr
01 42 22 67 13

www.ingramcontent.com/pod-product-compliance
Lightning Source LLC
LaVergne TN
LVHW011256061026
849535LV00005B/1285